不良地质条件
隧道注浆加固
关键技术研究

张 聪 谢亦朋 方星桦
王树英 傅金阳 阳军生 等著

Research on Key Technologies for
Grouting Reinforcement of
Tunnel under Adverse Geological Conditions

中南大学出版社
www.csupress.com.cn
·长沙·

图书在版编目(CIP)数据

不良地质条件隧道注浆加固关键技术应用／张聪等
著. --长沙：中南大学出版社，2024.7.
　ISBN 978-7-5487-5921-8

Ⅰ. U455
中国国家版本馆 CIP 数据核字第 2024HA0519 号

不良地质条件隧道注浆加固关键技术应用
BULIANG DIZHI TIAOJIAN SUIDAO ZHUJIANG JIAGU GUANJIAN JISHU YINGYONG

张　聪　谢亦朋　方星桦
王树英　傅金阳　阳军生　等著

□出 版 人	林绵优	
□责任编辑	刘颖维	
□封面设计	李芳丽	
□责任印制	唐　曦	
□出版发行	中南大学出版社	
	社址：长沙市麓山南路	邮编：410083
	发行科电话：0731-88876770	传真：0731-88710482
□印　　装	长沙印通印刷有限公司	

□开　　本	710 mm×1000 mm 1/16	□印张 16	□字数 323 千字	
□版　　次	2024 年 7 月第 1 版		□印次 2024 年 7 月第 1 次印刷	
□书　　号	ISBN 978-7-5487-5921-8			
□定　　价	78.00 元			

◎ 主编单位

中南林业科技大学

中南大学

工程流变学湖南省重点实验室

湖南省水利水电勘测设计规划研究总院有限公司

湖南见知工程科技有限公司

深圳大学

湖南微著智能科技有限公司

湖南水利水电职业技术学院

◎ 参编单位

中交第二航务工程局有限公司

中铁五局集团有限公司

中铁五局集团第一工程有限责任公司

中国建筑第五工程局有限公司

中交二航局(成都)建设工程有限公司

湖南省港航水利集团有限公司

长沙市轨道交通集团有限公司

湖南省水利水电科学研究院

云南省红河州水利水电勘察设计研究院

广州建研工程科技有限公司

华东交通大学

湖南省大坝安全与病害防治工程技术研究中心

前 言

随着我国交通网络建设的不断发展与完善，作为轨道交通的重要组成部分，隧道工程的建设数量日益增长。与此同时，隧道建造所面临的地质条件也越发复杂，越来越多的隧道将不可避免地穿越岩溶、堆积体、突涌水、高地温等不良地质条件。工程实践表明，不良地质条件隧道建造灾害孕育触发因素多、施工风险高、安全防控难等，施工过程中极易引发工程安全事故。注浆工法因施工便捷、经济实用、安全高效等优点，是现阶段不良地质条件隧道建造过程中一种极为有效的灾害防控手段。

本书结合近些年作者团队所参与的一些不良地质条件隧道注浆工程，系统探讨了注浆加固机理、注浆材料与工艺以及工程实践应用。本书共分为5章，第1章介绍了不良地质条件隧道注浆技术现状以及尚存在的技术难题，第2章介绍了盾构穿越富水岩溶区注浆加固机理与关键技术，第3章介绍了堆积体地层隧道预注浆加固机理与关键技术，第4章介绍了岩溶区突涌水隧道注浆封堵机理与关键技术，第5章介绍了植被生态敏感区注浆加固机理与关键技术。

全书由张聪、谢亦朋、方星桦、王树英、傅金阳、阳军生等撰写,刘倩、周金鑫、李星霖、吴剑锋、刘紫嫣等研究生也参与了部分研究工作。本书相关的研究工作还得到了国家自然科学基金项目(52378426、52108389、52378422)、湖南省"三尖"创新人才工程项目(2023RC3160)、长沙市杰出青年人才项目(kq2209017)、犬木塘水库工程科技创新项目(W-2022-72)等的资助。在本书编写及工程现场资料收集过程中,得到了中铁十四局集团隧道工程有限公司、中交一公局集团有限公司、湖南农业大学等单位的大力支持和帮助。在此向以上所有单位和个人的辛勤付出一并表示衷心感谢!

当前不良地质条件隧道注浆加固方面的技术与应用正处于快速发展阶段,由于作者水平有限,书中难免存在疏漏和不足之处,敬请各位专家和读者不吝赐教,多提批评指导意见,以利修正。

编 者

2024 年 5 月

目 录

第 3 章 堆积体地层隧道预注浆加固机理与关键技术

第 4 章　岩溶区突涌水隧道注浆封堵机理与关键技术

第 5 章 植被生态敏感区注浆加固机理与关键技术

第 1 章

绪 论

1.1 研究背景与意义

>>>

不良地质条件是由各种地质作用和工程施工而造成的不良工程地质情况的总称。隧道施工中遇到的不良地质条件主要有松散体、岩溶、断层、突泥涌水、塌方、流砂、高水温、高地温地层等。随着我国"一带一路"倡议、"交通强国"战略的全面实施以及"碳达峰、碳中和"远景目标的部署，特别是川藏铁路、深中通道及滇中引水等国家重点工程项目的全面启动，越来越多的隧道将不可避免地修建在不良地质条件下，如图 1-1 所示为编写团队参研的部分典型不良地质条件隧道

(a) 高地温隧道，探孔岩温温度最高时达 89.9 ℃

(b) 突涌水隧道

(c) 堆积体隧道

图 1-1 编写团队参研的部分典型不良地质条件隧道工程

工程。然而，不良地质条件下地层结构复杂程度高、力学行为差异性大以及灾害孕育触发因素不确定性大，隧道施工过程中若处置不当，极易引发工程安全事故，甚至造成重大经济损失和人员伤亡。例如，临沧云凤高速安石隧道发生突泥涌水，造成 13 人遇险失联；云桂铁路富宁隧道发生垮塌，导致 15 名工人被困；等等。可见，不良地质条件隧道灾害防控已成为影响其安全高效施工的核心问题。

大量工程实践表明，注浆工法是不良地质条件隧道灾害防控的有效技术手段。但受限于注浆施工过程的隐蔽性与不可控制性，不良地质条件隧道注浆仍处于经验性、盲目性较强的阶段。此外，缺乏有效的注浆加固材料与工艺，以及注浆机理远滞后于工程实践，是导致后续施工时极易发生工程事故的关键原因。因而，如何保障不良地质条件隧道注浆加固效果，确保隧道安全高效开挖，是隧道施工领域亟须突破的关键瓶颈。

1.2 不良地质条件隧道注浆技术现状 >>>

随着注浆技术的不断发展，工程技术人员在不良地质条件隧道注浆材料、注浆工艺以及注浆设备三方面开展了大量研究工作，并取得了一定的研究成果。

1. 不良地质条件隧道注浆材料

注浆材料的性能是影响注浆效果的关键因素。目前，国内外不良地质条件隧道工程中常用的注浆材料包括胶结类、化学类以及复合类。胶结类包括不稳定粒状浆材(水泥类)和稳定粒状浆材(水泥黏土等)，该类材料具有强度高、耐久性强以及施工便捷等特点。化学类包括无机浆材(硅酸钠类)和有机浆材(环氧树脂类、聚氨酯类)，该类材料具有稳定性好、凝结时间可控以及工艺复杂等特点。此外，随着各类化学技术和生物技术的发展，高聚物等高分子材料、微生物菌液等新型材料也相继投入工程应用中，逐渐出现了高分子类、非水反应高聚物类、微生物类等新型注浆材料，这类材料具有轻质早强、绿色环保等优点，但也存在价格昂贵、适用性差等不足。

由于不良地质条件隧道建造环境复杂，很难找到一种注浆材料能同时满足各类需求，在实际施工过程中必须综合考虑地质条件、注浆需求以及工程对象特征等，选择或研发最合适的注浆材料，以保证注浆效果。

2. 不良地质条件隧道注浆工艺

隧道注浆工艺取决于隧道不良地质情况和现场的施工作业条件，目前常用的注浆工艺及其可操作性、适用范围如表1-1所示。

表1-1 注浆工艺及其可操作性、适用范围

注浆工艺	可操作性	适用范围
全孔一次性注浆	不常用	强风化、裂隙、破碎少水地层
前进式分段注浆	常用	突泥涌水隧道超前预加固
钻杆后退式注浆	常用	极其软弱地层的超前预加固

续表1-1

注浆工艺	可操作性	适用范围
垂直袖(钢)阀管注浆	常用	地表有作业条件的软弱地层加固
TSS 管注浆	常用	粉土层、圆砾层、砂层等成孔困难地层
WSS 双重管注浆	常用	土层、全风化地层等极其软弱地层的超前预加固
水平旋喷注浆	常用	砂层、粉细砂层等透水地层

目前，也有部分学者采用多种技术实现对不同复杂工程的注浆控制。如有学者提出了富水岩溶隧道帷幕注浆的可控技术新概念，通过控制注浆孔位、注浆压力和注浆材料来影响注浆施工效果；有学者针对富水黄土地层，提出通过精确控制注浆加固体渗透系数、注浆孔位置、注浆参数(压力大小、注浆量)、注浆材料等来实现可控注浆。

3. 不良地质条件隧道注浆设备

随着近 20 年科学与生产技术的高速发展，隧道钻孔注浆设备也经历了由分离式小型钻机至大型大功率履带式全液压多功能钻机的跨越式发展阶段。相比于传统台式钻机，大中型履带钻机具有空间定位更便捷、钻孔效率更高的优势，已成为目前隧道施工中的主流钻孔设备。也有部分学者对钻孔注浆设备进行了研发改造，如有人研发了一种可控性注浆泵，对注浆管和拔管机等设备进行了改造，实现了可控性压密注浆；有人提出了一种新的水平喷射注浆控制设备，以消除在高喷射压力下注入大量水或浆液对周围环境的不利影响；还有人考虑到注浆过程中沿不同深度存在明显的裂隙分布差异，研发了一套可控注浆压力的新型注浆器。

当然，随着我国装备制造业的大力发展，钻孔设备必将向多功能化、大型化、高效化、控制智能化的趋势发展，而且更注重安全和环境的保护。

1.3 不良地质条件隧道注浆技术难题

>>>

1. 不良地质条件隧道注浆加固范围与加固标准尚不明确

现有不良地质条件隧道注浆材料与工艺均得到了较为快速的发展，但大多数不良地质条件下相关的注浆加固范围与加固标准尚未有统一的标准，致使工程施工过程中仍以半经验为主，导致注浆加固存在一定的盲目性。

2. 缺乏实用的不良地质条件隧道注浆加固材料与工艺

较之传统的注浆材料与工艺，不良地质条件隧道对于注浆加固材料与工艺的需求均有一定的特殊性，而如何既保证材料与工艺的性能需求，又兼顾经济性、环保性以及可操作性等，仍需要进一步探索。

3. 不良地质条件隧道注浆加固机理有待深入研究

国内外不良地质条件隧道注浆实践工程案例较多，但注浆机理相对滞后，甚至一些特殊地层注浆加固理论仍是空白的。由于不良地质条件隧道注浆加固工程的复杂性，现有注浆理论很难有效合理地指导工程实践，如何提出有效指导工程实践的不良地质条件隧道注浆理论是目前亟须解决的难题。

为此，本书结合编写团队近些年参与的一些不良地质条件隧道注浆加固工程，系统地介绍了典型不良地质条件隧道注浆加固材料、工艺以及现场应用实践，以期为国内外同行提供一些参考。

第 2 章

盾构穿越富水岩溶区注浆加固机理与关键技术

2.1　引言

>>>

目前，我国地铁施工以盾构为主，而当盾构穿越岩溶地层时极易发生盾构机下沉或栽头、地表隆陷或坍塌以及工后沉降大等工程事故，给盾构隧道施工带来严重危害，甚至造成重大经济损失、人员伤亡等。据有关报道，仅近些年就发生数起盾构穿越岩溶区的事故，且大部分事故集中发生在岩溶地貌较为发育的广州、武汉、南宁及长沙等地区。例如，广州地铁某盾构区间联络通道施工中遭遇复杂岩溶地层，造成地面塌方；武汉地铁某线在穿越岩溶地层时，地表多处发生坍塌，造成较大的经济损失。可见，岩溶地质灾害已成为制约城市地铁建设的主要问题之一，现阶段迫切需要加强对盾构穿越岩溶地层灾害发生机理及治理方法的研究。

工程上，为保证盾构隧道施工安全，工程师一般事先采用充填注浆对地层进行预处理，再进行盾构施工。但岩溶地层的不确定性、浆液扩散过程的不可控性以及浆液固化机理的复杂性等，导致岩溶区注浆研究仍处于发展阶段。因此，针对盾构穿越富水岩溶区的复杂情况，系统研发注浆加固新工艺与新材料，是确保盾构隧道安全施工与保证后续地铁顺利运营的重要课题，研究成果对于预防盾构穿越富水岩溶区地质灾害具有重要的理论意义和应用价值，也可以为国内外类似工程提供借鉴和指导。

2.2　盾构穿越富水岩溶区注浆加固控制标准

>>>

对于盾构穿越富水岩溶区注浆工程而言，合理地确定注浆加固范围与注浆加固要求是确保后续盾构隧道顺利施工和安全运营的关键，且合理的注浆加固范围和注浆加固要求也能最大限度地降低工程造价，缩短施工周期。因此，研究盾构穿越富水岩溶区注浆加固控制标准（注浆加固范围与注浆加固要求）具有十分重要的现实意义。目前，学者们采用现场试验、数值模拟等方法以及参考过往工程经验提出了一些盾构穿越岩溶区注浆加固控制标准，且提出的注浆加固控制标准基本能满足现场工程需求。但对于富水岩溶区，则注浆工程要求更高，因为在富水环境下岩溶对盾构隧道的影响范围更大、程度更深，所以浆液在富水环境下应具有更高的防渗、抗分散等性能。因此，若沿用现有盾构穿越岩溶区注浆加固控制标准，则不仅工程安全得不到保证，也在一定程度上浪费了大量人力、财力。

2.2.1　盾构穿越富水岩溶区围岩稳定性理论

盾构穿越富水岩溶区注浆加固范围与加固标准确立的关键是盾构隧道开挖与岩溶之间临界岩层厚度的求取，即围岩即将失稳时盾构隧道与岩溶之间的最小安全距离。为此，有必要对盾构穿越富水岩溶区岩层失稳原因、岩层稳定性影响因素、岩层失稳判定依据等进行深入分析。从富水岩溶产生的过程可以看出，岩溶一般情况下处于非常稳定的状态。当盾构穿越岩溶区域时，隧道的开挖将导致隧道周围一定范围内的围岩发生应力重分布、残余应力释放以及孔隙水压力发生变化，上述过程会使得隧道围岩发生变形和产生位移，其物理力学性能发生变化，进而发生掌子面失稳、地表沉陷等工程事故。考虑盾构隧道掘进引起围岩受力状态发生变化，可归纳导致富水岩溶区盾构隧道围岩失稳的主要原因有以下几条。

①盾构隧道掘进过程中，富水岩溶与隧道围岩厚度突然减小，原有的围岩约束和边界条件等均发生了较大改变，打破了原有的受力平衡状态，导致围岩应力重新分布，围岩强度和刚度变弱。此外，盾构机等机械的重力作用也对周围岩体受力产生了一定影响。此时，当富水岩溶位于盾构隧道顶部时，盾构隧道侧围岩将受拉应力影响，富水岩溶侧围岩将受压应力影响；当富水岩溶位于盾构隧道底

部时，则出现与岩溶位于隧道顶部相反的受力现象；而当富水岩溶位于盾构隧道侧部时，围岩会产生明显的应力集中。最终，若围岩中产生的拉应力大于围岩本身的抗拉强度，则会发生失稳破坏。

②盾构隧道在施工过程中，会对围岩的含水状态产生较大影响。一方面，盾构隧道的开挖会使周围岩溶水向隧道处汇集，导致隧道周边围岩中的孔隙水压力和渗透压力发生较大改变，进而导致隧道周边围岩结构发生破坏，甚至发生突水突泥等现象。另一方面，开挖和盾构机自重等导致隧道围岩受力发生改变，进而导致围岩内水压力等发生变化，随着上述流-固耦合的作用，隧道围岩极易发生失稳破坏。

③盾构隧道在施工过程中，会对周围岩土体发生较大的掘进扰动，主要表现为：盾构刀盘、盾构机体等均会对周围岩土体产生较大的扰动，使得岩土体发生松动，围岩内裂隙通道等发生改变，裂隙水、贯通水会加大对围岩的破坏；另外，由于围岩发生松动，原有的部分封闭的高压水、气被释放，会进一步加剧岩土体松动，甚至直接导致岩土体破坏。

2.2.2　富水岩溶与隧道间岩层失稳判断依据

目前，国内外学者普遍从围岩强度大小、地层变形量、结构安全系数以及围岩塑性区四方面个对岩溶与隧道间岩层失稳进行判断。其中，塑性区是否贯通是目前应用较为广泛的判断依据。从盾构与岩溶空间几何位置关系，溶洞几何类型与尺寸等方面提出如下富水岩溶与隧道间岩层失稳判断依据：

①当岩溶处于隧道上方和侧方时，盾尾脱离管片且同步注浆材料尚未发挥支护作用，此时隧道可作为毛洞处理，为最不利工况。在该工况下可选取盾构隧道塑性区与岩溶塑性区贯通作为富水岩溶与隧道间岩层失稳的判断依据，且此时对应的岩层厚度即为注浆加固范围。

②当岩溶位于隧道下方时，考虑到盾构掘进和隧道长期运营安全，在管片和盾构机自重等荷载作用下，富水岩溶处于最不利工况，故选取该工况下盾构隧道塑性区与岩溶塑性区贯通作为富水岩溶与隧道间岩层失稳的判断依据，且此时对应的岩层厚度即为注浆加固范围。

2.2.3　盾构穿越岩溶区典型案例注浆加固范围求解

长沙地铁 3 号线越江段长达 1400 m，该区段在橘子洲梅园与湘江西河汊区域范围内存在长约 323 m 的岩溶，溶洞呈串珠状发育，岩溶最深埋深 60 m，洞高最高可达 22.46 m，构造形态各异，多数含充填物，且岩溶水与江水互灌，具有承压性，岩溶水流速为 0.2~0.5 m/s，隧道穿越区间主要为中、强风化砂岩、砾岩以及灰岩，围岩级别为 Ⅳ~Ⅴ 级，渗透系数约为 2.4×10⁻² cm/s。考虑到该工程采用的泥水平衡盾构在穿越富水岩溶区间时极易发生盾构栽头、河床塌陷、河水与隧道贯通以及盾构轴线偏移等重大事故，且国内外尚无富水岩溶区越江盾构隧道成功的案例可供借鉴，因此如何提出合理的注浆加固方案，确保泥水盾构穿越富水岩溶发育区的施工安全和保证隧道结构的运营安全，是本工程的重难点。

1. 数学模型的建立

将地层看作多孔弹性介质，地下水的渗透过程符合达西渗流规律。根据多孔介质渗流力学原理，考虑应力场作用的地层内渗流场方程为

$$\nabla\left[-\frac{K}{\mu}\cdot(\nabla P-\rho g)\right]+\left(\frac{\alpha-n}{K_s}+\frac{n}{K_1}\right)\frac{\partial P}{\partial t}+\alpha\frac{\partial \varepsilon_v}{\partial t}=Q \qquad (2-1)$$

式中：K 为地层渗透系数；μ 为水的黏度；∇ 为梯度算子；P 为渗透压力；ρ 为水的密度；g 为重力加速度；α 为 Biot 系数；n 为地层孔隙率；K_s 为土体积模量；K_1 为水体积模量；ε_v 为体积应变；t 为时间；Q 为水的源汇项。

考虑到地层的初始地应力和变形特点，可将土体视为理想的弹性体，根据弹性力学理论，则土体中应力分量 σ_{ij} 的张量表达式为

$$\sigma_{ij}=2G\varepsilon_{ij}+\lambda\delta_{ij}\delta_{kl}\varepsilon_{kl}-\alpha\delta_{ij}p \qquad (2-2)$$

$$G=E/[2(1+v)] \qquad (2-3)$$

$$\lambda=Ev/[(1+v)(1-2v)] \qquad (2-4)$$

$$\varepsilon_{ij}=\frac{1}{2}(u_{i,j}+u_{j,i}) \qquad (2-5)$$

式中：G 为岩土体的剪切模量；ε_{ij}、ε_{kl} 为应变张量，i、j、k、l 为张量计算下标，且 i、j、k、l 均为 1、2、3；λ 为 Lamé 系数；δ_{ij} 为 Kronecker 符号之一，且存在 $\delta_{ij}=1(i=j)$ 与 $\delta_{ij}=0(i\neq j)$；δ_{kl} 为 Kronecker 符号之一，且存在 $\delta_{kl}=1(k=l)$ 与 $\delta_{kl}=0$ $(k\neq l)$；$u_{i,j}$ 为 u_i 关于 j 的一阶偏导数，u_i 为 i 方向的位移；$u_{j,i}$ 为 u_j 关于 i 的一阶偏导数，u_j 为 j 方向的位移。

又根据静力平衡关系可知：

$$\sigma i_{j,j}+F_i=0 \qquad (2-6)$$

联合上式(2-2)~(2-6)即可得到修正的 Navier 平衡方程：

$$Gu_{i,ij}+(G+\lambda)u_{i,ij}-\alpha p_{j,i}+F_i=0 \quad (i=x,y,z) \qquad (2-7)$$

式中：F_i 为 i 方向的体积力。

2. 计算模型的构建

1) 几何模型与边界条件

以长沙地铁 3 号线盾构穿越湘江岩溶区为工程背景，构建数值模拟计算模型。考虑到模型的复杂性和计算效率，仅建立二维平面数值模型，为消除边界效应、尺寸效应等的影响，结合现场实际情况，确定模型尺寸宽 120 m、高 100 m，选取盾构隧道中心为坐标原点，盾构隧道直径为 6.2 m，管片厚度为 35 cm，岩溶简化为圆形。采用 Mohr-Coulomb 本构模型，模型底部为固定约束，左右两侧均为辊支承约束，隧道开挖轮廓受盾构机重力荷载作用，模型上边界受湘江水作用，其余侧均为不透水边界，富水岩溶为透水边界，压力边界与地层压力边界一致，由于岩溶与湘江水互相贯通，计算时富水岩溶内水压力可视为是恒定的。因为岩溶位于隧道的不同位置，故构建了如图 2-1 所示的几何模型。

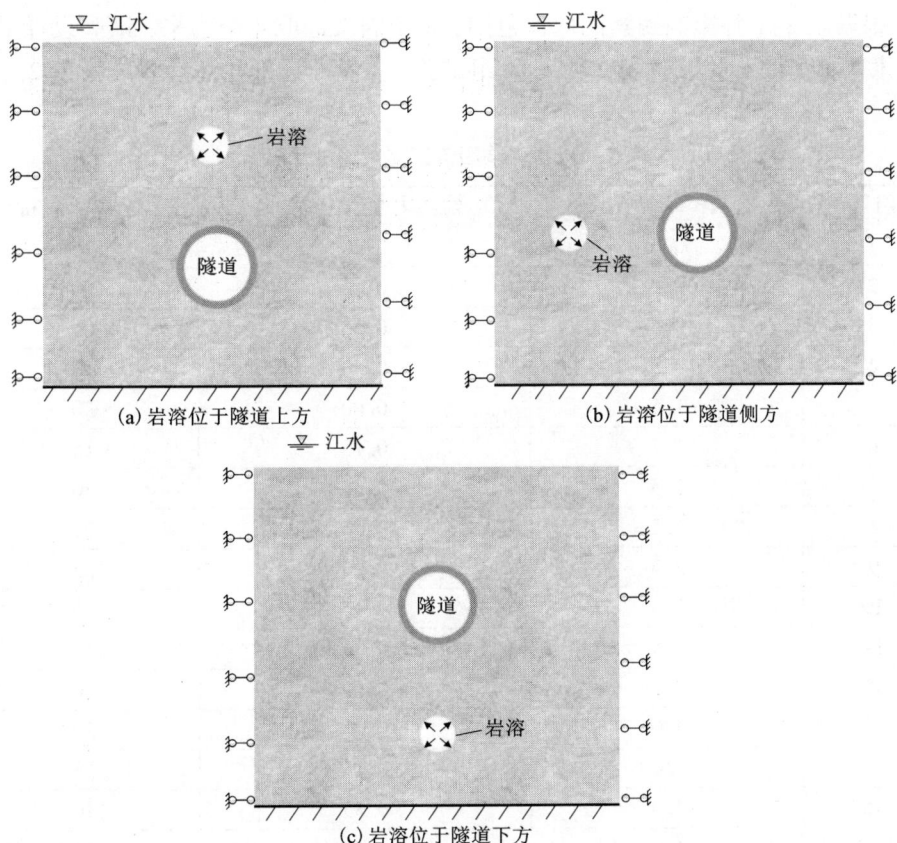

(a) 岩溶位于隧道上方

(b) 岩溶位于隧道侧方

(c) 岩溶位于隧道下方

图 2-1　三类不同的几何模型

2）模型计算参数的选取

选取如下影响因素进行研究：岩溶半径、岩溶内水压力、隧道埋深。另外，假设湘江水位在施工期内不发生变化，取水位为 18 m，盾构机自重为 500 t、长 96 m。地层参数选取和各影响因素的取值范围见表 2-1。

表 2-1　各影响因素的取值范围

影响因素	围岩重度/(kN·m⁻³)	弹性模量/GPa	内摩擦角/(°)	泊松比	黏聚力/kPa	岩溶半径/m	岩溶内水压力/MPa	隧道埋深/m
取值范围	21.0	1.0	35	0.30	25	0.2~4.0	0.00~1.00	15~24

3. 正交试验设计方案

根据表 2-1 各影响因素的取值范围，每个因素选取 4 个水平，试验设计采用 3 因素 4 水平的正交试验表，共计 16 组试验，各组的详细计算参数见表 2-2。

表 2-2　各影响因素正交试验设计表

组数	岩溶半径/m	岩溶内水压力/MPa	隧道埋深/m
1	0.5	0.00	15
2	0.5	0.15	20
3	0.5	0.35	25
4	0.5	0.50	30
5	1.5	0.00	20
6	1.5	0.15	15
7	1.5	0.35	30
8	1.5	0.50	25
9	2.5	0.00	25
10	2.5	0.15	30
11	2.5	0.35	15
12	2.5	0.50	20
13	4.0	0.00	30
14	4.0	0.15	25
15	4.0	0.35	20
16	4.0	0.50	15

4. 注浆加固范围的确定

1）隧道上方岩溶注浆加固范围的确定

（1）注浆加固范围的确定

为了计算获得富水岩溶位于盾构隧道上方的注浆加固范围，需通过不断调节富水岩溶与盾构隧道间的距离，直至两者塑性区贯通，此时两者间的距离即为注浆加固范围。以典型工况 8 为例，岩溶半径 1.5 m，岩溶内水压力 0.50 MPa，隧道埋深 25 m，其余参数见表 2-1。

前期试算发现，富水岩溶位于盾构隧道上方时需较小的距离才能使塑性区达到贯通。故计算时先模拟两者间距为 3 m 时的情况，再按每次递减 0.5 m 的间距进行试算，待两者塑性区相接触时将递减距离调至 0.2 m 每次。根据上述计算过程，可获得典型工况 8 下富水岩溶与盾构隧道间距离依次为 3 m、2.5 m 以及 2.3 m 时的塑性区分布情况，如图 2-2 所示。

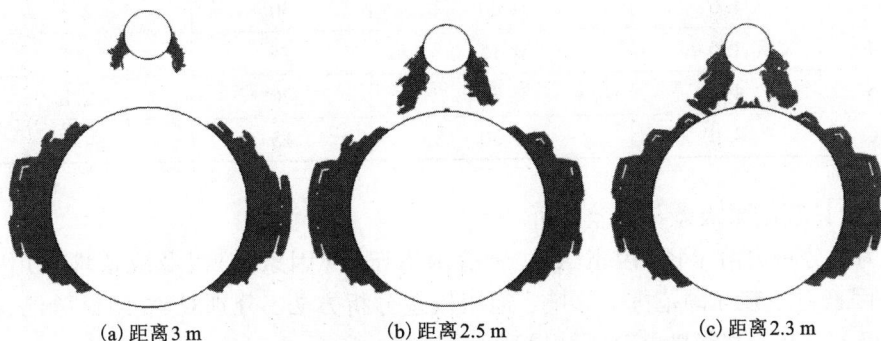

（a）距离 3 m　　　　　（b）距离 2.5 m　　　　　（c）距离 2.3 m

图 2-2　富水岩溶位于隧道上方不同位置处的塑性区分布图

由图 2-2 可以看出，当富水岩溶与盾构隧道距离为 2.3 m 时，两者塑性区达到贯通状态，故典型工况 8 下注浆加固范围为 2.3 m。从计算结果可以看出，盾构隧道塑性区主要分布在隧道周围 1.5~2 m 范围，当富水岩溶位于盾构隧道上方距离不小于 3 m 时，富水岩溶对盾构隧道影响较小；当富水岩溶位于盾构隧道上方 2.5 m 时，盾构隧道塑性区发生明显变化，隧道顶部塑性区逐渐向富水岩溶底部蔓延；当富水岩溶位于盾构隧道上方 2.3 m 时，盾构隧道在富水岩溶影响下其塑性区进一步向岩溶底部蔓延直至两者塑性区贯通。

采用上述方法依次对 16 组工况进行数值计算，可获得 16 组工况下的注浆加固范围，计算结果见表 2-3。

表2-3 富水岩溶位于隧道上方时注浆加固范围的计算结果

组数	岩溶半径/m	岩溶内水压力/MPa	隧道埋深/m	注浆加固范围/m
1	0.5	0.00	15	0.2
2	0.5	0.15	20	0.3
3	0.5	0.35	25	0.6
4	0.5	0.50	30	1.1
5	1.5	0.00	20	0.6
6	1.5	0.15	15	0.6
7	1.5	0.35	30	1.5
8	1.5	0.50	25	2.3
9	2.5	0.00	25	1.3
10	2.5	0.15	30	1.5
11	2.5	0.35	15	2.2
12	2.5	0.50	20	3.2
13	4.0	0.00	30	2.3
14	4.0	0.15	25	1.5
15	4.0	0.35	20	2.8
16	4.0	0.50	15	4.8

(2)计算结果极差与方差分析

为了分析岩溶半径(因素 A)、岩溶内水压力(因素 B)以及隧道埋深(因素 C)各因素对注浆加固范围的影响,运用极差分析方法,分别对 16 组试验结果进行了极差分析,并将极差分析结果列于表2-4。

表2-4 富水岩溶位于隧道上方时注浆加固范围的极差分析结果

指标	注浆加固范围 d/m		
	A	B	C
K1	0.550	0.975	1.950
K2	1.250	1.100	1.725
K3	2.050	1.775	1.600
K4	2.850	2.850	1.425
R	2.300	1.875	0.525

注:极差 K1～K4 为水平组数。

由表 2-4 可以看出,各因素排序为 A>B>C,各因素对于注浆加固范围均有一定影响。其中,岩溶半径对注浆加固范围的影响最显著,其次为岩溶内水压力,隧道埋深对注浆加固范围的影响最弱。

为了进一步评价和验证岩溶半径(因素 A)、岩溶内水压力(因素 B)以及隧道埋深(因素 C)各因素对注浆加固范围的影响,分别对 16 组试验结果进行了方差分析,结果见表 2-5。

表 2-5　富水岩溶位于隧道上方时注浆加固范围的方差分析结果

方差来源	偏差平方和	自由度	F 值
A	11.870	3	27.929
B	8.845	3	20.812
C	0.585	3	1.376
误差	0.42	3	

通过查询 F 分布表可知: $F_{0.1}(3, 3)=3.290$, $F_{0.05}(3, 3)=9.280$, $F_{0.01}(3, 3)=29.50$。从表 2-5 中可以看出:满足 $F>F_{0.1}(3, 3)$ 和 $F>F_{0.05}(3, 3)$ 的情况,只有 A 和 B 各出现了 1 次;满足 $F>F_{0.01}(3, 3)$ 的情况,各因素均未出现。比较 F 值可知, A 的影响大于 B 的影响。因此,经总体考虑可以确定,对于注浆加固范围,A 为显著因素,B 为较显著因素,C 为不显著因素。

(3)影响因素多元回归分析

为了定量评价岩溶半径(因素 A)、岩溶内水压力(因素 B)以及隧道埋深(因素 C)对注浆加固范围 d 的影响规律,对表 2-3 计算结果进行标准化处理,采用多元回归分析方法,得到富水岩溶位于盾构隧道上方时的注浆加固范围与标准化处理之后的各影响因素之间的关系式,为

$$\begin{cases} d_{上}=0.664A+3.569B-0.027C-0.02 \\ b_A=0.723; \ b_B=0.573 \\ b_C=-0.127; \ R=0.868 \end{cases} \tag{2-8}$$

式中: $d_{上}$ 为富水岩溶位于盾构隧道上方时的注浆加固范围; b_A、b_B、b_C 分别为岩溶半径、岩溶内水压力以及隧道埋深的偏回归系数; R 为复相关系数。

分析式(2-8)可知:多元回归分析的复相关系数为 0.868,表明富水岩溶位于盾构隧道上方时的注浆加固范围与岩溶半径、岩溶内水压力以及隧道埋深之间具有较强的相关性。对偏回归系数进行标准化分析可知: $|b_A|>|b_B|>|b_C|$。这说明岩溶半径对注浆加固范围的影响最显著,其次为岩溶内水压力,隧道埋深影

响最弱；岩溶半径和岩溶内水压力与注浆加固范围呈正相关关系，隧道埋深与注浆加固范围呈负相关关系。

2）隧道侧方岩溶注浆加固范围的确定

（1）注浆加固范围的确定

为了计算富水岩溶位于盾构隧道侧方的注浆加固范围，需通过不断调节富水岩溶与盾构隧道间的距离，直至两者塑性区贯通，此时两者间的距离即为注浆加固范围。以典型工况 8 为例，岩溶半径 1.5 m，岩溶内水压力 0.50 MPa，隧道埋深 25 m，其余参数见表 2-1。

根据前期试算经验，计算时先模拟两者间距为 5 m 时的情况，再按每次递减 0.5 m 的间距进行试算，待两者塑性区相接触时将递减距离调至 0.2 m 每次。根据上述计算过程，可获得典型工况 8 下富水岩溶与盾构隧道间距离依次为 5 m、4.5 m 以及 4.3 m 时的塑性区分布情况，如图 2-3 所示。

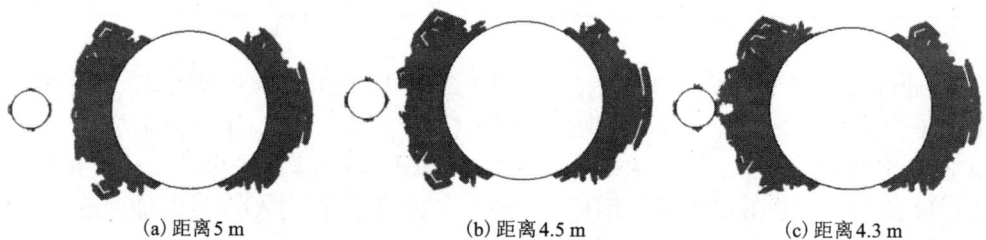

(a) 距离 5 m　　　　　　(b) 距离 4.5 m　　　　　　(c) 距离 4.3 m

图 2-3　富水岩溶位于隧道侧方不同位置处的塑性区分布图

由图 2-3 可以看出，当富水岩溶与盾构隧道距离为 4.3 m 时，两者塑性区达到贯通状态，故典型工况 8 下注浆加固范围为 4.3 m。从计算结果可以看出，盾构隧道塑性区主要分布在隧道周围 3.5~4 m 范围内，当富水岩溶位于盾构隧道侧方距离不小于 5 m 时，富水岩溶对盾构隧道影响较小；当富水岩溶位于盾构隧道侧方 4.5 m 时，盾构隧道塑性区发生明显变化，盾构隧道塑性区逐渐向富水岩溶蔓延；当富水岩溶位于盾构隧道侧方 4.3 m 时，盾构隧道在富水岩溶影响下其塑性区进一步向岩溶蔓延直至两者塑性区贯通。

采用上述方法依次对 16 组工况进行数值计算，可获得 16 组工况下的注浆加固范围，计算结果见表 2-6。

表 2-6　富水岩溶位于隧道侧方时注浆加固范围的计算结果

组数	岩溶半径/m	岩溶内水压力/MPa	隧道埋深/m	注浆加固范围/m
1	0.5	0.00	15	3.4
2	0.5	0.15	20	3.7
3	0.5	0.35	25	3.9
4	0.5	0.50	30	4.7
5	1.5	0.00	20	4.8
6	1.5	0.15	15	3.8
7	1.5	0.35	30	5.0
8	1.5	0.50	25	4.3
9	2.5	0.00	25	3.2
10	2.5	0.15	30	6.8
11	2.5	0.35	15	3.6
12	2.5	0.50	20	3.8
13	4.0	0.00	30	7.6
14	4.0	0.15	25	6.6
15	4.0	0.35	20	4.8
16	4.0	0.50	15	3.8

(2)计算结果极差与方差分析

为了分析岩溶半径(因素 A)、岩溶内水压力(因素 B)以及隧道埋深(因素 C)各因素对注浆加固范围的影响,运用极差分析方法,分别对 16 组试验结果进行了极差分析,并将极差分析结果列于表 2-7。

表 2-7　富水岩溶位于隧道侧方时注浆加固范围的极差分析结果

指标	注浆加固范围 d/m		
	A	B	C
K1	3.925	5.225	3.650
K2	4.350	4.750	4.275
K3	4.475	4.325	4.500
K4	5.700	4.150	6.025
R	1.775	1.075	2.375

由表2-7可以看出，各因素排序为C>A>B，各因素对于注浆加固范围均有一定影响。其中，隧道埋深对注浆加固范围的影响最显著，其次为岩溶半径，岩溶内水压力对注浆加固范围的影响最弱。

为了进一步评价和验证岩溶半径(因素A)、岩溶内水压力(因素B)以及隧道埋深(因素C)各因素对注浆加固范围的影响，分别对16组试验结果进行了方差分析，结果见表2-8。

表2-8　富水岩溶位于隧道侧方时注浆加固范围的方差分析结果

方差来源	偏差平方和	自由度	F 值
A	6.973	3	5.351
B	2.762	3	2.120
C	12.193	3	9.358
误差	1.30	3	

通过查询 F 分布表可知：$F_{0.1}(3, 3) = 3.290$，$F_{0.05}(3, 3) = 9.280$，$F_{0.01}(3, 3) = 29.50$。从表2-8中可以看出：满足 $F > F_{0.1}(3, 3)$ 的情况，只有A和C各出现了1次；满足 $F > F_{0.05}(3, 3)$ 的情况只有C，满足 $F > F_{0.01}(3, 3)$ 的情况，各因素均未出现。比较 F 值可知，A的影响大于B的影响。因此，经总体考虑可以确定，对于注浆加固范围，C为显著因素，A为较显著因素，B为不显著因素。

(3)影响因素多元回归分析

为了定量评价岩溶半径(因素A)、岩溶内水压力(因素B)以及隧道埋深(因素C)对注浆加固范围 d 的影响规律，对表2-6计算结果进行标准化处理，采用多元回归分析方法，得到富水岩溶位于盾构隧道侧方时的注浆加固范围与标准化处理之后的各影响因素之间的关系式，为

$$\begin{cases} d_{侧} = 0.047A - 1.655B + 0.147C + 0.72 \\ b_A = 0.479；b_B = -0.248 \\ b_C = 0.647；R = 0.80 \end{cases} \qquad (2-9)$$

式中：$d_{侧}$ 为富水岩溶位于盾构隧道侧方时的注浆加固范围。

分析式(2-9)可知：多元回归分析的复相关系数为0.80，表明富水岩溶位于盾构隧道侧方时的注浆加固范围与岩溶半径、岩溶内水压力以及隧道埋深之间具有较强的相关性。对偏回归系数进行标准化分析可知：$|b_C| > |b_A| > |b_B|$。这说明隧道埋深对注浆加固范围的影响最显著，其次为岩溶半径，岩溶内水压力影响最弱；岩溶半径和隧道埋深与注浆加固范围呈正相关关系，岩溶内水压力与注浆

加固范围呈负相关关系。

3）隧道下方岩溶注浆加固范围的确定

（1）注浆加固范围的确定

为了计算获得富水岩溶位于盾构隧道下方的注浆加固范围，需通过不断调节富水岩溶与盾构隧道间的距离，直至两者塑性区贯通，此时两者间的距离即为注浆加固范围。以典型工况 11 为例，岩溶半径 2.5 m，岩溶内水压力 0.35 MPa，隧道埋深 15 m，其余参数见表 2-1。

前期试算发现，富水岩溶位于盾构隧道下方时需较小的距离才能使塑性区达到贯通。故计算时先模拟两者间距为 2 m 时的情况，再按每次递减 0.5 m 的间距进行试算，待两者塑性区相接触时将递减距离调至 0.2 m 每次。根据上述计算过程，可获得典型工况 11 下，富水岩溶与盾构隧道间距离依次为 2 m、1.5 m 以及 1.3 m 时的塑性区分布情况，如图 2-4 所示。

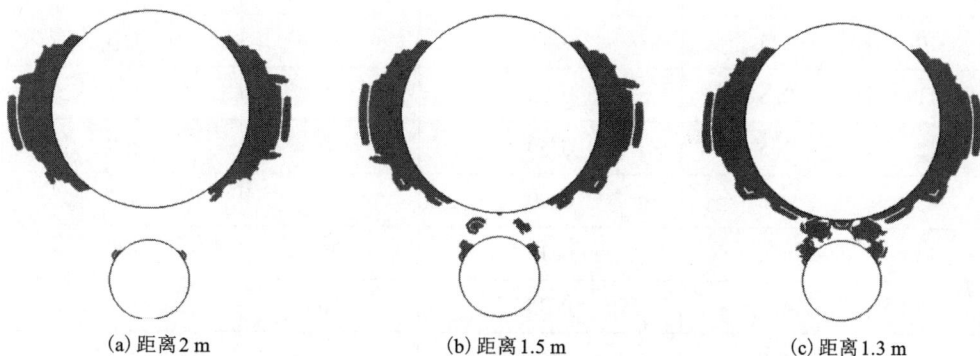

（a）距离 2 m　　　　　（b）距离 1.5 m　　　　　（c）距离 1.3 m

图 2-4　富水岩溶位于隧道下方不同位置处的塑性区分布图

由图 2-4 可以看出，当富水岩溶与盾构隧道距离为 1.3 m 时，两者塑性区达到贯通状态，故典型工况 11 下注浆加固范围为 1.3 m。从计算结果可以看出，盾构隧道塑性区主要分布在隧道周围约 2.5 m 处，当富水岩溶位于盾构隧道下方距离大于 2 m 时，富水岩溶对盾构隧道影响较小；当富水岩溶位于盾构隧道下方 1.5 m 时，盾构隧道塑性区发生明显变化，隧道底部塑性区逐渐向富水岩溶顶部蔓延；当富水岩溶位于盾构隧道下方 1.3 m 时，盾构隧道在富水岩溶影响下其塑性区进一步向岩溶蔓延直至两者塑性区贯通。

采用上述方法依次对 16 组工况进行数值计算，可获得 16 组工况下的注浆加固范围，计算结果见表 2-9。

表 2-9　富水岩溶位于隧道下方时注浆加固范围的计算结果

组数	岩溶半径/m	岩溶内水压力/MPa	隧道埋深/m	注浆加固范围/m
1	0.5	0.00	15	0.2
2	0.5	0.15	20	0.3
3	0.5	0.35	25	0.6
4	0.5	0.50	30	0.5
5	1.5	0.00	20	1.1
6	1.5	0.15	15	0.6
7	1.5	0.35	30	1.2
8	1.5	0.50	25	1.5
9	2.5	0.00	25	2.2
10	2.5	0.15	30	1.6
11	2.5	0.35	15	1.3
12	2.5	0.50	20	1.9
13	4.0	0.00	30	3.5
14	4.0	0.15	25	3.8
15	4.0	0.35	20	1.8
16	4.0	0.50	15	2.5

(2)计算结果极差与方差分析

为了分析岩溶位于盾构隧道下方时岩溶半径(因素 A)、岩溶内水压力(因素 B)以及隧道埋深(因素 C)各因素对富水注浆加固范围的影响,运用极差分析方法,分别对 16 组试验结果进行了极差分析,并将极差分析结果列于表 2-10。

表 2-10　富水岩溶位于隧道下方时注浆加固范围的极差分析结果

指标	注浆加固范围 d/m		
	A	B	C
K1	0.400	1.750	1.150
K2	1.100	1.600	1.275

续表 2-10

指标	注浆加固范围 d/m		
	A	B	C
K3	1.750	1.575	1.700
K4	2.900	1.225	2.025
R	2.500	0.525	0.875

由表 2-10 可以看出,各因素排序为 A>C>B,各因素对于注浆加固范围均有一定影响。其中,岩溶半径对注浆加固范围的影响最显著,其次为隧道埋深,岩溶内水压力对注浆加固范围的影响最弱。

为了进一步评价和验证岩溶半径(因素 A)、岩溶内水压力(因素 B)以及隧道埋深(因素 C)各因素对注浆加固范围的影响,分别对 16 组试验结果进行了方差分析,结果见表 2-11。

表 2-11　富水岩溶位于隧道下方时注浆加固范围的方差分析结果

方差来源	偏差平方和	自由度	F 值
A	13.547	3	1.059
B	0.592	3	0.046
C	1.933	3	0.151
误差	1.30	3	

通过查询 F 分布表,并比较 F 值可知,A 的影响大于 C 和 B 的影响。因此,经总体考虑可以确定,对于注浆加固范围,A 为显著因素,C 为较显著因素,B 为不显著因素。

(3)影响因素多元回归分析

为了定量评价岩溶半径(因素 A)、岩溶内水压力(因素 B)以及隧道埋深(因素 C)对注浆加固范围 d 的影响规律,对表 2-9 计算结果进行标准化处理,采用多元回归分析方法,得到富水岩溶位于盾构隧道下方时的注浆加固范围与标准化处理之后的各影响因素之间的关系式,为

$$\begin{cases} d_{\mathrm{下}}=0.711A-0.500B-0.048C-0.929 \\ b_{\mathrm{A}}=0.891;\ b_{\mathrm{B}}=-0.092 \\ b_{\mathrm{C}}=0.260;\ R=0.87 \end{cases} \quad (2-10)$$

式中：$d_下$ 为富水岩溶位于盾构隧道下方时的注浆加固范围。

分析式(2-10)可知：多元回归分析的复相关系数为 0.87，表明富水岩溶位于盾构隧道下方时的注浆加固范围与岩溶半径、岩溶内水压力以及隧道埋深之间具有较强的相关性。对偏回归系数进行标准化分析可知：$|b_A| > |b_C| > |b_B|$。这说明岩溶半径对注浆加固范围的影响最显著，其次为隧道埋深，岩溶内水压力影响最弱；岩溶半径和隧道埋深与注浆加固范围呈正相关关系，岩溶内水压力与注浆加固范围呈负相关关系。

综合上述各类计算结果，并结合盾构穿越湘江岩溶区的复杂性，按最危险情况进行分析，提出如下加固范围。

①对于盾构隧道上方与前方的岩溶，必须在盾构掘进前进行处理。

②对于盾构隧道水平轮廓线 3 m 内的岩溶需进行处理。

③对于盾构隧道底板 5 m 以内的岩溶需进行处理，大于 5 m 小于 10 m 的按风险等级对部分进行处理，详情如图 2-5 所示。

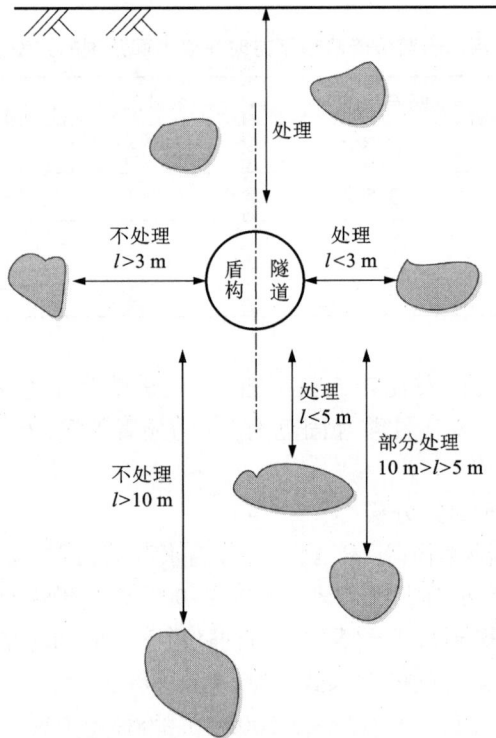

图 2-5　岩溶处理范围

需要说明的是，以上是基于特定工况建立的岩溶处理和加固范围标准，对于特殊条件下的（超大型岩溶、复杂构造等），则需要在进行专门研究后才能确定。

2.2.4　盾构穿越湘江岩溶区注浆加固要求确立

合理确定注浆加固要求是确保盾构顺利通过湘江岩溶区的关键，而湘江岩溶区的注浆需满足以下几点要求。

1）满足盾构掘进要求

与常规地层注浆不同，岩溶地层注浆后不仅需确保围岩强度分布较均匀，避免出现"上软下硬"或"孤石"等现象，且围岩强度应与盾构刀盘、刀具等相匹配。

2）满足开挖面稳定要求

由于湘江水与岩溶水互相贯通且岩溶内充填物松软，因此，注浆后需要确保盾构开挖面的稳定，即岩溶地层注浆后需达到较高的结石体强度和有较低的渗透性。

3）满足地基承载力要求

当岩溶位于盾构隧道下方或盾构掘进前方时，为了避免出现盾构栽头、下沉等，注浆后的岩溶地层应具有一定的承载力。

通过分析国内外文献并结合湘江富水岩溶发育区的实际情况和风险来源，提出如下盾构穿越湘江岩溶区的注浆加固要求，详见表 2-12。

表 2-12　盾构穿越湘江岩溶区的注浆加固要求

风险来源	解决方案	注浆加固要求
盾构栽头与沉陷	①岩溶需充填满，且收缩小 ②充填物加固后具有一定承载力	①材料析水率<5% ②结石体收缩率小于3% ③结石体强度大于 1 MPa
隧道发生涌水	①注浆加固体应形成有效防渗帷幕体 ②注浆材料环境下具有抗分散度	①28 d 地层渗透系数<$1.0×10^{-4}$ cm/s ②材料在 2 m/s 动富水中的留存率>85%
软硬不均地层盾构轴线偏移	①注浆加固体强度与围岩相匹配 ②材料离散性小，稳定性高	①填充体应充盈、固结、密实 ②结石体 28 d 抗压强度>1 MPa ③注浆材料为稳定浆液 ④标准贯入试验的贯入度>10 次

续表 2-12

风险来源	解决方案	注浆加固要求
刀盘刀具磨损	①注浆施工不宜采用钢管 ②注浆加固体强度适宜	①芯样应完整、无蜂窝状孔洞 ②结石体 28 d 抗压强度<5 MPa
饮水保护区	材料环保，无污染	注浆材料对水源的影响应符合《饮用水水源保护区划分技术规范》（HJ 338—2018）要求
隧道长期稳定	材料在岩溶水环境下性能优	①注浆加固体抗岩溶水侵蚀能力强 ②注浆加固体耐久性好

2.3　盾构穿越富水岩溶区可控注浆关键技术　>>>

盾构穿越富水岩溶区时，地层预注浆既要解决富水岩溶环境下耗浆量大、材料富水易分散、凝结时间长以及封堵填充效果差等难题，又要确保后续盾构掘进过程中不出现软、硬复合区域造成盾构偏离轴线、刀盘崩裂等工程事故，避免注浆加固体强度太高或太低而出现刀盘、刀具磨损或掌子面失稳等问题，以及在盾构掘进范围内应确保充填密实，防止出现盾构沉陷或栽头等。不难看出，现有岩溶充填注浆工艺与注浆材料很难满足上述要求。因此，有必要针对盾构穿越富水岩溶地层注浆要求，系统地研发注浆新工艺与新材料。

2.3.1　盾构穿越富水岩溶区可控注浆技术

可控注浆是近些年提出的一种新型注浆方法，该方法的主要原理是对现有工艺进行功能优化，在注浆过程中实现对浆液扩散的有效控制，从而达到控制浆液扩散范围、保证结石体加固质量的目的，尤其是对于复杂环境下的注浆工程，该方法具有显著的注浆效果。因此，若将现有岩溶地层常用注浆工艺进行改造优化，并研发与之配套的可控浆液，即可解决盾构穿越富水岩溶区的注浆难题。

1. 可控注浆新工艺

通过对现有岩溶注浆工艺进行分析发现，传统袖阀管注浆具有工艺针对性强、灵活性高的优点，且注浆区域不会残留钢管损伤盾构刀具等。若将可控注浆技术的原理引入传统袖阀管注浆工艺中，通过采用改良后的大口径注浆管灌注可控浆液弥补传统袖阀管注浆法单、双浆液难于把控的缺点，并结合可移动式充气气囊形成定点式分段注浆，即可形成盾构穿越富水岩溶区的可控注浆新工艺。

2. 可控注浆新材料

根据传统袖阀管注浆技术可知，与之配套的材料有封孔套壳料和注浆浆液。因此，与可控注浆新工艺配套的可控浆液应包括可控填料和可控注浆浆液（TGM）两种浆材。可控填料在注浆施工中主要起固定花管、固壁止水及止浆耗能的作用，浆液性能表现为黏度适宜、凝结时间可控、结石体强度适中等；而可控 TGM 浆液在注浆施工中主要起充填地层孔隙，形成加固防渗体的作用，浆液性能表现为凝结时间可调、可泵性好、结石体强度高、防渗性能优等。

与传统袖阀管注浆工艺相比，这里提出的可控注浆新工艺不仅保留了传统袖阀管注浆工艺可控的特点，且结合两种可控浆液实现了对富水岩溶地层的双控注浆，故注浆后结石体强度分布更均匀，而且可控注浆新工艺采用改进的大口径注浆管灌注可控浆液，解决了传统袖阀管在松散地层中单液浆冒浆、串浆严重，双液浆易堵管等问题。另外，传统袖阀管注浆工艺在实际操作过程中受上下止浆塞的影响常难以提管，而可控注浆新工艺可通过气塞的充气和泄气便捷、有效提管，可提高施工工效。

3. 可控注浆工作原理

首先，自上而下分段进行钻孔成孔，并在作业孔内安装改良型袖阀管组件，将带有高压止浆气塞的灌浆管安放至袖阀管内，并连接好其他灌浆组件。然后，借助高压泵可产生瞬时高压促使一种可控性填料通过灌浆管从改良型袖阀管孔眼灌入改良型袖阀管与作业孔之间的环状间隙中，直至可控性填料从孔口溢出，且当溢出填料与注入填料相对密度一致时停止填料注入。接着，在可控填料未完全凝固之前，再次借助高压泵可产生瞬时高压促使一种可控 TGM 浆液通过灌浆管从改良型袖阀管孔眼经由可控性填料横向灌入地层内，采用拔管机自下而上连续拔管，对灌浆段进行均匀有效的可控性灌注。最后，待全孔段注浆完成后进行封孔，并给后续孔注浆，直至注浆区域注浆孔全部灌注完成。

4. 可控注浆施工流程

可控注浆单孔施工流程为：钻孔、注浆准备→泥浆护壁、分段成孔→下花管→下注浆管→注入可控填料→可控填料待凝→注入可控 TGM 浆液→自下而上小间隔提升注浆→本段注浆结束→进行下一段注浆→全孔注浆结束、封孔。

1）钻孔

分段钻孔，泥浆护壁，分段钻至设计孔深，每段长度宜为 $10\sim30$ m。

2）安装花管和注浆管

待钻孔完成后，下入带大型孔眼（内径为 1.2 cm）的花管，待花管装好后，在花管内下入带高压止浆气塞的注浆管，待注浆管装好后，通过压力源将高压止浆气塞的压力值调至设计止浆压力值。

3)可控填料固管封孔

按设计配合比现场配制可控填料,采用注浆泵将可控填料注入花管与孔壁之间,待孔口溢出与注入相对密度一致的浆液时,停止注入可控填料。

4)可控 TGM 浆液分段灌注

待可控填料胶凝后,采用注浆泵进行分段提管注浆,在首段注浆结束后,调节高压止浆气囊内的压力,向上提管至下一段注浆段内,再次调节高压止浆气囊内的压力值至设计止浆压力,并进行下一段注浆。每次注浆段长度宜为 $0.5 \sim 0.8$ m。

5)全孔注浆、封孔

待单孔注浆结束后,立即进行封孔。待各序孔完成注浆后,共同形成防渗加固体。

2.3.2　可控填料研制与性能测试

1. 材料组成与配制

1)材料组成

在查阅大量文献及进行工程调研后,本试验研制出了由普通硅酸盐水泥(32.5#)、黏土原浆、粉煤灰、固化剂等组成的可控填料。各组分的具体要求如下。

①水泥:试验用水泥为 32.5#普通硅酸盐水泥,水泥细度为通过 80 μm 方孔筛的筛余量不大于5%,性能满足《通用硅酸盐水泥》(GB 175—2023)标准的有关要求。

②黏土:黏土取自湖南某基坑施工现场,取样深度为 $5 \sim 10$ m,土样 XRD 分析及物理力学性能见表 2-13,测试过程符合《土工试验方法标准》(GB/T 50123—2019)标准的相关要求。

表 2-13　黏土性能测试结果

性能	数值
相对密度	2.68
含水量/%	25.3

续表 2-13

性能		数值
液限/%		42.3
塑限/%		22.5
液性指数/%		0.34
塑性指数/%		18.9
孔隙比		1.12
酸碱度		5.75
X 射线衍射分析	埃洛石/%	74.96
	石英/%	16.67
	绿泥石等/%	8.37

粉煤灰：Ⅱ级粉煤灰，经测试其主要物理力学性能见表 2-14。

表 2-14　粉煤灰的基本物理性质

性能	参数
密度/(g·cm^{-3})	2.64
堆积密度/(g·cm^{-3})	0.82
比表面积/(cm^2·g^{-1})	14500
原灰标准稠度/%	36.9
吸水量/%	109
28d 抗压强度比/%	72

④固化剂：固化剂是自制的粉末材料，主要由白色粉末状矿物添加剂 a(偏铝酸盐)组成，通过调节掺量可以显著改善浆液的各项物理性能。

⑤岩溶水：按现场岩溶水离子含量浓度最大值情况在实验室配制足量的岩溶水。每 1 L 岩溶水含氯离子 1.3 mmol、硫酸根离子 7.2 mmol、碳酸氢根离子 5.3 mmol 及镁离子 4.7 mmol。

2)配制流程

第一步：黏土打磨与浸泡。先清除黏土中的杂质，用重物击碎，多次、少量进行打磨，可过 200 目滤网；将打磨后的黏土倒入储浆桶中加水混合，用搅拌机搅拌约 15 min，浸泡 24 h 后备用。

第二步：制备黏土浆液。按照所需相对密度进行配制，搅拌机搅拌至少 15 min，测试前需对相对密度计进行校核。

第三步：配制可控填料。取对应相对密度的原浆待用，称取对应的水泥、粉煤灰和固化剂，先加入水泥搅拌 2 min，再加入粉煤灰搅拌 3 min，最后加入固化剂搅拌约 5 min。

2.试验方案设计

根据经验进行正交试验设计，各组分的用量设计 4 个水平。采用相对密度为 1.20、1.25、1.30、1.35 的原浆 6 L；水泥 0.54 kg、0.80 kg、1.09 kg、1.34 kg；粉煤灰 0.54 kg、0.80 kg、1.09 kg、1.34 kg；固化剂掺量（占水泥比例）为 0.5%、1.0%、1.5%、2.0%。根据正试试验设计，16 组不同材料的配比见表 2-15。

表 2-15　正交试验配比

组名	原浆相对密度	水泥掺量/kg	粉煤灰掺量/kg	固化剂掺量/%
T1	1.20	0.54	0.54	0.5
T2	1.20	0.80	0.80	1.0
T3	1.20	1.09	1.09	1.5
T4	1.20	1.34	1.34	2.0
T5	1.25	0.54	0.54	1.5
T6	1.25	0.80	0.80	2.0
T7	1.25	1.09	1.09	0.5
T8	1.25	1.34	1.34	1.0
T9	1.30	0.54	0.54	2.0
T10	1.30	0.80	0.80	1.5
T11	1.30	1.09	1.09	1.0
T12	1.30	1.34	1.34	0.5
T13	1.35	0.54	0.54	0.5
T14	1.35	0.80	0.80	0.5
T15	1.35	1.09	1.09	2.0
T16	1.35	1.34	1.34	1.5

3.试验结果分析

1)黏度测试结果分析

黏度是影响浆液扩散范围和可灌性的重要指标。本部分所测黏度是可控填料的初始黏度,用1006型标准漏斗黏度计测量数据,测试结果极差分析见表2-16。

表2-16 可控填料黏度测试结果分析

影响因素	可控填料黏度				
	K1	K2	K3	K4	极差 R
原浆相对密度	22.63	27.53	34.68	77.33	54.71
水泥掺量	18.35	40.58	47.03	50.35	28.68
粉煤灰掺量	24.46	48.00	40.60	42.18	23.54
固化剂掺量	25.31	29.42	39.55	101.33	76.02

从表2-16中可以看出,可控填料的黏度随着各组分的掺量改变呈现出较大的变化,浆液黏度波动范围较大,说明试验中各因素对可控填料的黏度均有一定的影响,且受固化剂掺量影响最为明显。比较各因素的极差值可知,固化剂掺量对可控填料的黏度影响最大,其次为原浆相对密度、水泥掺量和粉煤灰掺量。因此,注浆过程中应该着重控制固化剂掺量。

2)流动度测试结果分析

流动度的大小一定程度上反映了浆液的扩散能力和可泵性,对注浆过程有重要影响。考虑到可控填料流动性相对较小,故采用水泥净浆流动度测试方法进行测试,测试过程符合《混凝土外加剂匀质性试验方法》(GB/T 8077—2012)规范要求,测试结果极差分析见表2-17。

表2-17 可控填料流动度测试结果分析

影响因素	可控填料流动度				
	K1	K2	K3	K4	极差 R
原浆相对密度	266.25	237.00	216.50	174.50	91.75
水泥掺量	243.00	229.25	208.75	206.75	36.25

影响因素	可控填料流动度				
	K1	K2	K3	K4	极差 R
粉煤灰掺量	243.00	211.75	225.25	214.25	31.25
固化剂掺量	382	281	251	226	156

由表2-17可知，各组分对可控填料流动度均有一定影响。其中，固化剂掺量对可控填料流动度的影响最大，其次为原浆相对密度，水泥掺量和粉煤灰掺量对流动度的影响在同一水平。因此，考虑到工程实际过程中较小的流动度易使注浆管路堵塞，而较大的流动度又使得浆液扩散范围不可控，故应合理地控制固化剂掺量和原浆相对密度来获得最优的流动度值。

3）胶凝时间测试结果分析

胶凝时间是注浆材料十分重要的参数之一。对于可控填料而言，浆液的胶凝时间不仅影响着浆液的可泵性和扩散范围，更是富水岩溶环境下浆液是否具备抗分散能力的决定性因素。本部分采用维卡仪法对可控填料胶凝时间进行测定，测试结果极差分析见表2-18。

表 2-18　可控填料胶凝时间测试结果分析

影响因素	可控填料胶凝时间				
	K1	K2	K3	K4	极差 R
原浆相对密度	68.23	67.21	63.42	62.23	6.00
水泥掺量	54.75	56.50	49.25	41.21	13.54
粉煤灰掺量	53.23	50.25	48.35	47.21	6.02
固化剂掺量	70.25	55.75	53.75	31.74	38.51

由表2-18可以看出，可控填料的胶凝时间随着各组分掺量的不同而不同，且各组分均对其有一定影响。比较各因素的极差值，可以看出固化剂掺量对可控填料的胶凝时间影响最大，其次为水泥掺量，原浆相对密度和粉煤灰掺量对可控填料的胶凝时间影响较小。因此，注浆过程中应该着重控制固化剂和水泥的掺量。

4）塑性强度测试结果分析

可控填料的塑性强度是反映浆液封孔止浆能力的重要指标，对可控填料的止浆效果有着重要影响。可控填料的塑性强度宜控制在合理范围内，既要能起到封孔止浆的作用，同时又要保证可控 TGM 浆液能水平劈裂灌入地层。本部分采用 LG-100D 型数显式土壤液塑限联合测定仪来测试浆液塑性强度，测试结果极差分析见表 2-19。

表 2-19   可控填料塑性强度测试结果分析

影响因素	可控填料塑性强度				
	K1	K2	K3	K4	极差 R
原浆相对密度	0.78	2.07	4.05	5.08	4.30
水泥掺量	2.12	2.37	3.73	4.50	2.38
粉煤灰掺量	2.12	4.62	2.29	2.95	2.50
固化剂掺量	0.89	2.35	4.26	5.21	4.32

由表 2-19 可知，各组分对可控填料塑性强度均有一定影响。其中，固化剂掺量和原浆相对密度对可控填料塑性强度的影响较大，水泥掺量和粉煤灰掺量对塑性强度的影响相对较小。因此，为了获得较好的封孔止浆效果，注浆过程中宜合理控制好固化剂掺量和原浆相对密度。

5）早期抗压强度测试结果分析

可控填料的早期抗压强度在一定程度上决定了其岩溶富水抗分散能力和封孔止浆能力，对可控注浆工艺的实施效果有重要影响。可控填料的早期抗压强度宜控制在合理的范围内，既要能起到岩溶富水抗分散和封孔止浆的作用，同时又要保证可控 TGM 浆液能水平批量灌入地层。考虑到岩溶水环境对可控填料的早期抗压强度有较大影响，故先将可控填料装入 70 mm×70 mm×70 mm 的模具中，达到胶凝时间后脱模，再将固结体养护在配制的岩溶水中，养护至设计龄期后进行抗压强度测试，测试结果极差分析见表 2-20。

表 2-20   可控填料 3 d 抗压强度测试结果分析

影响因素	可控填料 3 d 抗压强度				
	K1	K2	K3	K4	极差 R
原浆相对密度	0.19	0.18	0.18	0.17	0.02
水泥掺量	0.19	0.13	0.22	0.32	0.19

续表2-20

影响因素	可控填料 3 d 抗压强度				
	K1	K2	K3	K4	极差 R
粉煤灰掺量	0.16	0.17	0.2	0.21	0.05
固化剂掺量	0.19	0.19	0.18	0.18	0.01

由表 2-20 可知，各组分对可控填料 3 d 抗压强度均有一定影响。其中，水泥掺量对浆液 3 d 抗压强度影响最大，其次为粉煤灰掺量，原浆相对密度和固化剂掺量对其影响较小。因此，为了获得适宜的早期强度，注浆过程中宜控制好水泥掺量。

4. 最优配合比

可控填料在注浆施工中主要起固定花管、固壁止水及止浆耗能的作用，浆液性能表现为黏度适宜、凝结时间可控、结石体强度适中等。通过综合考虑可控填料的各项物理力学性能，确定材料的最优配合比为浆液相对密度 1.35，浆液水固比（1 : 1）~（2 : 1），水泥与粉煤灰 1 : 1，固化剂 1%~1.5%（占水泥比例）。

2.3.3　可控 TGM 浆液研制与性能测试

1. 材料组成与配制

在查阅大量文献及进行工程调研后，本试验研制出了由普通硅酸盐水泥（42.5#）、黏土原浆以及改性剂组成的可控 TGM 浆液。各组分的具体要求如下。

①水泥：试验用水泥为南方牌 42.5# 普通硅酸盐水泥，水泥细度为通过 80 μm 方孔筛的筛余量不大于 5%，性能满足《通用硅酸盐水泥》（GB 175—2023）标准的有关要求。

②黏土：与可控填料一致。

③改性剂：改性剂是自制的粉末材料，主要由白色粉末状矿物添加剂 a（偏铝酸盐）和黄色粉末状活性剂 b（木质素）组成，通过调节两者的比例可以显著改善浆液的各项物理性能。

配制 TGM 浆液的步骤如下：

第一步：先将研磨好的黏土浸入水中约 24 h，然后采用高转速搅拌机搅拌约 15 min，并调整至所需相对密度（因素 A）形成黏土原浆。

第二步：按设计比例称取水泥和黏土原浆，采用高速搅拌机将两者混合至所需水固比(因素 B),形成水泥-黏土浆液。

第三步:在水泥-黏土浆液中加入设计比例的添加剂 a(因素 C)和添加剂 b (因素 D),并用高转速搅拌机搅拌约 5 min 形成可控 TGM 浆液。可控 TGM 浆液 制作过程如图 2-6 所示。

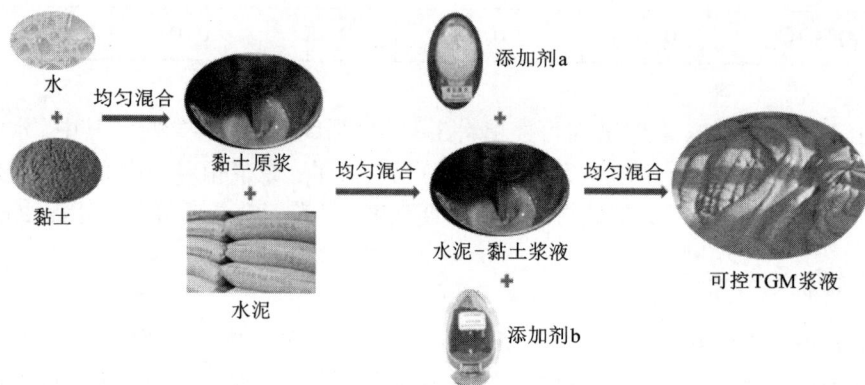

图 2-6 可控 TGM 浆液制作过程示意图

2. 试验方案设计

选择以水泥-黏土浆液为主要浆材,通过添加 a、b 组分不同的改性剂来优化 浆液性能。根据以往工程经验、前期试验成果以及相关规范、规程,选取因素 A——浆液密度、因素 B——浆液水固比(水的质量与水泥和黏土的总质量之比)、 因素 C——添加剂 a(占水泥比例)以及因素 D——添加剂 b(占水泥比例)作为影 响因素,各因素分别选取 4 个水平,具体见表 2-21。

表 2-21 4 种影响因素水平值

水平	影响因素			
	A	B	C	D
1	1.20	0.5:1	0.5%	0.00%
2	1.25	1:1	1.0%	0.15%
3	1.30	1.5:1	1.5%	0.35%
4	1.35	2:1	2.0%	0.50%

3. 试验结果分析

1）浆液相对密度测试结果分析

浆液的相对密度是计算注浆总量与各组分材料用量的依据，对于耗浆量大的岩溶充填注浆工程具有显著意义。本试验相对密度采用 NB-1 型泥浆相对密度计进行测试，测试方法参照《颗粒型注浆材料测试导则》（2010 年），测试结果极差分析见表 2-22。

表 2-22　正交试验浆液相对密度测试结果分析

影响因素	浆液相对密度				
	K1	K2	K3	K4	极差 R
A	1.47	1.49	1.54	1.60	0.130
B	1.45	1.51	1.56	1.58	0.130
C	1.51	1.53	1.52	1.53	0.027
D	1.53	1.52	1.53	1.51	0.018

注：K1、K2、K3、K4 表示水平组数。

通过对比表 2-22 中的极差大小，可得到各因素对可控 TGM 浆液相对密度影响的大小顺序为：A＝B＞C＞D。随着浆液相对密度的增大或浆液水固比的减小，TGM 材料的相对密度明显增大，主要是因为浆液相对密度越大或浆液水固比越小，黏土颗粒或水泥颗粒含量就越高，而这两者的密度远大于其他材料。

2）凝结时间测试结果分析

试验采用 ZKS-100 型数显砂浆凝结时间测定仪进行可控 TGM 浆液凝结时间测试，测试方法参照《建筑砂浆基本性能试验方法标准》（JGJ/T 70—2009）相关规程，测试结果极差分析见表 2-23。

表 2-23　正交试验浆液凝结时间测试结果分析

影响因素	浆液初凝				
	K1	K2	K3	K4	极差 R
A	58.25	57.00	54.00	52.25	6.00
B	34.75	36.50	49.25	51.00	16.25
C	60.25	35.75	33.75	21.75	38.50
D	50.00	51.25	53.50	57.50	7.50

续表2-23

影响因素	浆液终凝				
	K1	K2	K3	K4	极差 R
A	1091.00	1079.50	1028.50	997.75	93.25
B	1071.50	1081.50	1105.25	1204.25	132.75
C	1326.00	1154.00	917.75	779.00	547.00
D	956.25	1035.25	1145.50	1159.75	203.50

由表2-23极差分析结果可知,各因素对可控TGM浆液终凝时间影响的大小顺序为:A<B<D<C。随着添加剂a(因素C)含量的增加,可控TGM浆液凝结时间缩短,主要是因为添加剂a的主要成分为偏铝酸盐,而偏铝酸盐是工程常用的促凝化合物,它的加入能释放出大量的强碱性氢氧化物,能有效促进水泥矿物的水化;而浆液水固比(因素B)的减小一定程度上也会促进水泥的水化,故浆液水固比的减小会使浆液凝结时间有一定幅度的缩短。随着浆液相对密度(因素A)的增大浆液凝结时间有一定幅度的缩短,但缩短幅度不明显,主要是因为浆液相对密度越大黏土含量越高,而大量黏土的掺入会加快水泥凝胶缩聚,导致形成的水化产物增多,使凝结时间缩短,这与相关文献结论一致;而添加剂b(因素D)的增加会使浆液凝结时间延长,主要是因为添加剂b的主要成分为木盐,而该类木盐中含有大量羟基,大量羟基的掺入会使浆液凝结时间显著延长,且对浆液终凝的延缓作用比浆液初凝大。

3)析水率与收缩率测试结果分析

工程上将2 h内浆液自重作用下析水率小于5%的浆液称为稳定浆液。对于富水岩溶区盾构注浆工程,浆液优越的稳定性能不仅有利于工程施工,更是确保后续盾构掘进过程中不出现软硬复合地层等的关键。在岩溶水环境下浆液在较短时间内(几十分钟至几小时)的凝固结石体情况是影响注浆治理的关键因素之一,而浆液的收缩率将直接影响注浆充填密实程度及注浆效果,也是确保后续盾构掘进不出现沉陷、栽头的关键。本试验析水率测试时间定为2 h,结石体收缩率测定时间为28 d,且在自制的岩溶水环境下养护,测试方法参照《颗粒型注浆材料测试导则》(2010年),测试结果极差分析见表2-24、表2-25。

表 2-24　正交试验浆液析水率测试结果分析

影响因素	浆液析水率				
	K1	K2	K3	K4	极差 R
A	2.3	1.7	1.4	0.8	1.5
B	2.8	2.5	2.3	2.2	0.6
C	2.1	1.5	1.3	0.7	1.4
D	2.4	2.5	2.5	2.7	0.3

表 2-25　正交试验结石体收缩率测试结果分析

影响因素	结石体收缩率				
	K1	K2	K3	K4	极差 R
A	4.3	3.8	2.5	2.1	2.2
B	5.0	2.4	1.8	1.2	3.8
C	4.1	2.8	2.4	2.0	2.1
D	2.1	2.4	2.9	3.2	1.1

　　由表 2-24、表 2-25 极差分析结果可知，各因素对浆液析水率影响的大小顺序为 D<B<C<A；各因素对结石体收缩率影响的大小顺序为 D<C<A<B。随着浆液相对密度（因素 A）的增大，浆液析水率显著降低，原因为浆液相对密度越大则黏土含量越高，而黏土颗粒细、质量轻以及具有很强的吸水性能，故黏土会使浆液内颗粒的沉降速度减慢，导致可控 TGM 浆液析水率降低；而随着浆液水固比（因素 B）的减小或添加剂 a（因素 C）的增多，可控 TGM 浆液析水率不断降低，主要是因为浆液水固比的减小或添加剂 a 的增多会加快浆液中水泥的水化，使得可控 TGM 浆液中可自由析出的水量减少，故析水率降低；而添加剂 b（因素 D）中木盐会使得可控 TGM 浆液产生分散作用，故添加剂 b 含量越高，可控 TGM 浆液分散性能越强，可控 TGM 浆液析水率越大。随着浆液相对密度（因素 A）的增大，结石体收缩率降低，主要是因为浆液相对密度越大则可控 TGM 浆液中黏土含量就越高，而在岩溶水养护环境下黏土的稳定性十分优越；浆液水固比（因素 B）越小，则可控 TGM 浆液中水泥颗粒就越多，而水泥结石体在岩溶水环境下其钙离子极易析出，故浆液水固比越小结石体收缩率越大。

4）流动度与屈服应力测试结果分析

浆液流动度和屈服应力的大小决定了在岩溶水环境下浆液的抗分散能力和扩散能力，也在一定程度上影响着浆液的可泵性与可注性。对于盾构富水岩溶区充填注浆，若能通过调节浆液流动度和屈服应力大小来有效控制浆液的扩散范围，使其加固区域控制在盾构线掘进影响范围内，对于节约工程造价、提高工程施工质量等具有重要意义。本试验考虑到可控 TGM 浆液为膏状浆液，故采用截锥圆模测试制浆 5 min 后的可控 TGM 浆液的流动度，测试方法参照《水泥胶砂流动度测定方法》（GB/T 2419—2005）；采用流变仪测定可控 TGM 浆液静置 30 min 后的屈服应力，在 120 s 内剪切速率从 0 s^{-1} 增至 100 s^{-1}，测试结果极差分析见表 2-26、表 2-27。

表 2-26　正交试验浆液流动度测试结果分析

影响因素	浆液流动度				
	K1	K2	K3	K4	极差 R
A	200.25	175.50	160.28	153.00	47.25
B	160.75	165.02	170.00	185.25	24.50
C	207.25	171.25	125.50	74.25	133.00
D	122.75	163.75	220.50	260.50	137.75

表 2-27　正交试验浆液屈服应力测试结果分析

影响因素	浆液屈服应力				
	K1	K2	K3	K4	极差 R
A	500.25	675.40	760.21	853.40	353.15
B	543.18	520.00	505.01	490.05	53.13
C	610.15	875.50	960.28	1053.00	442.85
D	522.70	503.21	490.50	470.54	52.16

由表 2-26、表 2-27 极差分析结果可知，各因素对浆液流动度影响的大小顺序为 B<A<C<D；各因素对浆液屈服应力影响的大小顺序为 D<B<A<C。随着浆液相对密度（因素 A）的增大或浆液水固比（因素 B）的减小，可控 TGM 浆液流动度减小，原因为浆液相对密度越大则黏土含量越高，而黏土的加入使得浆液初始黏

度增大，故可控 TGM 浆液流动度减小，可控 TGM 浆液屈服应力增大；而随着浆液水固比的减小，可控 TGM 浆液中水泥含量越高，即能产生相对更多的水化产物和降低自由水的含量，从而使流动度减小，可控 TGM 浆液屈服应力增大。添加剂 a(因素 C)和添加剂 b(因素 D)对可控 TGM 浆液流动度和屈服应力的影响均较大，主要是因为添加剂 a 为促凝化合物，能加快水泥水化，使浆液迅速变稠，内聚力增大，浆液流动度变小，屈服应力增大；而添加剂 b 为减水剂，是一种可有效增大浆液流动度的添加剂。

5)结石体抗压强度测试结果分析

浆液在岩溶水环境下的结石体早期抗压强度决定了注浆材料填充岩溶的能力，而浆液结石体后期抗压强度则反映了注浆加固的长期稳定性。但需要注意的是，富水岩溶区盾构注浆材料结石体早期抗压强度不宜较大或较小，宜与围岩相互匹配；而后期抗压强度需抵抗岩溶水长期的侵蚀破坏。本试验采用混凝土伺服压力机，对尺寸为 70 mm×70 mm×70 mm 的试样进行 7 d、90 d 结石体抗压强度测试，且在自制的岩溶水环境下进行养护，测试方法参照《水泥胶砂强度检验方法(ISO 法)》(GB/T 17671—2021)，测试结果极差分析见表 2-28。

表 2-28　正交试验浆液结石体抗压强度测试结果分析

影响因素	浆液结石体 7 d 抗压强度				
	K1	K2	K3	K4	极差 R
A	0.89	0.87	0.83	0.82	0.07
B	0.37	1.38	1.52	1.57	1.19
C	1.05	1.02	1.10	1.09	0.08
D	1.12	1.15	1.18	1.22	0.10
影响因素	浆液结石体 90 d 抗压强度				
	K1	K2	K3	K4	极差 R
A	5.10	5.07	5.01	4.83	0.27
B	2.44	4.11	4.33	4.44	2.00
C	3.73	3.81	4.02	3.84	0.29
D	4.14	4.27	4.41	4.54	0.40

由表 2-28 极差分析结果可知，各因素对结石体 7 d、90 d 抗压强度影响的大

小顺序均为：A<C<D<B。随着浆液水固比(因素 B)的减小，结石体抗压强度增大，主要是因为浆液水固比越小则水泥含量相对越高，故结石体抗压强度就越高；而随着浆液相对密度(因素 A)的增大，浆液中黏土含量赵高，由于黏土具有较大的比表面积，会使水泥水化的水量减少，且黏土中的 Na^+、K^+ 会降低 Ca^{2+} 的溶解性从而使结石体抗压强度有一定的降低；另外，添加剂 a(因素 C)和添加剂 b(因素 D)分别为促凝化合物和减水剂，故添加剂 a 的含量对抗压强度影响不明显，添加剂 b 含量的增多能在一定程度上提高浆液结石体抗压强度。

4. 最优配合比

富水岩溶区盾构隧道注浆时，不仅需要满足富水岩溶环境下充填注浆的要求，还需确保后续盾构的顺利施工以及节约工程造价。因此，为满足注浆工程施工要求，注浆材料应具有一定的流动度、较高的屈服应力以及适宜的凝结时间；为保证注浆加固效果，浆液结石体在岩溶水环境下还需具有较强的富水抗分散性、较低的析水率以及较小的收缩率；为确保盾构的施工和工程后期运营安全以及节约工程造价，注浆原材料来源要广，形成后的浆液结石体还需具有适宜的早期抗压强度和较高的后期抗压强度。通过综合考虑可控填料的各项物理力学性能，确定材料的最优配合比为：浆液相对密度 1.30，浆液水固比 1∶1，添加剂 a 含量 1%，添加剂 b 含量 0.15%。

2.4　盾构穿越富水岩溶区可控注浆扩散机制

>>>

由盾构穿越富水岩溶区可控注浆工作原理可知，可控填料在注浆过程中主要起两个作用：①填充注浆花管与注浆孔壁之间的孔隙实现封孔作用；②在可控 TGM 浆液向轴向扩散过程中进行止浆消能。可控 TGM 浆液则在注浆压力作用下向轴向和径向进行有效扩散，轴向受可控填料止浆作用，进行能量消散；而径向扩散需先劈裂可控填料进行消能，才可进入地层进行填充。因此，在实际注浆过程中为达到最佳的可控注浆效果，可控填料应具备合理的封孔止浆能力和扩散能力，既要保证 TGM 轴向无法贯穿可控填料，也要确保 TGM 浆液轴向可劈裂可控填料；而可控 TGM 浆液则需具有适宜的扩散能力，既要能穿透可控填料进入地层，又不能超出设计扩散范围。

2.4.1　黏度时空变化的可控填料止浆机制

通过文献调研发现，现有研究往往忽略了封孔浆体的黏度时空变化特性，且认为同一时刻封孔段内不同位置处的封孔浆体黏度相同，计算得到的理论值与实际封孔施工参数间尚存在较大差异。从可控填料封孔止浆过程可以看出，可控填料从注浆管注入注浆孔与注浆管之间的孔隙内，可控填料从注浆管孔底开始发生明显的物理化学反应，黏度开始增长。如在封孔段内，注浆孔底部可控填料反应时间相对较短，黏度增长时间短、黏度低；封孔高处可控填料反应时间相对较长，黏度增长时间长、黏度最高，故可控填料黏度沿注浆孔垂直方向存在明显空间分布不均匀性。因此，若不考虑封孔浆体的时空变化特性（即黏度时变性和黏度空间分布不均匀性），所计算得到的封孔止浆能力明显偏低。

1. 可控填料流变性能测试

采用美国 Brookfield 公司生产的旋转黏度计对可控填料进行流变试验，流变仪保持转子剪切速率在 $0 \sim 56 \ \text{s}^{-1}$ 范围内变化，连续测定 120 s 内浆液的剪切应力变化，并对测试后的数据进行拟合，即可得到可控填料流变参数关系（表 2-29）。

表 2-29 流变数据拟合

编号	拟合公式	τ	η	R^2
①	$\tau = \tau_0 + \eta\gamma$	4.51	0.0314	0.97
②	q	8.63	0.0570	0.96
③	t_0	13.54	0.0825	0.96
④	h	25.33	0.1224	0.98

表 2-29 的测定结果表明,典型配合比下可控填料具有明显的初始屈服应力,剪切应力随剪切速率的变化规律服从线性分布,为典型的宾厄姆流体。

2. 假设条件与模型建立

①可控填料在不同封孔高度上为均质、各向同性且不可压缩的流体。

②可控填料在注入和封孔止浆过程中保持流型不变,除注浆孔附近外,均服从同心环状层流运动。

③注浆孔壁光滑,且忽略可控填料扩散和封孔止浆过程中渗透到孔壁内的浆体,即注入的封孔浆液全部存储于注浆孔与注浆管之间。

④当注浆浆液劈裂可控填料时,仅在浆体中心产生劈裂缝,且内壁光滑,平均开度为 2 a。

⑤假设止浆浆体从注浆泵至注浆孔底过程中不发生物理化学反应,以浆体从注浆管底进入封孔段的时刻为浆体黏度增长的时间起点,即设定注浆孔底处的浆体黏度为初始黏度值。

根据上述假设①~⑤,并结合可控填料止浆原理,可建立同心环状劈裂可控填料止浆模型,如图 2-7 所示。

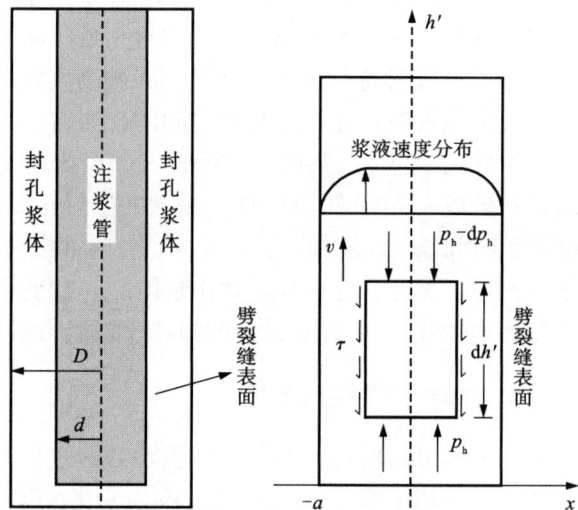

图 2-7 同心环状劈裂可控填料止浆模型

3. 可控填料黏度时空分布方程

根据假设条件③、⑤并结合质量守恒定律可知,可控填料注入量等于在注浆孔与注浆管之间扩散的浆液量,则有

$$qt_0 = \pi h (D^2 - d^2) \tag{2-11}$$

式中:q 为注入可控填料流量;t_0 为注入可控填料时间;h 为注浆孔深;D 为注浆孔半径;d 为注浆管半径。

为了更好地阐述可控填料黏度的时空关系,引入两个时间概念:可控填料从注浆孔底扩散至封孔位置的时刻 t',即不同高度的可控填料对应不同的 t' 时刻,t' 与封孔高度相对应;可控填料的黏度增长时间 t'',故封孔浆液黏度增长时间是以封孔浆液由注浆孔底到达封孔位置的时刻 t' 为起点,注入可控填料的总时间为 t_0 的,则

$$t'' = t_0 - t' \tag{2-12}$$

$$q(t_0 - t') = \pi h'(D^2 - d^2) \tag{2-13}$$

式中:h' 为封孔高度。

将式(2-12)代入式(2-13),得到封孔高度为 h' 时所对应的可控填料黏度增长时间为

$$t'' = \frac{\pi h'(D^2 - d^2)}{q} \tag{2-14}$$

由式(2-14)可知,可控填料黏度增长时间 t'' 与可控填料高度 h' 相互对应,故可控填料注入时间 t_0 时,在 h' 处所对应的可控填料黏度为

$$\mu(h',\ t_0) = \mu(t'') \tag{2-15}$$

又因,实际封孔过程中当注入的可控填料到达注浆孔口时会停止注入,故可控填料高度小于等于注浆孔深,则有

$$h' \leqslant h = \frac{\pi(D^2 - d^2)}{qt} \tag{2-16}$$

将式(2-14)代入式(2-15),并结合式(2-16)即可得到可控填料在封孔段内的黏度时空分布方程,即

$$\begin{cases} \mu(h',\ t_0) = \mu\left(\dfrac{\pi h'(D^2 - d^2)}{q}\right) \\ h' \leqslant \dfrac{\pi(D^2 - d^2)}{qt_0} \end{cases} \tag{2-17}$$

4. 可控填料封孔止浆控制方程

可控 TGM 浆液在注浆压力作用下会沿注浆孔底向上同心环状劈裂可控填料。假设可控 TGM 浆液为宾厄姆流体，并考虑浆液重力，则可采用宾厄姆流体连续方程和运动方程来描述浆液在可控填料内的运动规律，可得

$$\tau = \left(\frac{dP_h}{dh'} + \gamma_g\right)x \tag{2-18}$$

式中：τ 为剪切应力；γ_g 为浆液重度；P_h 为注浆压力在垂直方向上的分量；x 为环向距离。

当 $\tau \leqslant \tau_0$ 时，浆液各质点在可控填料内不发生相对运动，存在一个中心流核区，则该流核区范围 h_0 应满足

$$|h'| \leqslant h_0 = \tau_0 \left(\frac{dP_h}{dh'} + \gamma_g\right)^{-1} \tag{2-19}$$

而对于封孔止浆模型，可知其留核区范围 $h_0 \leqslant a$，故表明注浆浆液由于屈服剪切力的存在，在可控填料内存在一个启动压力梯度 $\lambda = \tau_0 a^{-1} - \gamma_g$。

联合式(2-17)、式(2-18)及式(2-19)可得

$$\tau = \left(\frac{dP_h}{dh'} + \gamma_g\right)x = \tau_0 + \mu(h', t)\frac{dv}{dx} \tag{2-20}$$

简化上式得

$$\frac{dv}{dx} = \frac{1}{\mu\left(\frac{\pi h'(D^2 - d^2)}{q}\right)}\left[\left(\frac{dP_h}{dh'} + \gamma_g\right)x - \tau_0\right] \tag{2-21}$$

当 $h_0 \leqslant |x| \leqslant a$ 时，满足边界条件 $x = \pm a$ 时，$v = 0$；当 $|x| < h_0$ 时，$v = v_{(x=h_0)}$，则有

$$v = \begin{cases} \dfrac{1}{\mu\left(\dfrac{\pi h'(D^2-d^2)}{q}\right)}\left[\left(\dfrac{dP_h}{dh'} + \gamma_g\right) \cdot \dfrac{x^2-a^2}{2} - \tau_0(|x|-a)\right] \\ \qquad (h_0 \leqslant |x| \leqslant a) \\[4pt] \dfrac{1}{\mu\left(\dfrac{\pi h'(D^2-d^2)}{q}\right)}\left[\left(\dfrac{dP_h}{dh'} + \gamma_g\right) \cdot \dfrac{h_0^2-a^2}{2} - \tau_0(h_0-a)\right] \\ \qquad (|h| < h_0) \end{cases} \tag{2-22}$$

浆液在可控填料劈裂缝内的平均流速 $\bar{v}$ 为

$$\bar{v} = \frac{1}{2a} \int_{-a}^{a} v \mathrm{d}x \tag{2-23}$$

考虑到注浆压力差远大于启动压力梯度 λ，可得到浆液在可控填料的劈裂缝中的平均流速为

$$\begin{cases} \bar{v} = \frac{a^2}{3} \cdot \dfrac{1}{\mu\left(\dfrac{\pi h'(D^2-d^2)}{q}\right)} \left[\dfrac{3\tau_0}{2a} - \left(\dfrac{\mathrm{d}P_h}{\mathrm{d}h'} + \gamma_g\right)\right] \\[4mm] h' = \dfrac{\pi(D^2-d^2)}{qt_0} \end{cases} \tag{2-24}$$

而根据建立的同心环状劈裂可控填料止浆模型，可得到可控填料内注浆浆液流量 q 为

$$q = \pi(D+d) \int_{-a}^{a} v \mathrm{d}x = 2a\pi(D+d)\bar{v} \tag{2-25}$$

相关室内外试验表明，函数拟合的封口浆体黏度-时间曲线可按式（2-26）绘制：

$$\mu(t'') = m(t'')^n \tag{2-26}$$

式中：m、n 为常数。

联合式（2-24）~（2-26）并代入其边界条件：当孔底出浆口压力 P_h 达到可控填料的起劈压力 P' 时，浆液在可控填料中劈裂流动，则经注浆时间 t 后，浆液在可控填料内劈裂的高度 H 应满足

$$P_H - P' = \left(\frac{3\tau_0}{2a} - \gamma_g\right)H - \frac{3\pi^{n-1}m(D^2-d^2)^n}{2q^{n-1}(n+1)a^3(D+d)}H^{n+1} \tag{2-27}$$

则浆液在可控填料内的劈裂高度与注浆孔底的出浆口垂直压力的关系式为

$$P_H = \left(\frac{3\tau_0}{2a} - \gamma_g\right)H - \frac{3\pi^{n-1}m(D^2-d^2)^n}{2q^{n-1}(n+1)a^3(D+d)}H^{n+1} + P' \tag{2-28}$$

又根据假定条件②和④，由质量守恒定律可知，可控填料可承受的止浆时间 t_{max} 为

$$t_{max} = \frac{2\pi H(D+d)}{q} \tag{2-29}$$

联合式（2-28）、式（2-29），即为考虑了可控填料黏度时空变化的封孔止浆控制方程。

2.4.2 可控 TGM 浆液水平扩散与轴向劈裂机制

1. 假设条件与模型建立

依据可控 TGM 浆液扩散过程和自身浆液特点，提出如下假定：

①注入地层的可控填料均质且各向同性时，仅考虑单一劈裂浆脉的情况；

②浆液扩散过程中保持宾厄姆流体流变模型不变，不考虑浆液流变参数的时变性；

③浆液在地层内呈柱状扩散，扩散过程中为层流；

④注浆管位于花管中心线上，即浆液呈同心环层流向上运动；

⑤仅在可控填料浆体中心产生单一、均匀的光滑劈裂缝。

根据上述假设条件，提出可控 TGM 浆液的扩散模型如图 2-8 所示。

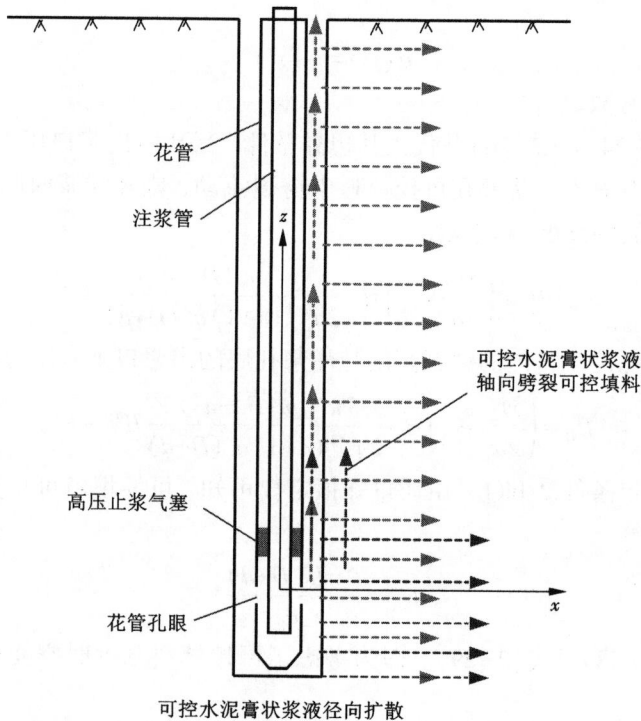

图 2-8 可控 TGM 浆液扩散模型

2. 可控 TGM 浆液径向扩散半径

分析上述可控 TGM 浆液的扩散模型可知,可控填料在地层内径向扩散时其流变方程为

$$\tau = \tau_0 + \eta_x \cdot \frac{dv_x}{dr_x} \tag{2-30}$$

式中:τ 为可控水泥膏状浆液的剪切应力;τ_0 为可控水泥膏状浆液的静剪切力;η_x 可控水泥膏状浆液的径向黏度;dv_x/dr_x 为剪切速率。

根据假设①~③可知,可控 TGM 浆液在可控填料中的径向平均流速为

$$\bar{v}'_x = \frac{2}{\eta_x s'} \left[\frac{dp'_x}{8 dr_x} \left(\frac{8\eta_x - s'^3}{3} \right) - \tau \left(\frac{s'^2 + 4y_{s'}^2}{8} \right) \right] \tag{2-31}$$

式中:$\bar{v}'_x$ 为径向平均流速;p'_x 为注浆压力;s' 为裂隙厚度;$y_{s'}$ 为可控水泥膏状浆液不受剪切作用时的裂隙厚度,对于宾厄姆流体取 $y_{s'} = s'/3$。

经过时间 t_1 后可控水泥膏状浆液注浆量为

$$Q_2 = \bar{v}'_x A_x t_1 = A_x L_x \tag{2-32}$$

式中:Q_2 为可控水泥膏状浆液注浆量;A_x 为可控水泥膏状浆液劈裂可控填料的裂纹断面面积;L_x 为裂纹扩散距离。

联合式(2-31)、式(2-32)并结合如下边界条件:可控 TGM 浆液注浆压力 p'_x 达到可控填料起劈压力 $\bar{p}'_x$ 时,可控水泥膏状浆液开始劈裂可控填料,若此时可控水泥膏状浆液扩散半径为 r'_x,而经时间 t_2 后扩散半径为 $r'_x + L_x$、注浆压力为 p'_{2x},则有

$$\Delta p' = p'_{2x} - \bar{p}'_x = \frac{3L_x \left[4\eta_x s' \bar{v}'_x \right] + \tau \left(s'^2 + 4y_{s'}^2 \right)}{8y_{s'}^3 - s'^3} \tag{2-33}$$

$$L_x = \frac{\Delta p' \left(8y_{s'}^3 - s'^3 \right)}{12\eta_x s' \bar{v}'_x + 3\tau \left(s'^2 + 4y_{s'}^2 \right)} \tag{2-34}$$

分析式(2-34)可知:当 $L_x \leq r_1$ 时,即此时可控 TGM 浆液无法穿透可控填料,不能形成有效的固结体,达不到注浆设计要求;当 $L_x \leq r_1$ 时,即可控 TGM 浆液穿透可控填料并扩散进入地层,扩散距离可按式(2-34)计算。其中,可控填料起劈压力可按 $\bar{p}'_x = \delta_3 (1 + \sin \varphi) + c \cdot \cos \varphi$ 进行计算,其中 δ_3 为围岩压力,φ 为内摩擦角,c 为浆液黏聚力。

3. 可控 TGM 浆液轴向劈裂高度

分析可控 TGM 浆液的扩散模型可知,可控 TGM 浆液轴向环状运动方程为

$$\tau = \left(\frac{\mathrm{d}p_x'}{\mathrm{d}h_z} + r_g\right)l_x \tag{2-35}$$

式中：r_g 为浆液重度；l_x 为浆脉中心线到窄缝中心的距离；h_z 为可控 TGM 浆液在可控填料中的高度。

根据假设条件④、⑤可知，可控 TGM 浆液劈裂可控填料的轴向平均流速 $\bar{v}_z$ 和可控填料内可控 TGM 浆液注浆量 q_z 为

$$\bar{v}_z = -\frac{s^2}{3\eta_z} \cdot \frac{\mathrm{d}p_x'}{\mathrm{d}h_z} - \frac{s\tau}{2\eta_z} \tag{2-36}$$

$$q_z = 2\pi(r'+r_0')\int_0^s \bar{v}_z \mathrm{d}r_x = 2s\pi(r'+r_0')\bar{v}_z \tag{2-37}$$

式中：s 为裂缝均匀宽度；η_z 为浆液塑性黏度。

联合式（2-36）、式（2-37）可得

$$q_z = 2s\pi(r'+r_0')\frac{s\tau}{2\eta_z} + \frac{s^2}{3\eta_z} \cdot \frac{\mathrm{d}p_z}{\mathrm{d}h_z} + \frac{r_g s^2}{3\eta_z} \tag{2-38}$$

当可控 TGM 浆液注浆压力达到可控填料起劈压力时，可控 TGM 浆液开始劈裂可控填料进行轴向环状劈裂扩散。若一定时间 t 后，可控 TGM 浆液达到高度 H 时花管孔眼处的注浆压力为 P_H，则此时可控 TGM 浆液在可控填料内的劈裂高度为 H 为

$$P_H = \bar{P}_x' + \gamma_g H + \frac{3\eta_z H}{s^3}\left[\frac{q_z}{2\pi(r'+r_0')} + \frac{\tau s^2}{2\eta_z}\right] \tag{2-39}$$

2.4.3　可控注浆理论现场原位试验验证与讨论

1. 试验段选取与试验方案

以长沙地铁 3 号线一期工程 SG-5 标段右 DK16+014 至右 DK16+034 作为试验段。根据试验段施工方案，试验段共打设注浆孔 97 个，打设深度为地面至隧道底下 10 m（有 9 个补勘孔兼做注浆孔），设计采用 3 排灌注，布置孔距 1.0 m、孔排 1.0 m 的梅花形孔，段长 1.5 m 分段灌注。结合现场压水试验，设计最大注浆压力为 1.5 MPa，选用的可控填料黏土原浆相对密度 1.35，水固比 1∶1，添加剂 1%；可控水泥膏状浆液原浆相对密度 1.25，水固比 0.8∶1，固化剂 A 掺量为 2%、改性剂 B 掺量为 0.2%（占水泥比例），材料物理力学性能见表 2-30，注浆过程如图 2-9 所示。

表 2-30　可控浆液性能参数

名称	流动度/mm	3 d 抗压强度/MPa	屈服强度/Pa	塑性黏度/(Pa·s)
可控填料	150	0.13	—	—
可控 TGM 浆液	92	1.20	20.5	0.18

(a) 安装花管　　　　　(b) 可控填料制备　　　　　(c) 可控 TGM 浆液制备

图 2-9　可控注浆过程

2. 理论计算与实测结果分析

现场实际注浆过程中，前期由于新工艺施工经验不足，导致部分注浆孔发生了冒浆现象，后续通过本章理论计算对注浆参数进行了调整，该情况得以解决。通过对可控填料和可控水泥膏状浆液的扩散范围进行理论计算并结合现场施工经验，可控填料的轴向扩散宜分多段多次进行，且每段宜控制在 15~16 m；而对于可控填料的径向扩散也不宜太远，应保证可控 TGM 浆液能穿透可控填料进入地层。根据现场实际情况，取 $r_g = 19.8 \ \text{kN/m}^3$，$r' = 110 \ \text{cm}$，$r'_0 = 70 \ \text{cm}$，$s = 0.02 \ \text{m}$，$s' = 0.01 \ \text{m}$，并结合可控浆液性能参数，计算某孔的浆液封孔止浆能力，理论计算结果与现场压力表实测数据见表 2-31。

表 2-31　封孔各段最大承载注浆压力对比

注浆段次	1	2	3	4	5
理论值/MPa	1.27	0.94	0.78	0.65	0.57
实测值/MPa	1.22	0.90	0.81	0.64	0.55
误差/%	3.94	4.26	3.80	1.54	3.51

由表 2-31 可以看出，虽封孔浆体止浆能力与所求得最大注浆压力之间存在一定误差，但均小于 5%，可满足工程需求，说明理论推导可为盾构穿越湘江富水岩溶注浆施工提供理论支撑和指导。

3. 理论与实测结果误差讨论

分析理论值与实测值存在一定偏差的原因，可归纳如下：

①理论推导过程中均假设围岩为均质介质，且未考虑可控浆液的压力扩缝效应与浆材压滤效应等。

②实测注浆压力为注浆孔口压力值，而理论推导的值为花管孔眼处压力值，忽略了浆液从进浆口至出浆口的沿程损失。

③在封孔浆体止浆过程中，注浆浆液在压力作用下表现出"纵向劈裂封孔浆体消能"和"径向穿透封孔浆体地层扩散"两种模式，可将注浆压力简化为纵向劈裂封孔止浆压力和径向穿透封孔扩散压力之和，而实际工程很难获得纵向劈裂封孔止浆压力或径向穿透封孔扩散压力，而考虑注浆浆液重力影响，纵向劈裂封孔止浆压力必须小于径向穿透封孔扩散压力，故纵向劈裂封孔止浆压力存在一个极大值，即为注浆压力的 1/2。因此，本章在计算时可取一个极大的劈裂压力来获得一个较安全的封孔止浆能力值。

2.5　典型案例应用研究

2.5.1　工程概况

　　某地铁越江段包含阜埠河站、灵官渡站和阜—灵区间。其中，车站和区间分别属于长沙市天心区和岳麓区，区间起于阜埠河站(里程为 CK14+217.544)，后向东北方向穿越天马公寓和潇湘中路，再穿越湘江西河汊(里程为 CK15+300～CK16+000)、橘子洲(里程为 CK16+000～CK16+300)以及湘江东河汊(里程为 CK16+300～CK16+900)，最后穿越劳动西路与灵官渡站(里程为 CK17+072.484)，左线全长约 2.676 km，右线全长约 2.660 km，具体如图 2-10 所示。

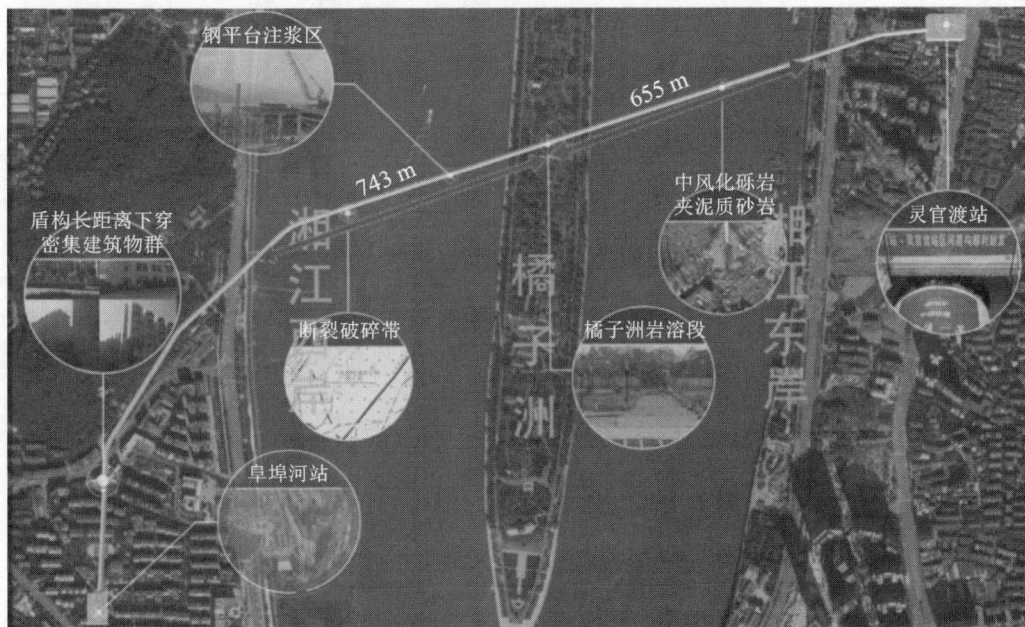

图 2-10　工程概况

区间左、右线为两条单线隧道,隧道平面曲线半径最小半径为450 m,最大半径为650 m,线间距10.0~16.0 m。隧道纵断面均为双向坡,线路最小坡度为4.000‰,最大坡度为28.000‰,竖曲线最小半径为3000 m,最大半径为5000 m。隧道采用外径6.2 m、内径5.5 m以及宽度1.5 m的预制钢筋混凝土(强度为C50、抗渗等级为P12)管片错缝拼接。

1. 工程地质与水文地质

1)岩土层特征

该区间地层主要包括第四系覆盖层及下伏基岩。其中,第四系覆盖层主要包括人工填土层与河流冲积层(以黏性土与砂砾石为主);下伏基岩主要为砂岩、砾岩、泥岩、灰岩等,区间地质分布如图2-11所示,典型地层物理力学参数见表2-32、表2-33,现场典型孔岩样如图2-12所示。

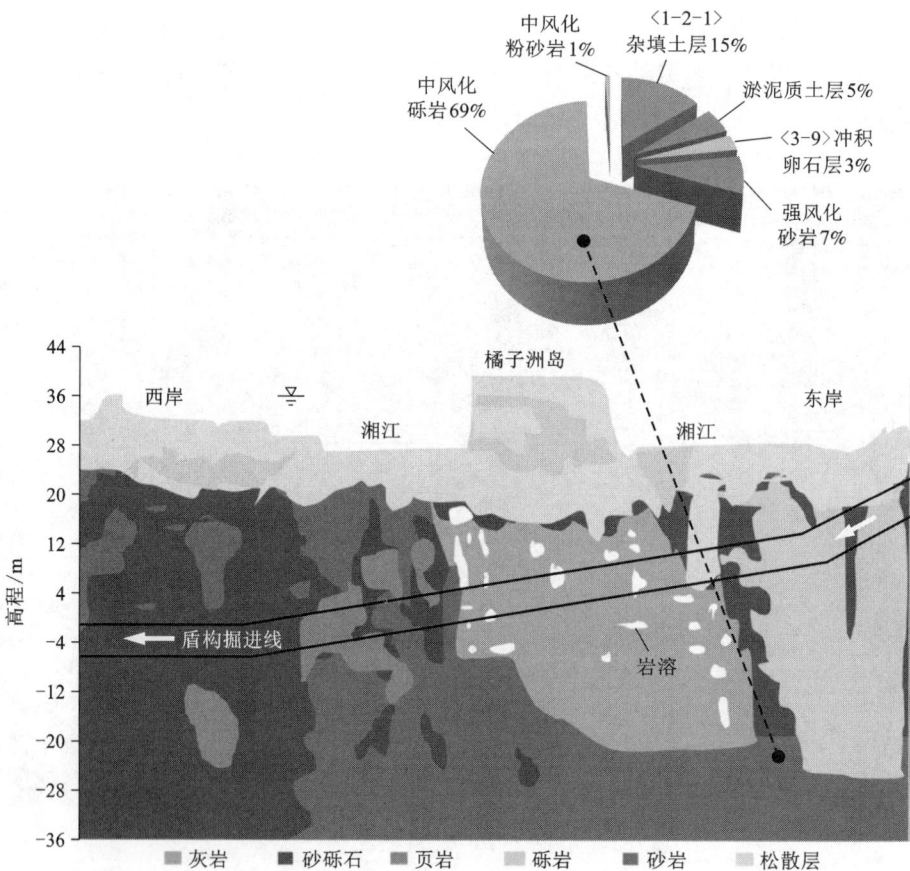

图 2-11 区间地质与土层比例

表 2-32　覆盖层主要物理力学试验指标统计表

地层类型	含水率/%	湿密度/(g·cm⁻³)	孔隙比	液性指数	压缩系数/(MPa⁻¹)	压缩模量/MPa	黏聚力/kPa	内摩擦角/(°)
填土层	30.2	1.91	0.867	0.232	0.37	5.47	23.8	11.8
冲积层	24.4	1.97	0.717	0.362	0.36	5.11	28.2	14.7

表 2-33　下伏基岩主要物理力学试验指标统计表

岩性	天然密度/(g·cm⁻³)	天然单轴极限抗压强度/MPa	饱和单轴抗压强度/MPa	烘干单轴抗压强度/MPa	软化系数
砂岩	2.53	2.88	1.90	14.73	0.15
砾岩	—	1.00	5.03	0.10	1.93
灰岩	—	16.75	11.30	27.46	0.37

图 2-12　现场典型孔岩样

2) 不良地质体

现场勘测和区域地质资料显示，该区间主要不良地质体有断裂破碎带、砂土液化、岩溶发育区等。断裂破碎带（F101）从湘江西河汊及以西通过，沿湘江展布，全长约60 km，隧道里程 CK15+340～CK15+724 受该破碎带影响较大，影响宽度约为 384 m，现场揭露的岩体破裂、胶结较差，岩石强度较低、基岩裂隙发育，岩层透水性强。沿线冲积砂层广泛分布，采用标准贯入试验对冲积砂层进行液化判别，在地震基本烈度为 7 度的条件下，区间沿线分布的冲积全新统砂层，局部易发生地震液化。在里程 CK15+800～CK16+120 间岩溶十分发育，且分布于隧道不同位置处，平均线岩溶率为 20.6%，岩溶见洞率达 78%。现场勘探表明，灰岩层中有 24 个孔揭露有岩溶，砾岩中有 12 个孔揭露有溶蚀空洞，且岩溶与空洞呈无规律分布，多为串珠状，层数高达 12 层（JZ1-Ⅲ12-FS97孔），岩溶最高有22 m（JJZ1-Ⅲ12-FS97孔），大部分溶洞及溶蚀空洞内有充填物且与湘江水互为贯通。

3) 水文地质

经查阅湘江长沙水文站观测资料可知，越江段整体上地表水丰富，湘江水位历史最高为 39.18 m、最低为 25.16 m，年平均水位为 29.48 m，多年平均变幅为10 m，江水最大流速为 1.26 m/s，每年 4 月至 7 月为丰水期。

现场勘探表明，区间地下水按赋存方式可分为第四系松散层孔隙水，层状基岩裂隙水、碳酸盐岩类裂隙溶洞水，潜水位为 2.5～6.8 m，水位标高为 29.47～32.95 m，钻孔过程中均会遇到地下水，甚至出现多层地下水。另外，从钻探揭示的岩溶发育特点和钻探过程中钻孔进水量分析，区间在里程 CK15+715～CK16+262 岩溶发育，岩溶充填物透水性较好，与湘江存在水力联系，涌水量大，现场抽水试验结果见表 2-34。

现场水样分析表明，区间地下水含大量 Ca^{2+}、Mg^{2+} 等阳离子和 HCO_3^-、Cl^- 等阴离子，其次包含少量的 K^+、Na^+ 等阳离子和 SO_4^{2-} 等阴离子，地下水的类型主要是 $Cl \cdot HCO_3^- Ca \cdot Mg \cdot K \cdot Na$ 型；地下孔隙水含大量 Ca^{2+}、Na^+ 及 K^+ 等阳离子和 HCO_3^-、SO_4^{2-} 等阴离子，其次包含少量的 Mg^{2+} 阳离子和 Cl^- 阴离子，孔隙水的类型主要是 $SO_4^- Ca \cdot Na \cdot K$ 型。

根据《地下水环境监测技术规范》（HJ 165—2020）和《盾构隧道管片质量检测技术标准》（CJJ/T 164—2011）等规范，区间地下水长期浸泡下和干湿交换等环境下管片砼与管片中的钢筋均易发生腐蚀。

表 2-34 区间现场抽水试验结果统计

编号	试验段位置		试验数据			
	试验地层	试验深度/m	降深/m	稳定流量/($m^{-3} \cdot d^{-1}$)	渗透系数/($m \cdot d^{-1}$)	透水性分级
JZ1-Ⅲ12-FSW54	卵石层（第一次降深）	6.10~9.30	1.60	153.6	39.40	强透水层
	卵石层（第二次降深）	6.10~9.30	2.80	266.1	58.30	强透水层
	强风化砂岩（共一次降深）	9.30~33.60	22.00	83.3	0.35	弱透水层
JZ1-Ⅲ12-FSW103	灰岩溶洞（共一次降深）	7.30~38.60	0.65	288.0	25.50	强透水层
JZ1-Ⅲ12-FSW165	强、中风化砾岩（共一次降深）	4.00~31.00	20.00	——	0.23	弱透水层
JZ1-Ⅲ12-FSW178	强、中风化砾岩（共一次降深）	8.30~28.25	20.00	——	0.36	弱透水层
JZ1-Ⅲ12-FSW185	强 中风化砾岩，中风化泥质粉砂岩	13.70~29.30	22.15	——	0.32	弱透水层

2. 岩溶发育特征与分布规律

1）岩溶分布统计

基于初勘和详勘钻孔数据，对盾构掘进区间揭露有溶洞的 29 个钻孔数据进行统计分析，部分溶洞统计结果汇总于表 2-35。

表 2-35 岩溶统计情况

孔号	溶洞埋深/m	洞顶标高/m	洞底标高/m	洞高/m	填充物
BZ 1-1	34.50~35.20	1.288	0.588	0.70	砂质、泥质
	36.70~37.80	-0.912	-2.012	1.10	砂质、泥质
BZ 1-2	31.30~31.90	4.448	3.848	0.60	砂质、泥质
	34.70~35.40	1.048	0.348	0.70	砂质、泥质
	38.00~39.10	-2.252	-3.352	1.10	砂质、泥质

续表 2-35

孔号	溶洞埋深/m	洞顶标高/m	洞底标高/m	洞高/m	填充物
BZ 1-3	28.10~29.60	7.963	6.463	1.50	砂、泥质
	34.60~35.50	1.463	0.563	0.90	砂、泥质
BZ 2-1	34.70~35.2	1.148	0.648	0.50	砂、泥质
	37.20~38.70	−1.352	−2.852	1.50	砂、泥质
	40.70~41.50	−4.852	−5.652	0.80	砂、泥质
BZ 2-2	34.70~35.70	1.198	0.198	1.00	砂、泥质
BZ 2-3	32.20~33.00	3.823	3.023	0.80	砂、泥质
	37.50~38.30	−1.422	−20277	0.80	砂、泥质
BZ 3-1	38.30~42.00	−2.552	−6.252	3.70	砂、泥质
BZ 3-2	32.60~33.50	3.053	2.153	0.90	砂、泥质
	35.50~37.60	0.153	−1.947	1.10	砂、泥质
BZ 3-3	33.10~34.60	2.803	1.303	1.50	砂、泥质
BZ 4-1	35.30~36.30	0.533	−0.467	1.00	砂、泥质
	39.20~41.40	−3.367	−5.567	2.20	砂、泥质
BZ 4-2	29.80~30.60	5.848	5.048	0.60	砂、泥质
	33.00~33.70	2.648	1.948	0.70	砂、泥质
	36.50~37.20	−0.852	−1.552	0.70	砂、泥质
BZ 4-3	29.60~29.60	7.353	6.353	1.00	砂、泥质
	32.20~33.30	3.753	2.653	1.10	砂、泥质
	35.10~36.80	0.853	−0.847	1.70	砂、泥质
BZ 5-1	34.50~35.20	1.288	0.588	0.70	砂、泥质
	36.70~37.80	−0.912	−2.012	1.10	砂、泥质
BZ 5-2	31.30~31.90	4.448	3.848	0.60	砂、泥质
	34.70~35.40	1.048	0.348	0.70	砂、泥质
	38.00~39.10	−2.252	−3.352	1.10	砂、泥质
BZ 5-3	35.60~36.40	0.263	−0.537	0.80	砂、泥质
	38.50~39.50	−2.637	−3.637	1.00	砂、泥质

2) 岩溶发育程度

目前，评价岩溶发育程度的方法主要有理论分析、定性评价以及微观测定等，尚无统一而有效的评价体系。因此，本书参照《岩溶工程地质》和现行电力行业标准《火力发电厂岩土工程勘测技术规程》的相关划分标准，考虑岩溶分布密度、分布个数、平均线岩溶率等指标对本区域岩溶发育程度进行评价。

本区间岩溶统计结果表明，区间每千米溶洞大于 15 个，钻孔遇岩溶率大于 50%，钻孔线岩溶率大于 10%（岩溶发育极强指标为：岩溶密度>15 个/km，钻孔岩溶>50%）。因此，该区间岩溶发育程度为极强。

3) 岩溶充填与透水性情况

区间内 75 个溶洞含充填物，14 个溶洞不含充填物，且充填物透水性较好。此外，溶洞与湘江水已贯通。部分典型岩溶充填与透水情况见表 2-36。

表 2-36　典型岩溶充填与透水情况统计

钻孔编号	里程	溶洞位置标高/m	溶洞与隧道相对位置关系	溶洞充填物特征	透水性
FS11	YCK15+887.3	2.92~3.22	隧道顶板上 7.4 m	少量充填	全漏水
FS95	YCK15+862.71	4.50~5.90	隧道顶板上 7.20 m	充填黏土、砾砂	全漏水
FS97	YCK15+875.95	14.78~14.78	隧道顶板上 18.60 m	充填卵石	半漏水
FS97	YCK15+875.95	12.38~13.58	隧道顶板上 16.70 m	全充填细砂、卵石	全漏水
FS100	YCK15+900.55	8.44~9.74	隧道顶板上 12.83 m	全充填砂、卵石等	全漏水
FS100	YCK15+900.55	3.04~3.94	隧道顶板上 7.43 m	充填砂、卵石等	漏水
FSW103	ZCK15+928.11	14.10~15.30	隧道顶板上 18.62 m	充填粉质黏土	全漏水
FS119	ZCK16+033.90	−18.19~−15.5	隧道底板下 4.74 m	无充填	漏水

4) 岩溶发育空间形态

该区间岩溶大体为顺断裂构造、地层界限、岩层层面及裂隙等结构面呈斜向和竖向发育。其中，竖向成层性尤为突出，以溶蚀破碎带、溶缝、溶洞等形态出现，空间形态十分复杂。

5）溶洞尺寸

对钻探揭露的 89 个溶洞进行溶洞高度统计分析，结果见表 2-37。

由表 2-37 的统计结果可知，29 个钻孔数据对应 29 个盾构掘进区间里程以及 89 个溶洞。其中，最小溶洞高 0.20 m，最大溶洞高达 22.46 m，洞高在 6 m 以下的溶洞有 80 个比例为 89.9%，洞高在 6 m 以上的溶洞有 9 个所占比例为 10.1%。

表 2-37　溶洞高统计量

统计量	数值
个数	89
均值	2.8594
中值	1.6500
众数	80
标准差	3.71564
方差	13.806
全距/m	22.26
极小值/m	0.20
极大值/m	22.46

6）水平分布特征

在岩溶发育区，本次共统计钻孔 36 个，其中 29 个钻孔揭露有溶洞，溶洞范围总进尺约 320 m，钻孔遇岩溶率约为 80.6%，平均线岩溶率约为 20.6%，岩溶在水平方向密集发育。

7）垂直分布特征

经统计发现，大部分呈现多层溶洞或多层溶蚀空洞，溶洞顶板最浅埋深为 2.5 m，最大埋深达到 60 m。其中，在隧道上部有 47 个溶洞，在隧道下部有 17 个溶洞，在隧道正前方有溶洞 25 个所占比例为 28.1%。

另外，在垂直隧道轴线上溶洞主要以单体与串珠状发育，存在单体发育、双层发育以及串珠发育，不同钻孔位置处的溶洞垂直分布特征见表 2-38。

表 2-38　溶洞垂直分布特征

分布特征	对应里程	数量/个	百分比/%
单体发育	ZCK16+044.97 ZCK15+902.42 YCK15+923.72 YCK15+934.57 YCK15+950.75 YCK15+969.32 YCK16+012.11 YCK16+025.32	9	37.5
双层发育	YCK15+862.71 ZCK16+023.47 ZCK16+033.90	3	12.5
3 层发育	YCK15+986.00 YCK15+850.65 ZCK15+939.03	3	12.5
4 层串珠发育	YCK15+900.55 YCK16+000.53	2	8.3
6 层串珠发育	YCK15+911.70 ZCK16+002.28 ZCK16+013.28	3	12.5
8 层串珠发育	YCK15+887.38 ZCK15+928.11	2	8.3
11 层串珠发育	ZCK15+984.46	1	4.2
12 层串珠发育	YCK15+875.95	1	4.2

2.5.2　现场可控注浆方案与实施

由于岩溶位于湘江西河汊且施工场所位于国家 5A 级风景区橘子洲内,景区内道路不允许工程车辆通行,因为环岛道路设计标准为城市 I 级道路支路(设计承重约 50 t)无法满足施工运输要求。因此,施工机械设备、材料及弃渣必须采用江面运输,经多次论证决定采用江中搭设作业平台的施工方案。主要过程如下:①在江中搭设水上作业平台和码头;②在作业平台上布设废液收集系统;③安装钢护筒按钻孔布设方案进行钻孔;④采用前面提出的可控注浆工艺进行注浆;

⑤待盾构穿越湘江后拆除作业平台和码头。

1. 水上钢平台搭设

码头设计成尺寸为 44.5 m(长)×30 m(宽)的平行四边形,吞吐量为 250 t,主要采用 Q235B 钢搭设。码头两侧设有防护栏杆(高 1.20 m),外侧设有一排防撞柱(沿橘子洲江堤沿岸布置)。

作业平台主要沿盾构掘进线路布设,尺寸为 125 m(长)×38 m(宽),面积为 4750 m²。作业平台主要采用 Q235B 钢,跨域溶洞平台采用 $\phi1000(\delta14)$ mm 钢管桩,两侧设置高 1.20 m 的防护栏杆,外侧顺水流方向设置 3 组"△"形 $\phi1000$ mm 防撞柱,迎水面设一排 $\phi1000(\delta14)$ mm 钢管桩拦截漂浮物,平台防撞柱钢管桩内填充粗砂,钢平台实物如图 2-13 所示。

图 2-13 钢平台实物图

2. 钻孔布设与废液收集

1) 钻孔布设

将搭设的钢平台划分为 A、B、C、D 四个区域分块进行施工，每块区域按上游与下游侧先注形成止浆墙后内部再充填注浆的注浆施工顺序进行施工。注浆布孔采用梅花形布设，孔间距为 1.5 m×1.5 m，排距为 2 m，共计注浆孔 1296 个，其中补勘孔 8 个。

现场钻孔施工如图 2-14 所示。考虑到湘江水的影响以及水下施工过程易垮孔或塌孔，现场钻孔施工时遵循了如下步骤：第一步，钻孔施工采用跟管机施工，设置钻头直径为 φ91 mm，采用 φ146 mm 的钢套筒进行全程跟进；第二步，当钻孔至设计标高后注入可控填料，再安装改良型袖阀管，下管时在管内注入可控填

(a) 跟管机　　　　　　　　　　　　　(b) 钻孔施工

(c) 孔深测量　　　　　　　　　　　　(d) 改良型袖阀管安装

图 2-14　现场钻孔施工

料，克服孔内水的浮力，待改良型袖阀管安装至设计标高后拔出 ϕ146 mm 的钢套管；第三步，跟进 108 钢套筒，将其插入河床以下 5 m，防止湘江水流冲击，导致袖阀管弯曲或折断。钢套管底部入岩深度不得小于 2 m，同时保证管底位置最低不低于隧道结构顶 5 m。

2) 废液收集

由于西河汊为二级水源保护地，环保要求极高，富水溶洞处理施工时必须做到无污染、无破坏，除采用环保型可控 TGM 浆液外，还采用了其他环保控制措施，主要为设置了三级沉淀箱收集废液。在钢平台设置了 2 个三级沉淀箱收集施工时产生的废水、废浆，收集后采用自吸式排污泵输送至橘子洲上三级沉淀池处理，处理达标后排入橘子洲上污水管道。

钻孔过程中为防止钻孔产生的泥浆外溢，用钢板制作了泥浆收集池，中间开孔设置护筒，护筒直径略大于钻孔直径，泥浆收集池尺寸为 2 m×2 m×0.3 m。

泥浆收集池配合钻机使用，钻孔时使用开孔橡胶皮垫套在钻机钢套筒上，防止浆液通过收集池护筒与钻机套管间隙流至湘江内，同时配备 1 台水泵及时抽排泥浆收集池内泥浆至三级沉淀池，避免污染水源，具体如图 2-15 所示。

(a) 泥浆沉淀池

(b) 泥浆收集池

(c) 开孔橡胶皮垫

(d) 配备水泵抽排

图 2-15　现场废液收集系统

3. 注浆材料与注浆工艺选取

1) 注浆材料

通过前述现场原位试验结果并结合该段地层特征进行控制注浆设计计算，最终现场封孔止浆材料选用可控填料，配合比为膨润土原浆相对密度 1.35～1.40，浆液水固比(1∶1)～(2∶1)，水泥与粉煤灰 1∶1，固化剂 1%～1.5%(占水泥质量)；注浆材料选用可控 TGM 浆液，配合比为膨润土原浆相对密度 1.30～1.35，浆液水固比(0.8∶1)～(1∶1)，添加剂 a 含量(质量分数，下同)1%，添加剂 b 含量 0.15%。现场注浆材料的配制如图 2-16 所示。

(a) 水泥　　　　　　　(b) 添加剂　　　　　　(c) 原材料及拌制

图 2-16　现场注浆材料的配制

2) 注浆工艺

注浆工艺采用本书提出的可控注浆工艺，具体流程如下：钻孔、注浆准备→泥浆护壁、分段成孔→下花管→下注浆管→注入可控填料→可控填料待凝→注入可控 TGM 浆液→自下而上小间隔提升注浆→本段注浆结束→进行下一段注浆→全孔注浆结束封孔。

4. 可控注浆结束标准

可控注浆工艺选用 GIN 法的注浆结束控制标准：①当注浆量达到设计的最大注浆量($V_{max} = 2000$ L/m)时，待注浆压力达到设计最小压力($P_{min} = 0.5$ MPa)时结束注浆；②当注浆压力大于最大设计注浆压力($P_{max} = 2$ MPa)时，待注浆量达到设计最小注浆量($V_{min} = 800$ L/m)时结束注浆；③当注浆压力不起压，达不到最小注浆设计压力时,继续注浆直至注浆量达到最大注浆量时结束注浆。

2.5.3 可控注浆参数统计与注浆效果评价

1.注浆过程监控

注浆之前确认注浆孔深和注浆管下放深度并记下流量计初始读数,确认注浆材料配比以及注浆压力、设计注浆深度是否准确。注浆通过挡位和球阀控制流量,待注浆压力稳定后,向上拔管灌注下一段,注浆过程中时刻关注压力表读数,压力表读数到达方案压力并稳压约 10 min 后进行拔管。采用间隔注浆逐渐加密的方式,当出现串浆时,适当加大孔位的间隔数量(如隔两孔注一孔),注浆完成后采用拔管设备将 108 钢套管拔除,现场注浆过程监控如图 2-17 所示。

| (a) 注浆 | (b) 注浆量控制 | (c) 压力监测 |

图 2-17 现场注浆过程监控

另外,为了防止注浆过程发生冒浆、串浆对江水造成污染,注浆过程中对江面进行了实时监测。

2.注浆参数统计

试验段共打设了 221 个注浆孔,另外有 8 个补勘孔兼做注浆孔,共注浆 229 个孔位。总注浆量为 5748.47 m³,其中止浆墙 1 注浆量为 676.94 m³,止浆墙 2 注浆量为 706.13 m³,止浆墙 3 注浆量为 891.43 m³,内部注浆 1 注浆量为 1060.33 m³,内部注浆 2 注浆量为 1138 m³,内部注浆 3 注浆量为 1275.64 m³,具体见表 2-39。

表 2-39　注浆参数统计

区域	部位	孔数/个	合计/个	注浆压力/MPa
A 区	止浆墙 1	40	221	2.0
	止浆墙 2	39		2.2
	止浆墙 3	54		2.5
	内部注浆 1	32		1.0
	内部注浆 2	24		1.2
	内部注浆 3	32		1.5
B 区	止浆墙	56	133	2.0
	内部注浆	77		1.0
C 区	止浆墙	207	406	2.0
	内部注浆	199		1.0
D 区	止浆墙	227	536	2.0
	内部注浆	309		1.0

3. 注浆效果评价

注浆结束 28 d 后采用压水试验和钻孔取芯的方法对注浆加固效果进行评价，测试注浆后地层的渗透系数和加固后地层的抗压强度。各区域设计钻孔 1296 个，根据设计规范取芯量应为 39 个，而考虑到该地层的复杂性，最终取芯量为 57 个，各区域选取孔数见表 2-40。

表 2-40　溶洞处理效果检测孔选取

区域部位	孔数/个	设计效果检测孔数/个	实际效果检测孔数/个
A 区	221	6	6
B 区	133	4	5
C 区	406	12	12
D 区	536	17	34
合计	1296	39	57

注浆效果检测结果表明，钻孔过程顺利，回水正常，57 个抽芯检测孔取芯芯样完整连续且加固体强度均大于 1 MPa（原有岩溶充填物强度为 0.1~0.3 MPa），加固土体的渗透系数由注浆前的 10^{-2} cm/s 降为 10^{-4} cm/s 以下，符合设计院要求。现场检测过程图和芯样图如图 2-18 所示。

(a) 检测孔选取

(b) 压水试验1

(c) 压水试验2

(d) 钻孔取芯

(e) 芯样

(f) 封孔检测

图 2-18　现场检测过程图和芯样图

第3章

堆积体地层隧道预注浆
加固机理与关键技术

3.1　引言　　　　　　　　　　　　　　　　　　　　　　　　>>>

　　堆积体通常是指第四纪堆积作用所形成的地质体,是一种地质构造运动下内外动力耦合作用产生的特殊岩土介质。堆积体的构成介于土、岩之间,通常以土与块石的混合物为主。出于研究的目的,美国学者 Medley 等忽略了传统地质学上的定义方法,提出"Bimsoils/Bimrocks"(block-in-matrix soils/rocks)的概念,即具有工程重要性的块体镶嵌在细粒土体(或胶结的混合物基质)中所构成的岩土介质,而我国学者油新华等又首度将其称为"土石混合体",此后,国内外研究人员多以此来定义堆积体内部的物质组成。事实上,堆积体成因复杂,往往在重力、水流、冰川堆积或风化残积等多种成因下形成两种或多种组合堆积形式,其物质组成不再是简单的土石两相混合,而是一种包含细粒土体、具有一定工程尺度的高强度块石、一定含量的胶结基质以及孔隙所组成的多相复合地质材料。非均匀的物质组成、非连续的结构形式导致堆积体具有极为复杂的物理力学性质,在自然界中容易衍生多种地质灾害,长期以来受到多门学科研究人员的广泛关注。典型地质成因下的堆积体地层如图 3-1 所示。

(a) 坡积、残积堆积体　　　　　　　　　　　　　　(b) 冰水堆积体

图 3-1　典型地质成因下的堆积体地层

第四纪堆积体通常规模巨大，且具有复杂的物质组成与多变的沉积特征。调查结果表明，西南地区主要江、河流域的河谷地区堆积体规模多介于 $10×10^6 \sim 100×10^6 \ m^3$，位于四川省泸定县的磨西台地堆积体体积甚至在 $200×10^6 \ m^3$ 以上，如此大规模的特殊地质体对工程建设活动无疑具有较大影响。由于堆积体的防护难度大，治理成本高，工程上的处置方案大多遵循避让原则，因此大规模堆积体多以边坡的形式对既有工程活动造成影响，而工程人员也多围绕堆积体边坡稳定性问题开展研究。近年来，伴随着国家"一带一路"倡议以及川藏铁路、重大交通基础设施等发展战略的推进，西部地区交通网络逐渐完善；与此同时，工程技术手段飞速发展，高比例的桥隧里程逐渐成为西部地区交通工程规划的显著特点。而堆积体地层广泛分布于西南地区河谷地带，将不可避免地成为隧道工程所面临的常见不良地质体。国内外代表性堆积体隧道工程见表 3-1。

表 3-1　国内外代表性堆积体隧道工程案例

项目名称	地区	项目时间/年	施工方法
都柏林港口隧道	爱尔兰，都柏林	2006	TBM 法
朗覆尔兹隧道	瑞士，Biel 地区	2007	TBM 法
某铁路隧道(无具体隧道名称)	意大利北部	2009	TBM 法
穆林加尔输水隧道	爱尔兰中部	2009	顶管法
尚佩尔隧道	瑞士，日内瓦	2013	TBM 法
巴郎山隧道	四川省，阿坝州	2015	新奥法
雀儿山隧道	四川省，甘孜州	2017	新奥法
藏噶隧道	西藏自治区，山南市	2020	新奥法

上述案例表明，堆积体已经越来越多地以隧道围岩形式出现在工程活动之中。与国外堆积体隧道常采用的全断面掘进机方法不同，我国的堆积体隧道工程现阶段多采用新奥法施工，开挖断面较大，施工扰动程度较高，而堆积体非均质、非连续、非线性的物理力学特征导致其作为隧道围岩在工程扰动下易发生坍塌、冒顶等安全事故，稳定性问题十分突出。目前，工程上主要采用预注浆对堆积体进行加固处理，但缺乏具有针对性的注浆加固方法、工艺以及施工方案，致使工程设计与施工往往偏于保守，增加了建设成本。不少工程案例表明，当隧道施工中采用超前小导管等工艺以及 1∶1 的纯水泥浆进行注浆加固时，浆液往往沿块石间大孔隙路径发生窜浆、跑浆情况，注浆压力难以达到设计要求，浆液无法在

设计加固范围内有效充填土石孔隙，开挖后短期内掌子面附近围岩仍发生较大变形，围岩加固效果并不理想。

因此，面对堆积体地层的隧道施工围岩加固，传统的以经验方法为指导的注浆材料与注浆技术难以实现良好的加固效果，其本质上是忽略了堆积体地层的结构特性与围岩力学特征。因此，在充分厘清堆积体地层的结构特性、力学特征以及隧道围岩变形、破坏机制的基础上，提出改进的围岩注浆加固材料与合理的注浆加固工艺，实现大规模堆积体地层中隧道施工的安全稳定，是不良地质条件下隧道施工与地层预加固的重要课题。研究成果对于指导堆积体隧道的设计与施工具有重要的理论意义与应用价值，可为国内外类似工程提供借鉴与指导。

3.2 基于图像识别技术的堆积体地层细观结构识别

>>>

为了优化堆积体地层的注浆加固技术，需要先建立对地层结构及其力学特性的深入理解。考虑到堆积体地层是由粗、巨粒土石体所构成的结构性丰富的岩土材料，有必要对其岩土细观结构形态进行分析研究。在此基础之上，本节提出了基于数字图像处理技术的堆积体地层细观结构识别重构的方法。主要技术流程包括基于数字图像处理的"块石轮廓识别""块石轮廓特征描述""块石轮廓矢量曲线化处理及存储"三部分内容。下面将分别阐述。

3.2.1 块石轮廓识别

块石轮廓识别所研究的主要对象为隧道穿越区域内具有一定埋深的堆积体地层细观结构，因此图像采集应在隧道掌子面进行。在隧道每循环开挖结束后，挖机排险之前，使用高清相机拍摄掌子面照片，照片应足够清晰，尽量减少阴影及遮挡物。隧道掌子面所揭露的堆积体围岩如图3-2所示。

图3-2　隧道掌子面所揭露的堆积体围岩

在隧道掌子面附近拍摄的照片通常会受到光线、亮度以及灰尘等的影响，且块石与围岩土体色差不明显，故需要对照片进行图像预处理。首先，利用图像处理软件 ImageJ 对块石图像进行对比度调整和背景去除等处理，以得到目标块石图像。然后，进行二值化处理，即在 HSI 色彩模式下，通过调节亮度通道的数值确定目标块石与图像背景分割的阈值，将阈值与图像中各像素点灰度值逐个进行比较，得到块石的二值化图像(像素点灰度值高于阈值，则其灰度值被重新赋予 1；像素点灰度值低于阈值，则其灰度值被重新赋予 0)，并按照图像中的尺寸标定建立像素距离与真实尺寸之间的比例关系。最后，由于二值化图像中仅块石轮廓上的像素点具有灰度变化梯度(由 0 至 1 的变化)，故需借助 ImageJ 软件中的图形轮廓检测与提取功能，检测获得二值化图像中的块石轮廓。基于数字图像处理的块石轮廓识别流程如图 3-3 所示。

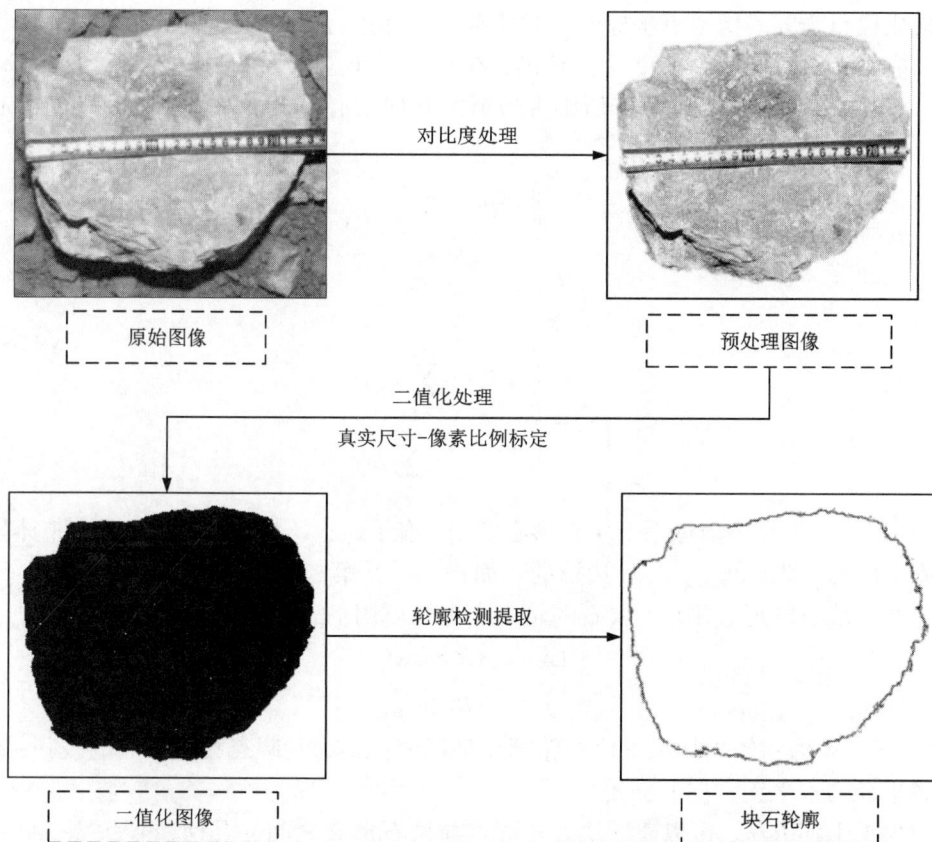

图 3-3　基于数字图像处理的块石轮廓识别流程

3.2.2　块石轮廓特征描述

1）比例关系的建立

在块石图像采集过程中可放置已知尺寸的标定块或用标尺对块石进行标定，以用于后续比例的确定，比例关系可用如下公式确定：

$$K = L/N \qquad (3-1)$$

式中：K 为单个像素所对应的实际尺寸；L 为照片中的实际标定尺寸；N 为照片中标定尺寸对应的像素距离。

2）块石轮廓的形心坐标计算

基于上述块石轮廓，通过 ImageJ 软件中的线状分析功能，可提取整体坐标系下构成块石轮廓的像素点坐标值。对轮廓点坐标进行排序和整理，将离散像素点所围成的 n 边形划分为 $n-2$ 个三角形，在求得各小三角形的形心坐标及面积后，基于式（3-2）求得离散像素点所围多边形的几何重心坐标，即为块石轮廓的形心坐标。

$$\begin{cases} x_o = \dfrac{\iint\limits_{D} x \mathrm{d}\sigma}{S} = \dfrac{\sum\limits_{i=1}^{n-2} x'_{oi}\sigma_i}{\sum\limits_{i=1}^{n-1} \sigma_i} \\[4mm] y_o = \dfrac{\iint\limits_{D} y \mathrm{d}\sigma}{S} = \dfrac{\sum\limits_{i=1}^{n-2} y'_{oi}\sigma_i}{\sum\limits_{i=1}^{n-1} \sigma_i} \end{cases} \qquad (3-2)$$

式中：x_o、y_o 为整体坐标系下块石形心的坐标值；x'_{oi}、y'_{oi} 为第 i 个三角形在整体坐标系下的形心坐标值；S 是 n 边形的总面积；σ_i 是第 i 个三角形的区域面积。

基于块石的形心坐标，块石的轮廓点坐标可用下式表示：

$$\begin{cases} x_i = x_o + R_i \cos \varphi_i \\ y_i = y_o + R_i \sin \varphi_i \end{cases} \qquad (3-3)$$

式中：x_i、y_i 为整体坐标系下块石轮廓点坐标值；R_i 为轮廓点相对形心的极径；φ_i 为各极径与水平正方向的夹角。

根据上述方法，可以建立块石轮廓点与块石形心之间的几何位置关系，即可获得描述有块石轮廓形态特征的点集，并按照真实粒径分类以 xls 文件方式进行存储。块石轮廓形态特征的提取与数据化过程如图 3-4 所示。

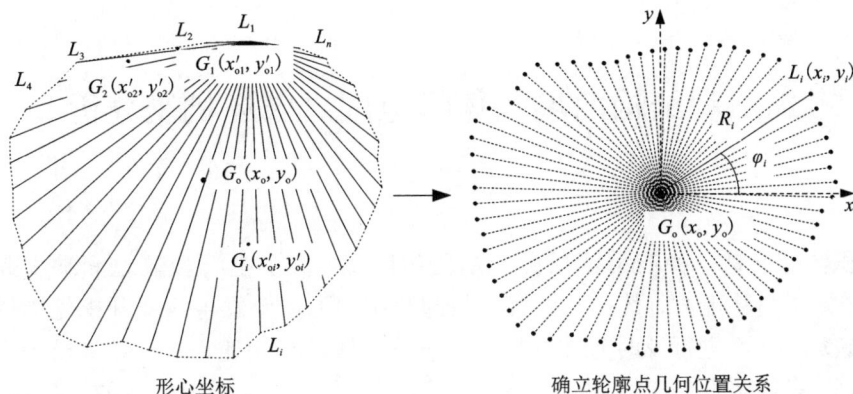

形心坐标　　　　　　　　确立轮廓点几何位置关系

图 3-4　块石轮廓特征描述流程示意图

3.2.3　块石轮廓矢量曲线化处理及存储

通过编写 AutoCAD-VBA 语言，将块石轮廓数据以形心为局部坐标原点插入 AutoCAD 中，依次读取块石轮廓点坐标，采用多段线依次连接并以"BLOCK"的形式保存。为使二维轮廓可被通用计算软件所读取，并减少轮廓中的尖锐棱角畸变，需对块石轮廓样条进行曲线化，具体方法如下：首先，采用 AutoCAD 中的"EXPLODE"命令对"BLOCK"进行分解；然后，采用"PEDIT"命令将块石轮廓平滑多段线拟合成样条拟合多段线，利用"SPLINE"命令以型值点作插值点并利用首末端点处的切矢量反算出控制点；最后，拟合得到以块石轮廓为控制多边形的三次 NURBS 曲线。在此基础上，将矢量化后的块石轮廓进行分类存储，即可实现块石轮廓数据库的建立。

3.3 考虑细观结构的堆积体隧道围岩破坏机制分析

>>>

堆积体隧道是一种典型的松散土质围岩隧道，由于土石颗粒之间缺少黏聚力，围岩缺乏自稳能力，其在开挖扰动与卸载作用下主要发生隧道开挖轮廓周边的松动破坏，若不进行及时有效的控制，松动破坏区会快速扩展，导致松动压力迅速增加，最终引发施工期间初期支护结构的失稳破坏。对于松散的土质围岩，注浆预加固是一种有效的稳定性控制手段，可以通过浆液的充填与胶结作用强化原本松散软弱的围岩结构，令其在开挖扰动之后具有一定的自稳能力，将围岩的松动破坏区域限制在局部范围之内，以提高围岩与初期支护结构的协同承载能力，并保证作业人员在开挖初期掌子面附近施工时的安全性。其中，围岩注浆预加固的范围设计是保障加固质量的关键环节，应保证加固范围有效覆盖围岩的初始松动破坏区，并尽量减少注浆加固的冗余浪费。为了实现该目标，应首先明确堆积体隧道围岩在开挖卸载作用下的松动破坏区发育规律，以此作为注浆加固范围设计的理论基础。

为此，本节基于局部粗粒化的离散元方法，提出了考虑真实细观结构的堆积体隧道开挖数值模型，对开挖卸载下堆积体隧道围岩的力学行为进行了研究，并明确了不同细观结构特征下隧道围岩松动破坏区的发育与扩展规律。

3.3.1 围岩细观结构数值模型构建与分析方法

1. 数值模型构建与分析流程

堆积体地层主要由块石、土体以及界面间的胶结物三相组成，其内部空间结构呈现出非均质、不连续的复杂特征，如何构造该类介质中真实的细观结构特征并依次构建数值模型是对围岩稳定性控制进行分析的重要前提。

为真实反映堆积体地层的细观结构形态，基于 Monte-Carlo 随机原理与数字图像技术，结合 ImageJ、MATLAB、AutoCAD-VBA 等软件平台，实现堆积体地层中块石信息的采集、图像转换以及坐标点提取，最终形成矢量化的二维块石轮廓并将其储存于块石轮廓数据库中；同时，基于离散元计算平台 PFC2D，提出一种适用于工程尺度下堆积体地层离散元模拟的局部粗粒化，以期在保证宏、细观力学行为模拟精度的同时提高计算效率。典型堆积体地层隧道围岩细观结构数值模型的构建流程如图 3-5 所示。

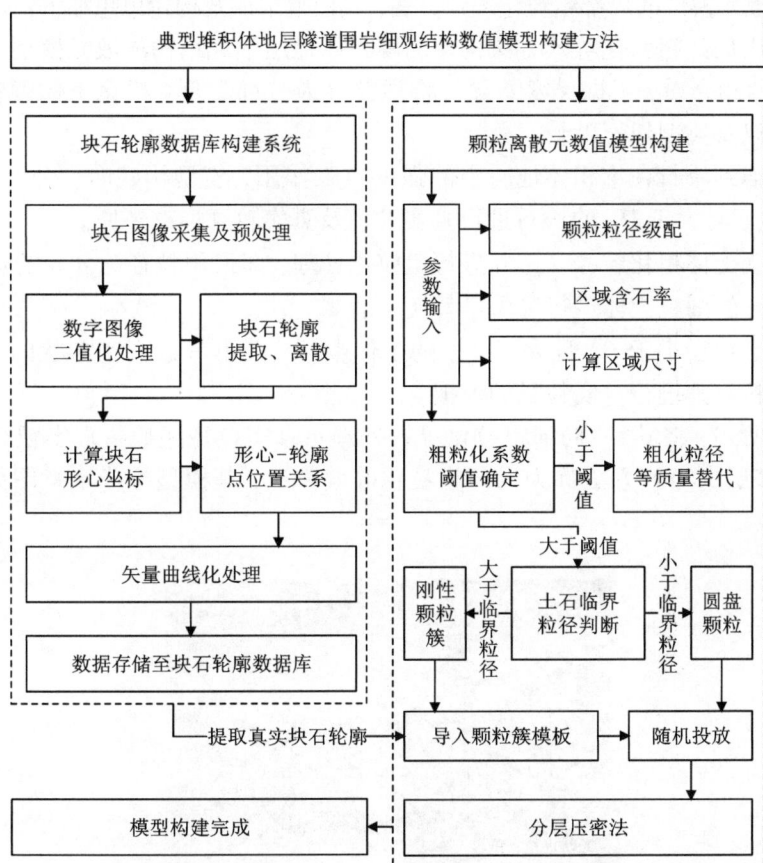

图 3-5　典型堆积体地层隧道围岩细观结构数值模型的构建方法及流程

2.局部粗粒化等效思想概述

目前，针对堆积体细观特征的离散元分析多集中于试验尺度，工程尺度的离散元模拟在计算效率的限制下难以实现精细化的建模与模拟分析。调研发现，近年来，部分学者在离散元模拟方面提出了粗粒化的等效方法，该方法可以有效提高大规模离散元仿真的计算效率，其可行性亦在气动、化工等领域中被证实。该方法主要是针对颗粒体系中细小颗粒的等效模拟，将真实的颗粒粒度分布在指定的粒径处进行截断，只考虑大于该截断粒径的粒度分布。

考虑到堆积体的宏观变形及破坏特征更大程度上由块石颗粒决定，相较于离心缩尺模型中剔除大粒径块石的处理方式，通过粗粒化方法对粒径下限进行截断可以在一定程度上降低等效过程对计算精度的影响。鉴于此，初步提出一种适用于堆积体地层离散元模拟的局部粗粒化等效方法，其模型组成及构建思想如下：

①采用局部粗粒化等效方法构建的堆积体地层细观结构离散元模型可包含土体、块石两相介质，根据尺度差异可将颗粒分为三种类型：粗化土体颗粒、真实土体颗粒以及典型块石颗粒。

②考虑到块石在堆积体地层中的强度贡献作用，模型构建时，引入土-石临界粒径 D_{cr}，对大于 D_{cr} 的块石进行真实粒径及真实轮廓形态还原。

③定义土体粗化粒径 d_{min} 并进行粗粒化处理，即采用粒径为 d_{min} 的颗粒对粒径小于 d_{min} 的细粒土体进行等质量替换。

④对于粒径小于 D_{cr} 且大于 d_{min} 的土体颗粒，则不考虑真实形状的还原，采用圆盘颗粒对其进行真实粒径的模拟。

如上所述，将满足"局部粗粒化等效处理—真实粒径还原—真实粒径与形状还原"的多层次等效方法称为局部粗粒化等效方法，其模型构成示意图如图 3-6 所示。

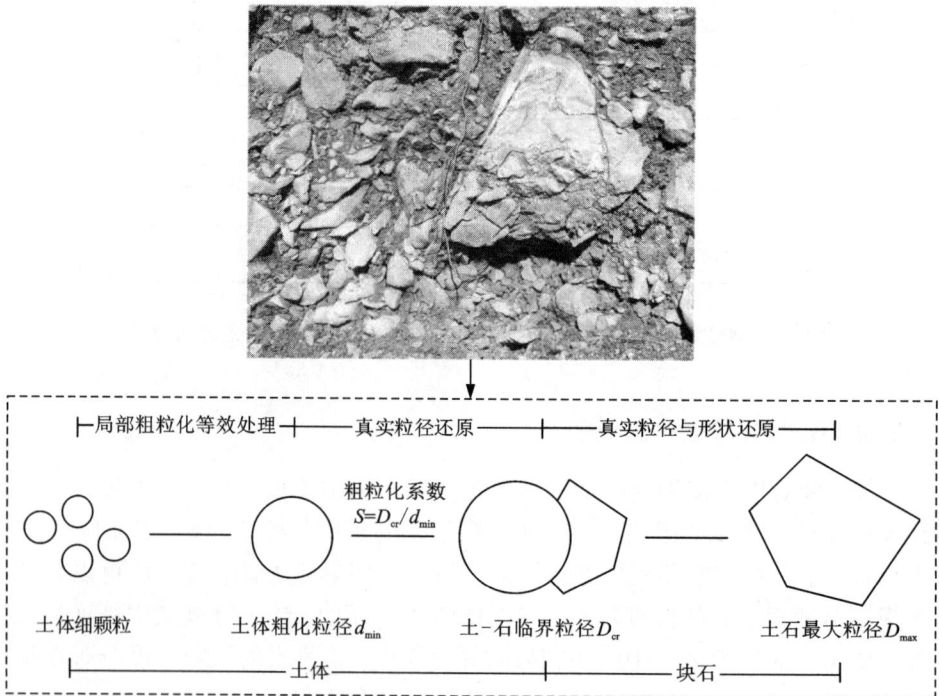

图 3-6　局部粗粒化离散元模型构成示意图

3. 模型关键参数的确定

根据等效思想的概述,可知土−石临界粒径 D_{cr} 以及土体粗化粒径 d_{min} 是构建模型的两个关键参数。

1) 土−石临界粒径 D_{cr} 的确定

堆积体地层是一类典型的土石混合介质,是由粒径差异极大的粗颗粒(块石)和细颗粒(土体)混合构成。这里的粗、细是相对意义上的尺寸,当断面规模和尺寸发生变化时,其内部结构中粗、细颗粒粒径的绝对值也将会发生相应变化。因此,堆积体地层中作为充填成分的"土"是一个相对的概念,它不同于传统概念中的粉土、黏土等细粒土体,其粒度范围随着研究尺度的变化而发生相对的变化,粒径上限可能为几毫米到几厘米甚至几十厘米。对堆积体地层进行细观结构层面上的数值建模,首先需要对土石混合介质中的"土"与"石"粒径分界值,即土−石临界粒径,与研究尺度之间的相对关系进行定义。既有研究指出,典型堆积体介质具有明显的尺寸无关性,并定义介质中土−石临界粒径为

$$D_{cr} = 0.05 L_c \tag{3-4}$$

式中: L_c 为工程特征尺寸。

此外, L_c 可采用下式进行求解:

$$L_c = \sqrt{A} \tag{3-5}$$

式中: A 为研究区断面面积。

当涉及工程尺度问题时平面研究区域往往与研究的工程结构物相关,例如,当研究问题为隧道等地下结构物时,工程特征尺寸可取隧道直径。因此,在局部粗粒化离散元模型中,引入土−石临界粒径 D_{cr} 并根据不同的工程问题计算 D_{cr} 的取值,将大于 D_{cr} 的成分视为块石,并进行真实粒径及真实轮廓形态的还原;将小于 D_{cr} 的成分视为土体,进行局部粗粒化等效处理。

2) 粗粒化系数阈值现象及取值

在既有的粗粒化等效方法的研究中,普遍指出粗粒化过程中的截断粒径与目标计算效率、颗粒体系级配以及模型尺度等参数有相关性;同时,散粒岩土介质的研究已表明,颗粒体系最小粒径的改变会带来整体级配的改变,从而影响材料的变形及强度特征,而过度的粗粒化可能会给堆积体地层材料的真实力学行为带来较大误差。因此,在局部粗粒化等效模型中,应对土体粗化粒径的取值进行分析与讨论,针对目标模型建立合适的分析流程是确定土体粗化粒径的关键环节。

首先,根据前述分析可知,堆积体地层中"土"与"石"的定义是相对的,是与分析区域的尺度密切相关的。借鉴以上思路,可将粗化粒径也视为一个与区域尺

度保持相关性的相对概念，可在其与土-石临界粒径 D_{cr} 之间建立关联，如下式：

$$S = \frac{D_{cr}}{d_{min}} \tag{3-6}$$

式中：d_{min} 为土体粗化粒径；并定义 S 为粗粒化系数，S 的取值即为堆积体地层局部粗粒化离散元模型构建的关键参数。实际建模过程中，应对粗粒化系数 S 的取值进行参数分析。计算不同 S 取值的数值模型与堆积体原状材料之间的属性差异，当差异小于5%时，可以认为 S 的取值是合理的。

4. 局部粗粒化离散元模型的构建流程

根据上述关键问题，本研究提出了适用于堆积体地层的局部粗粒化离散元模型，其构建流程如下：

①根据研究问题以及工程背景，确定研究目标堆积体地层的计算区域尺寸、区域含石量以及颗粒粒径级配等参数。

②根据目标地层以及构筑物的尺度，对土-石临界粒径 D_{cr} 进行计算。

③针对上述参数的颗粒体系，进行基于单元体尺度力学试验的刚度、强度等力学参数敏感性分析，根据敏感性分析结果可得到粗粒化系数 S 的取值。

④对于大于土-石临界粒径的块石，通过 PFC2D 中内置的"Clump"（颗粒簇）单元进行模拟，即通过一系列 pebble 单元相互重叠来形成复杂轮廓，并组合填充为刚性颗粒。块石的具体模拟方法为：从堆积体地层真实块石形态数据库中随机调取块石矢量轮廓，然后导入软件中生成块石模板（Template），通过"Clump Create"命令调用块石几何模板即可生成刚性簇的块石单元。离散元块石单元的生成实例如图 3-7 所示。

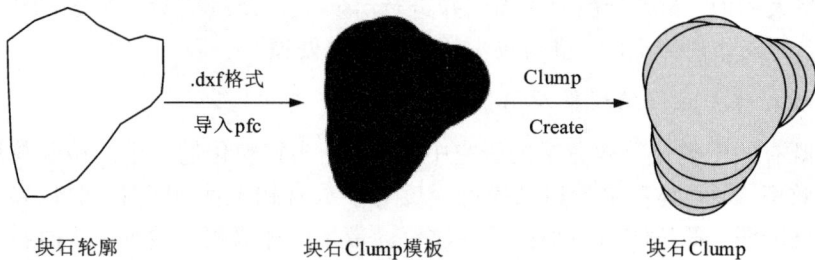

图 3-7　离散元块石单元的生成实例

⑤对满足含石率以及级配数量要求的颗粒簇单元（块石）以及圆盘单元（土体）进行随机投放，并采用分层压密法生成目标地层。分层压密法即将目标地层

模型分为 n 层,各层均在较大区域内的随机位置生成满足级配要求的颗粒簇与圆盘单元,然后控制墙体逐渐压密该层颗粒直至达到目标孔隙率,依次完成第 1 层至第 n 层的压密。其过程如图 3-8 所示。

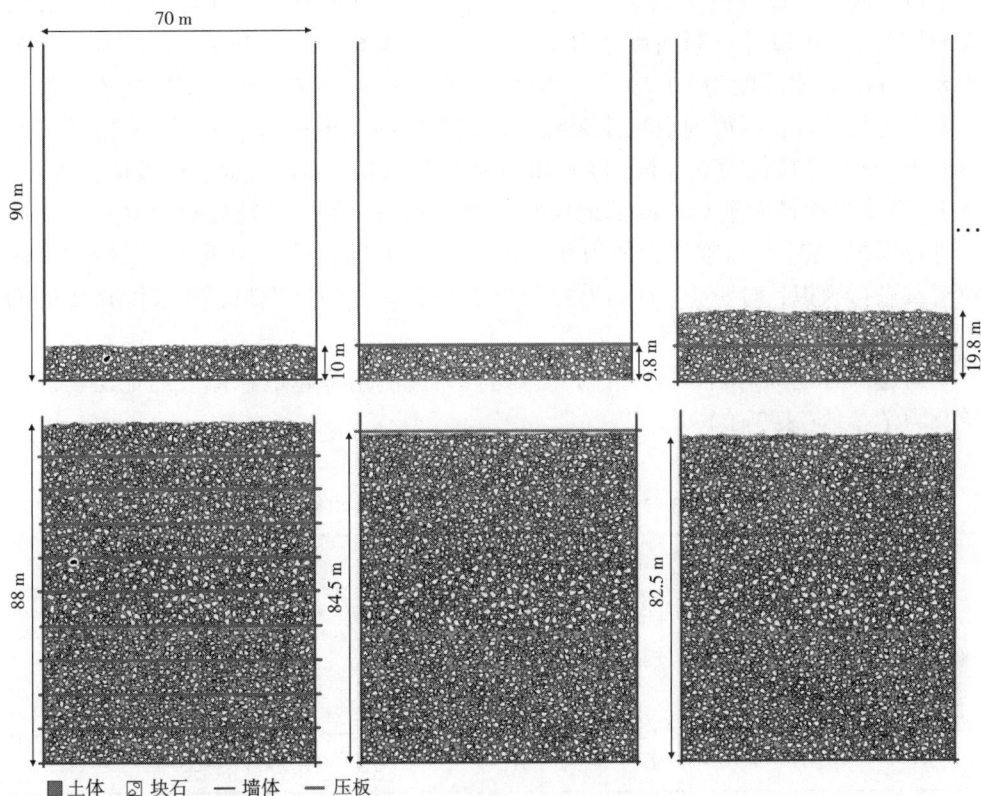

■土体　☒块石　——墙体　——压板

图 3-8　分层压密法流程示意图

3.3.2　堆积体隧道围岩力学响应特征分析

基于上述堆积体隧道围岩细观结构数值模型构建方法,以 ZG 隧道堆积体段为工程背景,按照平面应变问题建立二维离散元数值模型,并通过 PFC2D 5.0 的计算平台,对隧道开挖扰动下未支护阶段的堆积体围岩进行变形规律及破坏特征的模拟分析。

1. 堆积体隧道数值模型构建

1) 计算参数

以穿越堆积体段的 ZG 隧道工程为实际工程及地质背景。在充分考虑边界效应的情况下，选取计算断面尺寸为 70 m×70 m，隧道埋深为 35 m，洞身水平跨度为 8.34 m，竖向高度为 10.19 m。通过对段落区间内隧道开挖所揭示的堆积体进行颗粒粒径统计，可得到堆积体颗粒粒径级配曲线。根据前述分析，确定该工况下的土-石临界粒径为 0.5 m，以及粗粒化系数为 0.2 m。因此，在数值模型中，将土-石临界粒径大于 0.5 m 的地层颗粒视为块石，采用颗粒簇对其真实二维形状进行模拟；将土-石临界粒径为 0.2~0.5 m 的地层颗粒视为土体，采用圆盘颗粒对其进行模拟；对于土-石临界粒径小于 0.2 m 的地层颗粒，则采用 0.2 m 的粗化粒径进行等质量替代。

通过部分地勘资料以及室内试验，可以得到隧道穿越堆积体段的地层物理性质及力学参数（表 3-2）。

表 3-2　堆积体段的物理性质及力学参数

孔隙比	密度 /(g·cm⁻³)	含石率 /%	天然含水率/%	抗剪强度			
				内摩擦角/(°)		黏聚力/kPa	
				天然含水率	饱和含水率	天然含水率	饱和含水率
0.53	2310	43.6	2.30	39.23	34.34	66.04	15.51

在颗粒离散元模型中，力学参数的基本赋值对象是颗粒之间的接触，这样的细观属性与地质勘探资料中的宏观参数存在较大差别。因此，通过数值试验与室内试验相结合的手段，对精细化模型的参数进行标定选取，以保证后续围岩力学响应规律的合理性。

在既有研究的试验结果的基础上通过与数值双轴试验的对比进行参数标定。为考虑最不利工况，数值模型参数按照饱和含水率下的围岩强度进行标定。标定后的数值试验与室内试验结果对比如图 3-9 所示。标定后的堆积体试样内摩擦角为 36.46°、黏聚力为 18.9 kPa，与饱水试样的试验结果基本吻合。标定后的模型细观力学参数见表 3-3。

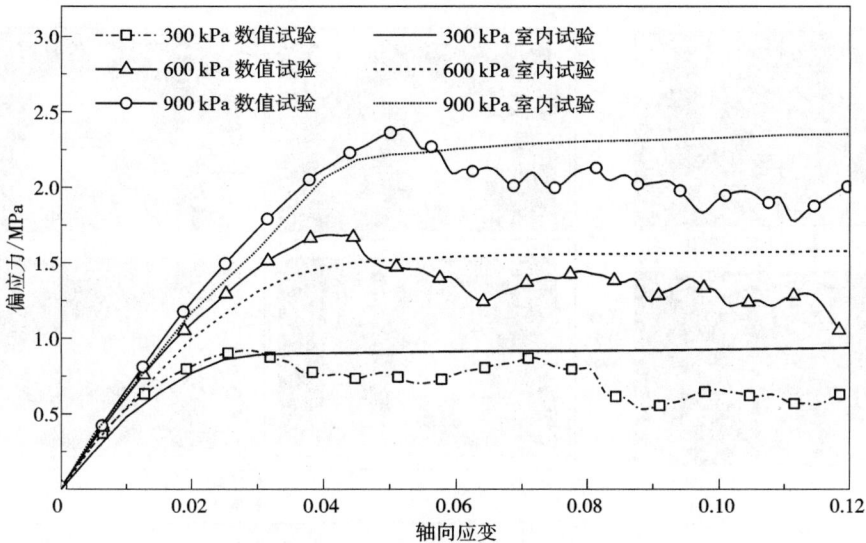

图 3-9　堆积体应力应变曲线

表 3-3　数值模型的细观力学参数

接触类型	有效模量/Pa	刚度比	摩擦系数	滚动摩擦系数
土体-土体	8.0×10^7	1.5	0.50	0.40
土体-块石	1.2×10^8	1.5	0.55	0.45
块石-块石	5.0×10^8	1.0	0.70	0.60
颗粒-墙体	1.0×10^8	1.0	0.00	—

2) 模型构建流程

第一步：对隧道开挖揭示的掌子面块石进行图像采集，并通过数字图像手段将图像转化为块石轮廓数据库，并按照本书 3.3.1 小节中的方法生成离散元方法中的块体颗粒单元，掌子面图像采集以及转换后的典型块石轮廓形状如图 3-10 所示。

第二步：采用分层压密法生成地层模型。地层模型共分 7 层，各层均在较大区域内的随机位置生成满足级配的圆盘颗粒，并随机调用块石轮廓数据库内的块石形状生成满足级配的颗粒簇，然后控制墙体逐渐压密该层颗粒直至达到目标孔隙率。按照该方法依次生成 7 层地层，最终达到目标高度。

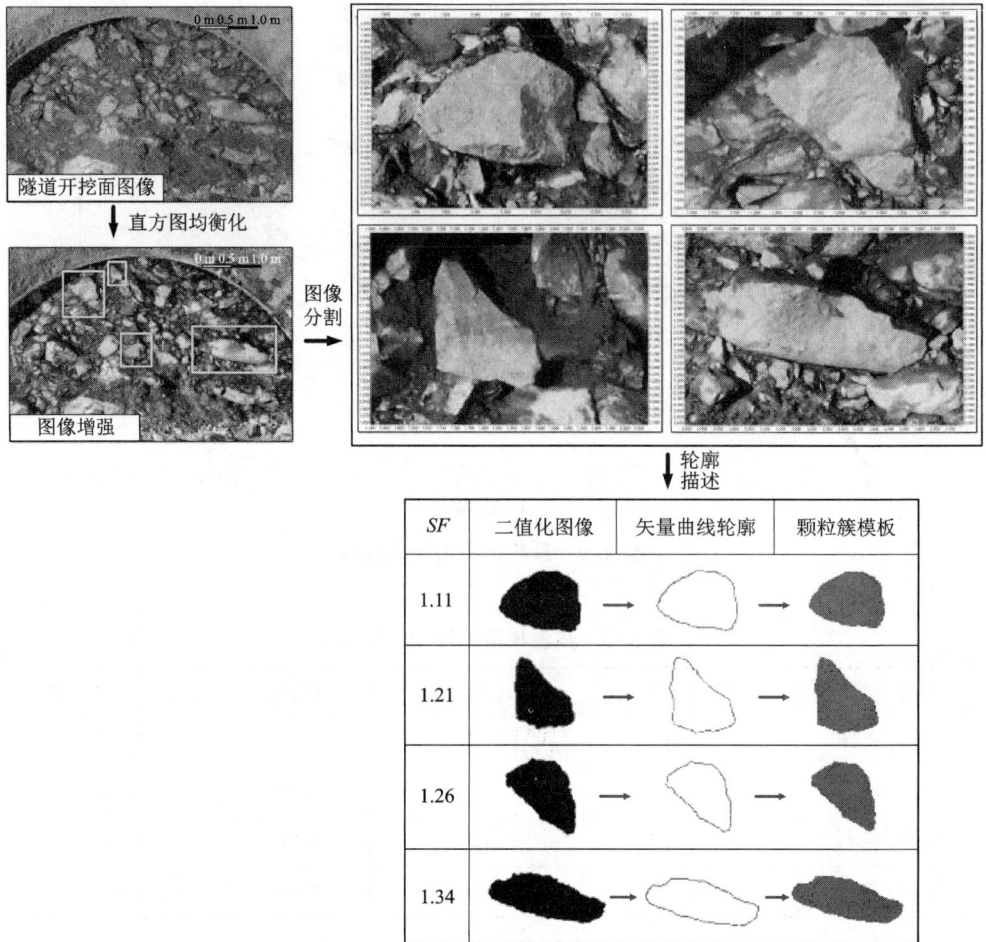

图 3-10　堆积体段隧道掌子面图像采集及典型块石轮廓

第三步：将压密阶段的颗粒间接触力清零，重新赋予重力场以及标定好的细观参数，计算至平衡，即完成初始地层的构建。

第四步：将隧道设计断面轮廓导入初始地层模型中，删除断面轮廓内的颗粒，即完成堆积体隧道开挖模型的构建。

完成后的数值模型如图 3-11 所示，采用局部粗粒化等效方法所构建的工程尺度模型中共用到颗粒 68412 个、颗粒簇 3029 个，颗粒数目较相似研究显著减少，计算效率得到提升。需要指出的是，本研究旨在分析隧道围岩在未支护情况下的破坏特征，因此模拟中未考虑初期支护体系的作用。

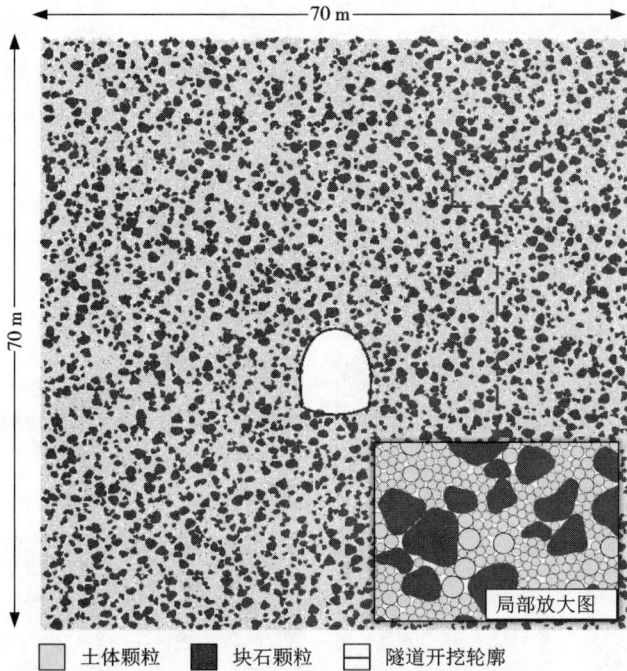

图 3-11　隧道开挖离散元数值模型

2. 开挖卸载围岩力学响应分析

1) 围岩宏观破坏过程

与有限元及有限差分软件相比，离散元方法及相关计算软件的特点在于可以较为直观地将岩土介质大变形及破坏过程进行可视化展现。因此，本研究对开挖后不同计算时步下的围岩形态进行了截取，如图 3-12 所示。

如图 3-12 所示，开挖后的堆积体隧道围岩在随时间推移过程中表现出渐进式的破坏过程，开挖结束早期（Step = 10000），隧道开挖临空面周边的土体颗粒以及部分露头的块石发生脱落，其余大颗粒块石仍保持一定的残余强度；随后（Step = 20000），拱顶的土体颗粒与块石在重力作用下开始发生局部塌落，并形成小范围的塌落拱；最终在 Step = 30000 时形成边墙两侧围岩整体收敛、拱部围岩局部塌落的围岩破坏形态。

为进一步了解围岩内部的破坏特征，对围岩内剪切破裂面的形成与演化过程进行了跟踪分析。隧道围岩中，剪切破裂面的形成与发育是围岩破坏的重要表

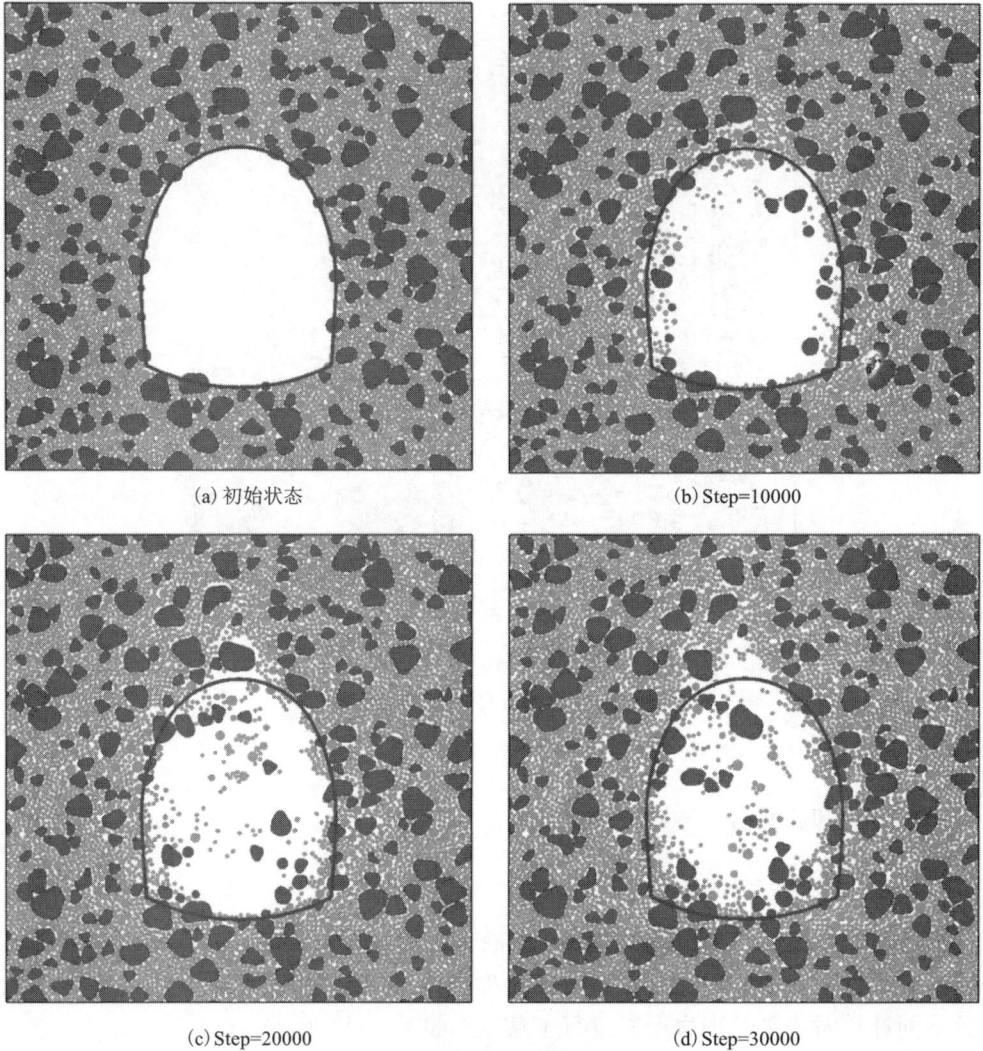

(a) 初始状态

(b) Step=10000

(c) Step=20000

(d) Step=30000

图 3-12　堆积体隧道围岩渐进破坏形态

征，而对于颗粒材料而言，颗粒之间的相对转动与错动是剪切破裂面形成的一种直观表现形式。本研究中，通过提取模型各颗粒的转动量并通过 Tecplot 软件的可视化表达来揭示堆积体隧道围岩的破坏过程及规律。从开挖结束初期（Step = 0）至局部塌落拱开始形成时（Step = 20000），各计算时步下模型颗粒的转动量云图如图 3-13 所示。

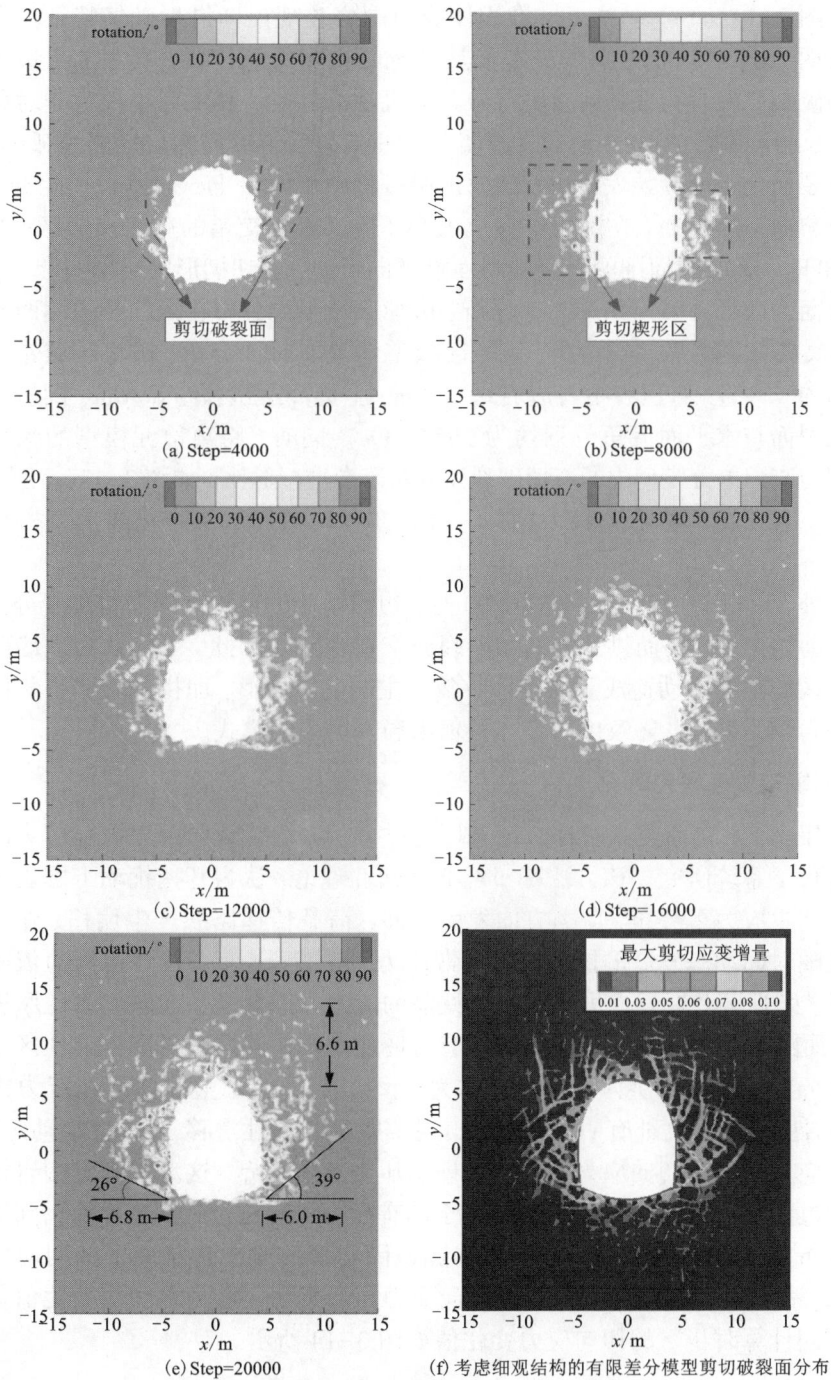

(a) Step=4000

(b) Step=8000

(c) Step=12000

(d) Step=16000

(e) Step=20000

(f) 考虑细观结构的有限差分模型剪切破裂面分布

图 3-13　开挖结束后各阶段模型颗粒转动量云图

如图 3-13(a)~(e)所示，堆积体隧道围岩表现出渐进性破坏特征。在开挖结束初期(Step=4000)，剪切破裂面从开挖临空面边缘位置开始发育，边墙两侧的剪切破裂面发育明显，且受块石分布随机性的影响，其发育呈现为非对称的形态；在 Step=8000~16000 阶段，边墙两侧的破裂面继续向深层围岩呈弧形扩展，拱部破裂面也逐渐开始发育，破裂面扩展过程中不断沿土石间路径产生分支，相邻的破裂面逐渐连通，在围岩中形成大小不一、相互交错的剪切楔形区；当 Step=20000 时，临空面周围的剪切破裂面沿环向贯通，剪切楔形区层层嵌套，形成包裹开挖面的破坏区域。从形态上分析，破坏区域主要分布在拱部及边墙两侧围岩中，隧底破坏不明显。经量测，破坏区域整体呈非对称分布，破坏区域左边界距左边墙约 6.8 m，右边界距右边墙约 6.0 m，上边界距拱顶约 6.6 m，围岩左右最外侧破裂面与水平面夹角分别约为 26°与 39°。同时，将离散元模型的颗粒转动量云图与有限差分模型中的剪切破裂面分布形态进行对比，如图 3-13(f)所示，可以看出二者在发育特征上较为相似，由此亦可说明局部粗粒化离散元模型的合理性。

此外，可以看出，在 Step=20000 时，边墙两侧的剪切破裂面将围岩分割为较完整的剪切楔形区，而拱部的剪切破裂面交错密集。因此，可以认为边墙两侧剪切楔形区的整体滑动造成了以整体收敛为主的侧向变形，而拱部交错密集的破裂面使围岩较为破碎，导致拱部破坏呈现出局部坍塌的模式。

2) 围岩应力演化特征

近年来，部分研究人员通过动态压力拱分析方法对软弱围岩内部应力的演化规律进行了系统研究。该方法基于经典弹塑性理论，认为开挖扰动下围岩为抵抗变形而产生应力重分布，应力方向发生偏转，荷载传递路线产生偏移，在围岩内部形成随时间动态发展的拱效应。通常认为，隧道开挖后，在隧道周边依次形成塑性区、弹性区及原岩应力区。与开挖前的应力状态相比，径向应力比原岩应力减小，而隧道周边大部分范围内切向应力增加。外层塑性区与围岩弹性区中应力升高部分位于压力拱拱体内部，合称为"承载区"；内层塑性区则在压力拱边界外，围岩应力和强度都有明显下降，出现了明显的塑性滑移，称作"松动区"。围岩切向应力与初始切向应力相等的点即为压力拱内边界，这对于判定围岩松动区的演化过程具有重要意义。本研究基于动态压力拱理论，在隧道开挖轮廓周边设置了 8 条监测路径 L1—L8，对堆积体隧道围岩开挖未支护状态下的切向应力进行提取，并计算开挖后各阶段围岩切向应力与初始切向应力之间的变化值。各测线在不同计算时步下的切向应力变化值如图 3-14 所示。

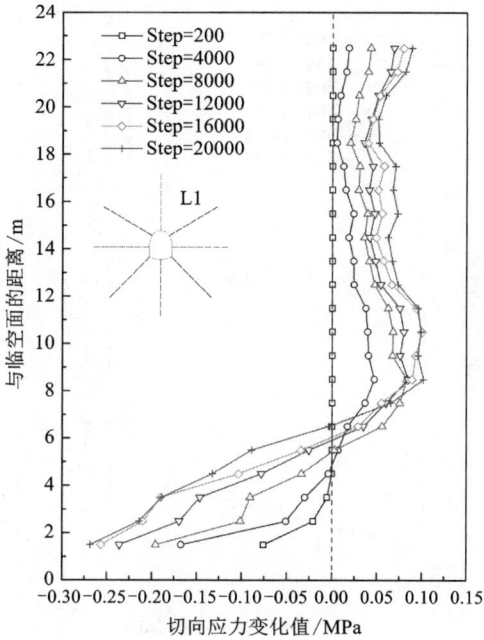

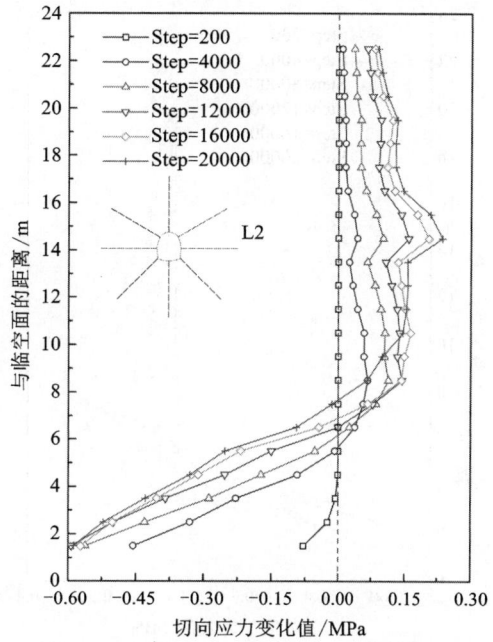

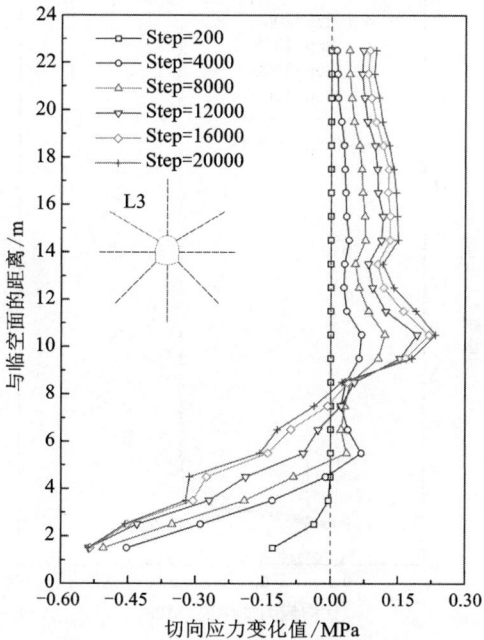

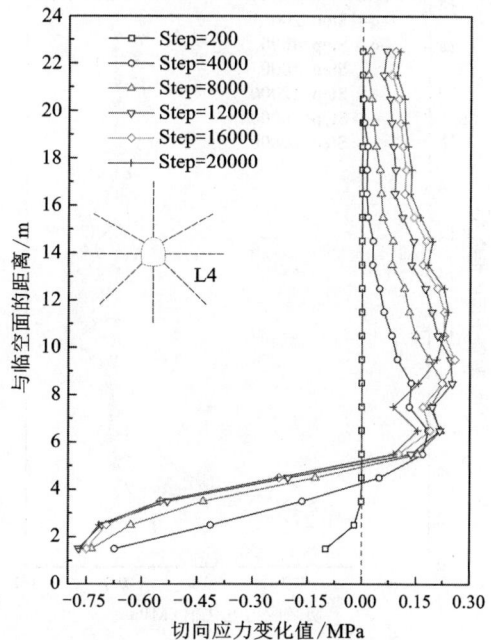

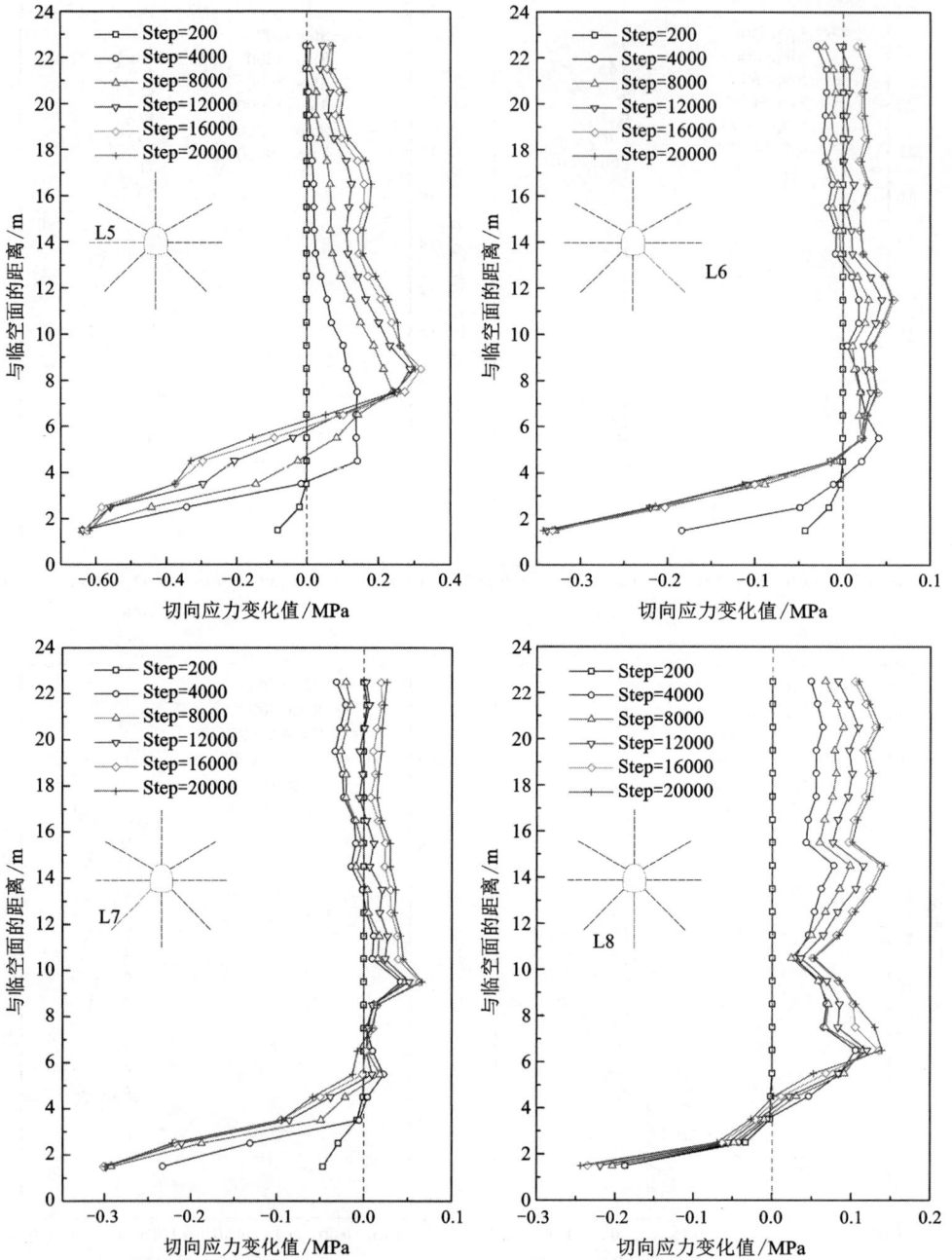

图 3-14　开挖结束后各阶段围岩切向应力变化值

由图 3-14 可知，在堆积体隧道围岩中，围岩应力的演变呈现出典型的动态压力拱形式。开挖结束后，隧道开挖轮廓周边围岩的切向应力变化值均小于 0，说明切向应力较初始应力显著减小，且随着计算时步的增加而持续下降。在开挖结束初期（Step=200），由隧道轮廓向外，围岩切向应力变化值由负值上升至零后保持平稳，在绝对值上体现为"下降—恢复至初始应力"的变化规律；而在 Step4000～20000 各阶段中，由隧道轮廓向外，围岩切向应力变化值先从负值上升至正值并继续上升至峰值，之后发生回落并逐渐趋于平稳，在绝对值上体现为"下降—恢复至初始应力—上升—回落并趋近初始应力"的变化规律。根据压力拱理论，以围岩切向应力变化值初次恢复至零的测点位置作为压力拱的内边界，并以表格的形式列出（表 3-4）。从表 3-4 中可以看出随着计算时步的增加，各测线上内边界位置与临空面的距离逐渐增大，该规律与既有研究结果吻合。

表 3-4　各计算时步下的压力拱内边界位置

测线名称	测线位置	不同计算时步下的内边界位置（与临空面的距离）/m					
		200	4000	8000	12000	16000	20000
L1	拱顶	3.5	4.8	5.3	5.9	7.1	6.7
L2	右侧拱肩	3.5	5.7	6.3	6.5	6.9	7.7
L3	左侧拱肩	3.5	4.7	5.2	7.0	7.6	8.2
L4	右侧边墙	3.2	4.3	4.9	5.2	5.3	5.4
L5	左侧边墙	3.3	3.8	4.7	5.7	6.0	6.3
L6	右侧边墙脚	3.3	3.8	4.5	4.9	4.9	5.0
L7	左侧边墙脚	3.5	4.2	4.9	5.3	5.5	6.9
L8	隧底	3.2	3.2	3.3	3.3	3.5	3.5

提取开挖结束初期（Step=200）以及局部坍塌发生时（Step=20000）各测线压力拱内边界位置，绘制压力拱边界图像，如图 3-15 所示。在开挖结束初期，压力拱内边界沿环向均匀发育，各测线压力拱内边界与开挖轮廓的距离差别不大，均为 3.2～3.5 m。随着时间的推移，当局部坍塌发生时，拱部及边墙两侧压力拱内边界显著扩大且发育为非对称形态，最远发育位置位于 L3 测线距开挖轮廓 8.2 m 处；隧底的压力拱内边界则未发生显著扩展。同时，将局部坍塌发生时围岩颗粒转动量的等值线分布图与压力拱内边界等比例重叠，可以看出压力拱内边界基本与最外侧剪切楔形区的端点位置相吻合。

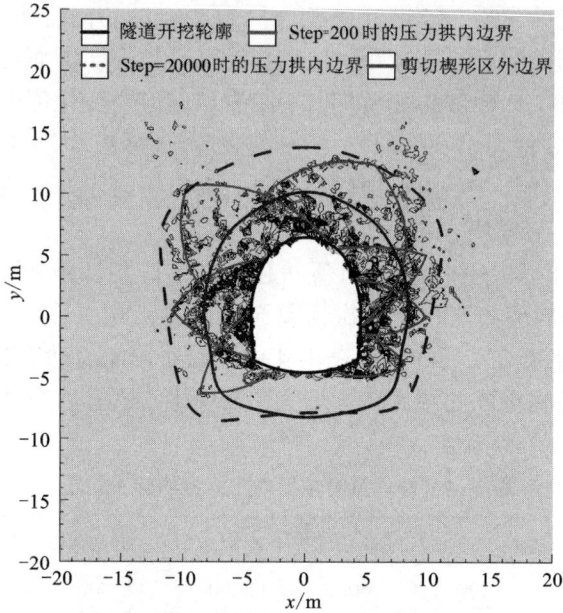

图 3-15　代表性阶段压力拱边界发育情况

由图 3-15 可知，开挖刚结束时，在应力释放的作用下围岩受到形变荷载影响，隧道开挖轮廓周围形成均匀的初始压力拱，压力拱边界内侧形成围岩松动区，松动区内部的围岩从临空面周边率先发生剪切滑移破坏；随着时间的推移，剪切滑移破坏渐进扩展，初始压力拱难以承担逐渐增加的形变压力，于是压力拱边界在剪切破坏的推动下动态向外扩展。同时，由于块石的不均匀分布，剪切楔形区的闭合程度及扩展范围亦不均，因此压力拱的动态发育呈现出非均匀、不对称的形态。

3.3.3　含石率对堆积体隧道围岩力学行为的影响

含石率是堆积体地层的典型细观特征，其变化在根本上改变了堆积体材料的细观结构，因此，有必要对堆积体隧道围岩的力学行为随含石率这一典型细观特征变化的响应规律进行分析。根据现场调查的堆积体级配，选取 25%、45%、65% 三种代表性含石率（质量含石率）进行数值计算。各代表性含石率下堆积体地层颗粒粒径级配曲线如图 3-16 所示，构建完成后三种含石率下的数值模型如图 3-17 所示。

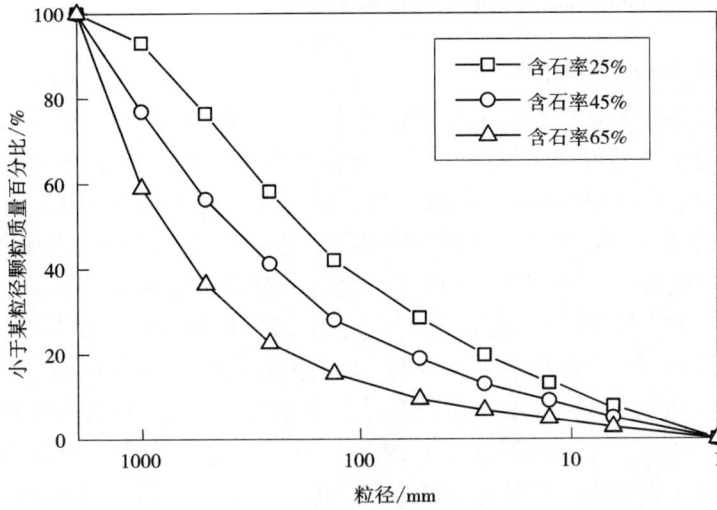

图 3-16　不同含石率下的颗粒粒径级配曲线

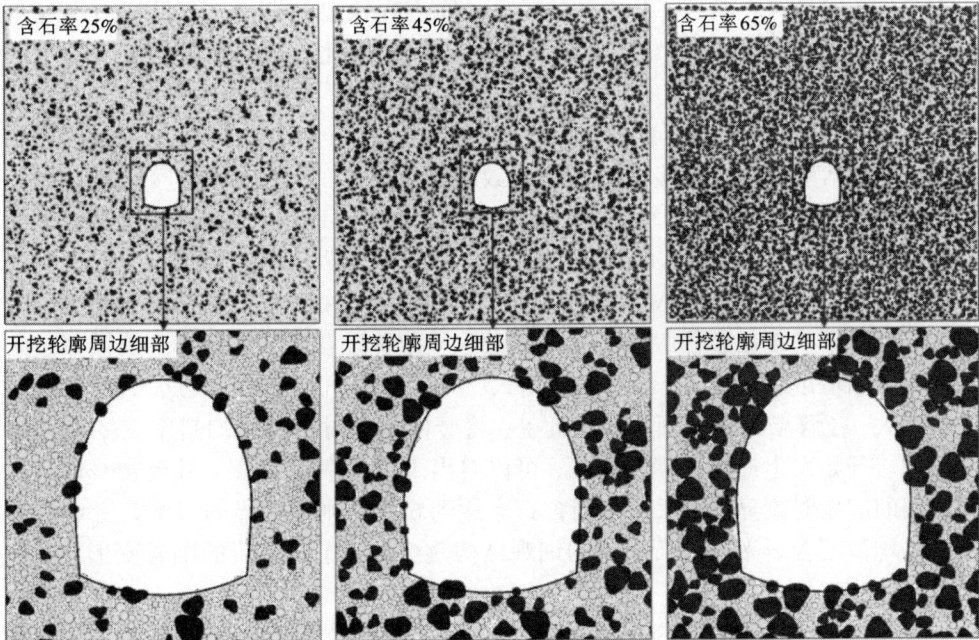

图 3-17　不同含石率下的离散元数值模型

1. 宏观力学行为随含石率变化的响应特征

1）围岩位移场变化规律

将计算后各颗粒与颗粒簇的位移值导出，依托 Tecplot 平台进行后处理，实现围岩位移场等值线的可视化绘制。三种典型含石率下的围岩 x、y 方向位移等值线如图 3-18 所示，位移场分析选取开挖后计算至 Step = 4000 时刻，此时三种典型含石率下的隧道围岩皆保持较好的完整性，还未发生大范围的坍塌脱落，便于进行全场位移的观测。如图 3-18 所示，含石率对围岩位移场的影响显著。从等值线形态上来看，当含石率较低时（25%），围岩位移场等值线整体呈对称分布，局部较为光滑平顺；当含石率为 45% 时，邻近开挖轮廓的围岩位移场等值线逐渐出现非对称特征，局部路径中存在块石时发生锯齿状波动，且开挖面周边的等值线分布密集、紊乱，边墙两侧的土石过渡处发生非连续变形；当含石率较高时（65%），等值线非对称、非连续分布的范围进一步扩大。从位移数值上来看，随着含石率的增大，0.1~0.15 m 的高变形量围岩范围显著缩小。上述结果说明，在含石率由低至高的过程中，大量增加的块石一方面加剧了岩土介质的非均质、非连续性，但另一方面，块石之间的咬合、摩擦现象也逐渐增多，且块石本身具有较高的强度，对围岩的稳定性起到了积极作用，因此宏观变形量随着含石率的增大而显著下降。

选取拱顶位置作为竖向位移监测点，边墙由上到下的三个位置作为收敛监测点，对开挖结束后竖向位移以及水平收敛随计算时步的时程曲线进行提取绘制，时程曲线如图 3-19 所示。由图 3-19 可以看出，对于不同含石率，开挖面周边围岩的整体变形特征是类似的，从绝对值上看均以拱顶竖向位移最大，不同位置的水平收敛由大到小依次为 M2>M1>M3，这与前文提出的"堆积体围岩在开挖且未支护的状态下表现出整体收敛为主的两侧水平位移以及局部坍塌为主的拱部竖向位移"的规律相吻合。随着含石率的增大，竖向位移值与各测线的水平收敛值均显著增大，位移增速也逐渐增大。此外，将竖向位移时程曲线的斜率突变点作为拱部围岩开始发生局部坍塌的表征，可以看出当含石率从 25% 上升至 45% 时，局部坍塌的起始时刻显著延后，而当含石率达到 65% 时则无明显的斜率突变点。上述结果均说明含石率增大所带来的细观结构改变限制了开挖后的围岩变形，提高了围岩的稳定性。

将各含石率下计算至 Step = 20000 时的最大竖向位移值及最大水平收敛值进行提取，绘制图 3-19(b)。如图 3-19(b) 所示，当含石率从 25% 变为 65% 时，最大竖向位移的绝对值逐渐下降，最大竖向位移绝对值与含石率之间基本呈线性的变化关系。水平收敛的绝对值亦随含石率的增大逐渐下降，但与竖向位移不同，

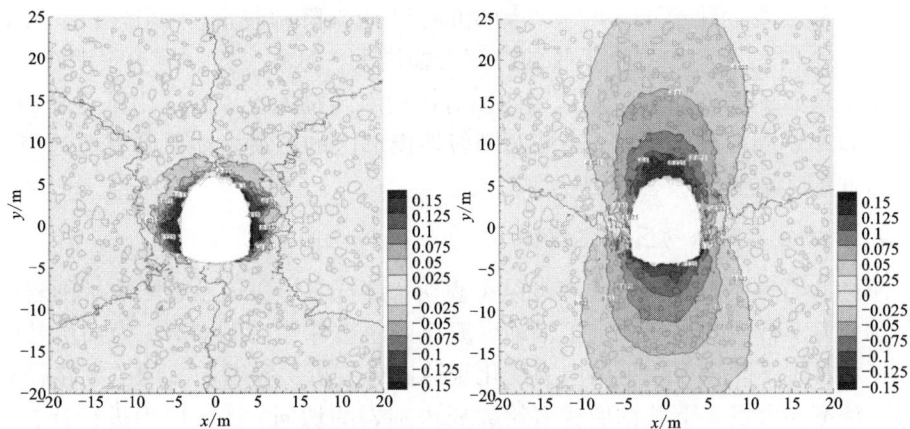

(a) 25%含石率围岩位移场等值线（左为x方向位移；右为y方向位移）

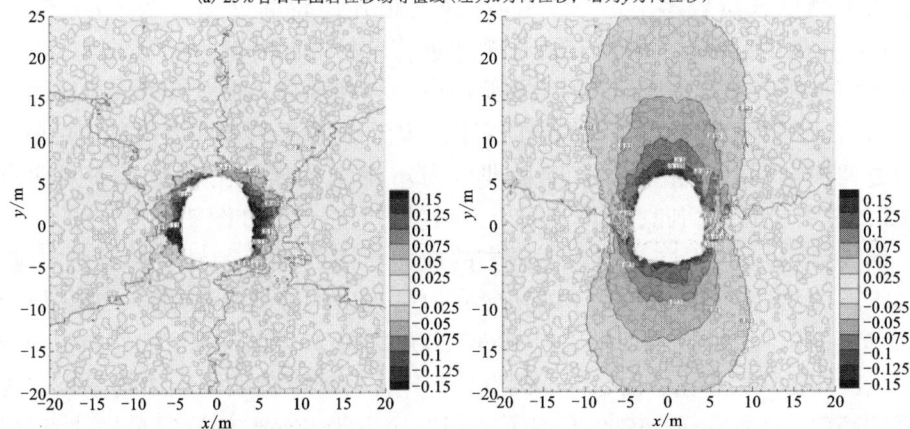

(b) 45%含石率围岩位移场等值线（左为x方向位移；右为y方向位移）

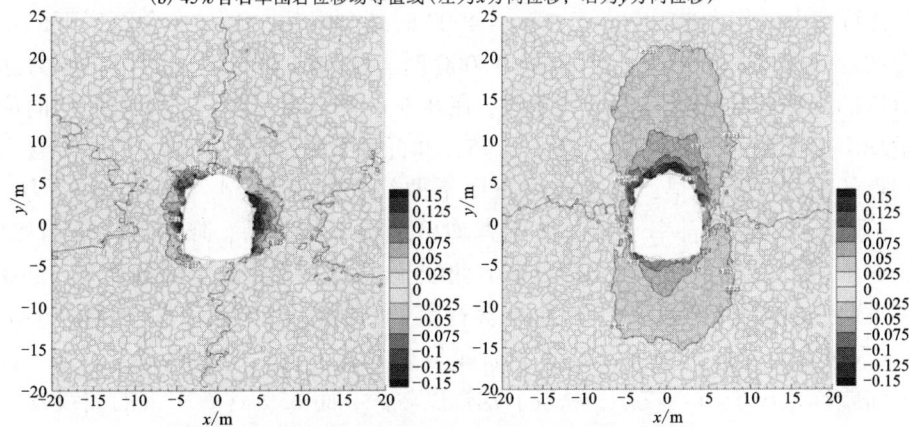

(c) 65%含石率围岩位移场等值线（左为x方向位移；右为y方向位移）

图 3-18 不同含石率下的围岩位移场

当含石率从 25% 变化至 45% 时三条测线的水平收敛降幅较小，而当含石率从 45% 变化至 65% 时三条测线的水平收敛降幅大幅增大。这在一定程度上说明在中-低含石率下块石的增加对于限制边墙两侧剪切楔形区整体收敛的作用是有限的，只有当含石率达到较高水平时，边墙两侧剪切楔形区的扩展才能受到有效约束，整体收敛变形才能受到显著控制。

2）围岩应力及松动区变化规律

不同含石率下开挖后的位移场结果表明，含石率的变化显著影响了围岩的力学行为，力学行为的改变决定了松动区演化以及破坏形态的差异，为揭示其中特征，有必要对不同含石率下的应力变化规律进行分析。参考前文的监测路径布置方法，对不同含石率下开挖后隧道轮廓周边围岩的切向、法向应力进行计算、提取。由于测点数量较多，此处以 L5 测线上距开挖轮廓分别为 2.5 m、5.5 m、8.5 m 位置处的监测结果作为代表性规律进行分析。同时值得注意的是，不同含石率下的地层容重是不同的，因此初始地应力存在差异，应力绝对值与应力增量绝对值仅适用于相同含石率下的纵向对比。因此在这里引入应力增量相对值的概念以方便横向对比，相对应力增量即应力增量与初始应力之比。不同含石率下 L5 测线各位置的切向、法向相对应力增量的时程曲线如图 3-20 所示。

图 3-20 显示，不同含石率下围岩的应力状态有显著差异。对于切向应力，在 2.5 m 测点处，65% 含石率下的切向应力呈现出先升后降的趋势，45% 与 25% 含石率下的切向应力持续下降，但 Step = 2000 之前 25% 含石率下的切向应力降速较快，且最终降幅较大；在 5.5 m 测点处，各含石率下的切向应力均呈现出先升后降的趋势，区别在于 25% 含石率下的切向应力于 Step = 2000 时最先达到峰值，45% 含石率下的切向应力随后于 Step = 4000 时达到峰值，而 65% 含石率下的切向应力达到峰值的时刻最晚，在 Step = 12000 时，且 65% 含石率下的切向应力达到峰值后的降幅明显小于其他两条曲线；在 8.5 m 测点处，各含石率下的切向应力均呈现出上升趋势，区别在于 25% 与 45% 含石率下曲线存在拐点，且 25% 含石率下拐点的出现时刻较早，而 65% 含石率下曲线无明显拐点。对于法向应力，在 2.5 m 测点处，各含石率下的法向应力均呈现出下降趋势，降幅与降速均相似；在 5.5 m 测点处，25% 与 45% 含石率下曲线呈现出先上升后下降的趋势，25% 含石率下曲线的最终降幅稍大，而 65% 含石率下的曲线仅小幅下降，整体平稳；在 8.5 m 测点处，25% 与 45% 含石率下曲线呈现出先上升后下降的趋势，25% 含石率下曲线峰值出现时刻较早，峰后下跌幅度较大，而 65% 含石率下的曲线发生小幅上升。

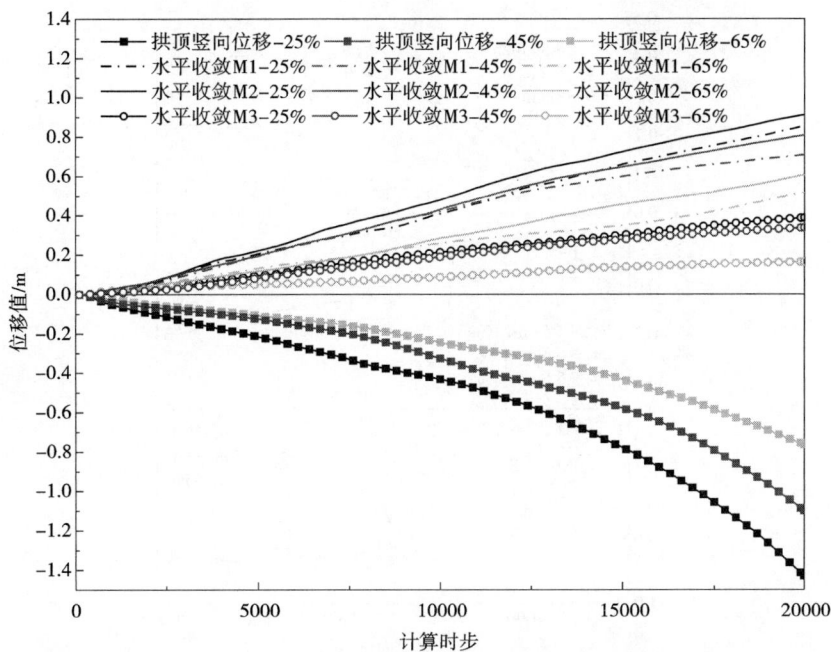

(a) 不同含石率下竖向位移与水平收敛时程曲线

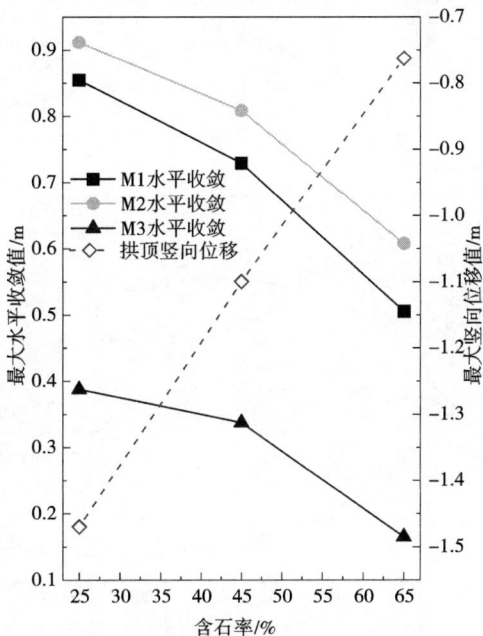

(b) 不同含石率下最大位移变化情况

图 3-19　开挖面周边位移随含石率变化的情况

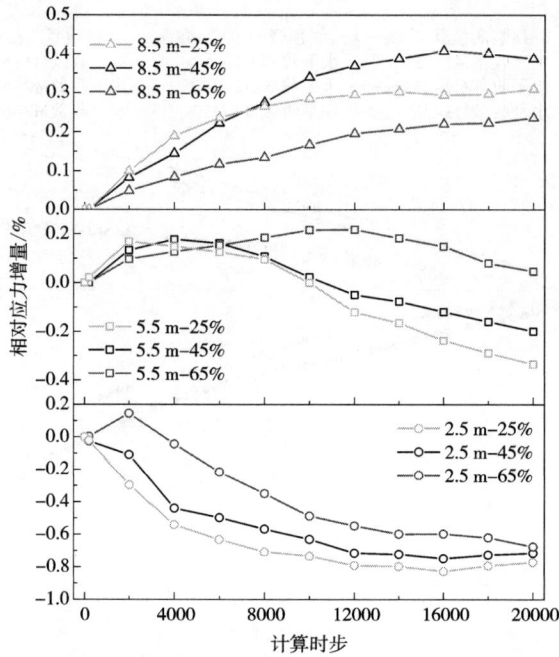

(a) 切向应力

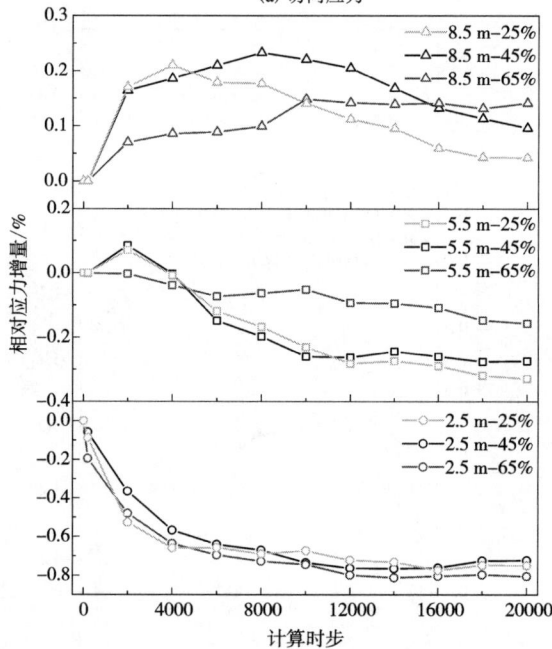

(b) 法向应力

图3-20 不同含石率下围岩应力时程曲线

对上述结果进行分析，可以看出，25%含石率时围岩各测点的切向、法向应力总体表现出较大的降幅、较快的降速以及较早出现的峰值点，随着含石率的上升，切向应力曲线的峰值点明显后移，法向应力曲线的变化幅度逐渐减小，这体现出了动态压力拱扩展速度的差异。将各含石率下不同计算阶段的压力拱内边界位置提取出来并列入表 3-5 中，可以看出，当含石率逐渐上升时，压力拱内边界的扩展幅度与速度逐渐下降，对于各测点位置，围岩进入松动区的顺序依次为25%、45%、65%。低含石率下松动区快速扩展至较大范围，应力重分布程度较高；而高含石率下松动区扩展速度慢、范围小，因此远离开挖面位置的围岩受扰程度较低。同时可以看出，当含石率由 25%上升至 45%时，围岩应力演化规律的改变程度较低，而含石率由 45%上升至 65%时，围岩应力演化规律发生显著改变，这与不同含石率下最大位移的变化规律具有相似性，在一定程度上说明含石率对围岩力学行为的影响存在着阈值效应，当低于该阈值时影响较小，而大于该阈值之后影响显著，这与既有研究的结论是吻合的。

表 3-5　各含石率下压力拱内边界演化情况

含石率 /%	计算时步	压力拱内边界位置/m							
		L1	L2	L3	L4	L5	L6	L7	L8
25	200	3.6	3.6	3.7	3.5	3.5	3.6	3.8	3.5
	4000	4.5	5.5	5.5	4.2	4.4	3.8	3.9	4.3
	12000	5.5	6.3	7.1	5.3	5.6	5.2	5.6	4.6
	20000	6.1	7.9	8.4	6.6	6.7	5.9	5.9	4.9
45	200	3.5	3.5	3.5	3.3	3.4	3.3	3.5	3.2
	4000	4.8	5.7	4.7	4.3	3.8	3.8	4.2	3.2
	12000	5.9	6.5	7.0	5.2	5.7	4.7	5.3	3.3
	20000	6.7	7.7	8.2	6.4	6.3	5.0	6.9	3.5
65	200	4.0	3.8	3.8	3.7	3.6	3.6	3.9	3.2
	4000	4.4	4.8	4.0	4.4	3.8	4.5	3.3	3.3
	12000	5.3	6.4	6.0	6.3	4.3	5.5	3.4	3.4
	20000	5.5	7.6	6.2	6.3	5.2	5.9	3.5	3.6

提取各含石率下压力拱内边界位置，将开挖结束初期(Step = 200)以及局部坍塌发生时(Step = 20000)各测线压力拱内边界位置绘制为松动区边界图像，并对各含石率下 Step = 20000 时的剪切破裂面发育情况进行提取。压力拱内边界与剪切破裂面最终发育状态如图 3-21 所示。

(a) 含石率25%

(b) 含石率45%

(c) 含石率65%

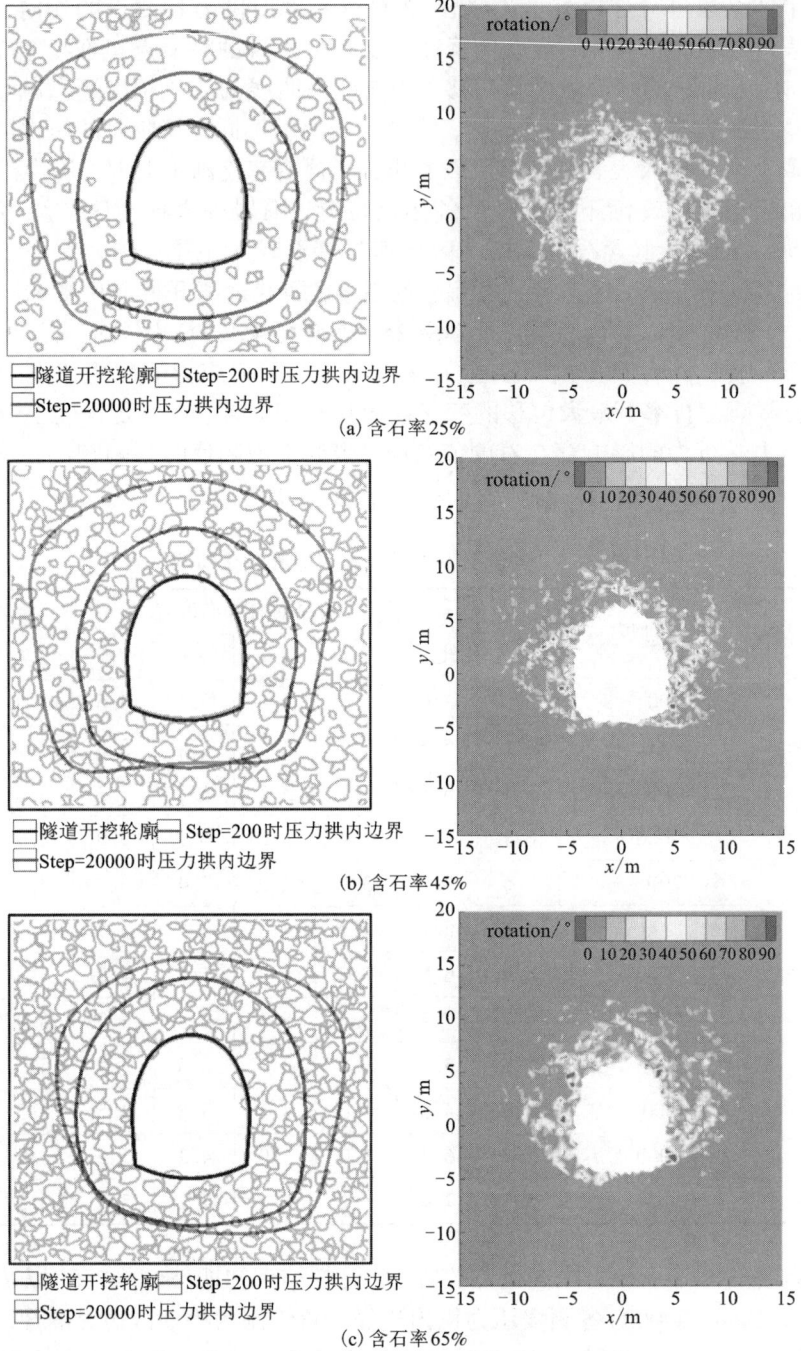

图 3-21 围岩松动区边界随含石率的变化情况

图 3-21 及表 3-5 联合表明，开挖结束初期（Step＝200），各含石率下松动区厚度基本沿环向均匀分布，其中 65% 含石率下的松动区厚度略大于其余两种情况，可以认为是由于块石体积较大，邻近临空面的块石松动脱落后对围岩造成较大范围的扰动。当局部坍塌发生时（Step＝20000），各含石率下的松动区厚度发生显著变化。其中，含石率 25% 时的松动区范围最大，最远发育至距开挖轮廓 8.4 m 处，松动区基本呈现出对称形态；含石率为 45% 时，松动区范围有所减小，且因块石的增多开始呈现出非对称的形态；当含石率上升至 65% 时，松动区范围进一步减小，且呈现出明显的非对称特征，右侧边墙块石分布密度低于左侧边墙，则右侧的松动区范围明显大于左侧。此外，含石率对松动区内围岩剪切破坏的发育特征亦有显著的影响。在含石率为 25% 时，松动区内剪切破裂面发育范围较广，边墙两侧形成多个相互嵌套的剪切楔形区，且剪切破裂面的分支逐渐向拱部上方围岩及隧底下方围岩拓展；含石率为 45% 时，剪切楔形区的扩展范围缩小，剪切破裂面的发育区域逐渐收缩至边墙两侧及拱顶有限范围内；含石率为 65% 时，破裂面的发育范围进一步缩小，边墙两侧仅有几条主破裂面相互贯通，剪切楔形区未完全成型。上述结果均可说明，当含石率逐步上升时，块石的较大刚度以及块石之间的咬合摩擦作用阻碍了颗粒之间剪切滑移的发展趋势，剪切破坏的发育受到限制，松动区范围随含石率表现出逐渐减小的规律。

综上所述，含石率的变化深刻影响着堆积体隧道围岩的宏观力学行为，可以认为块石的较大刚度及块石之间的咬合摩擦作用阻碍了围岩的剪切破坏，从而抑制了松动区的扩展，最终体现为应力扰动逐渐减小、变形幅度逐渐降低的影响规律。

2. 不同含石率下堆积体隧道围岩损伤分区讨论

上述研究表明，堆积体隧道围岩受开挖扰动会发生明显松动破坏，根据力学行为差异与变化特征，可大致将开挖扰动下的围岩损伤区域划分为局部塌落区、围岩松动区、剪切楔形区、接触损失区四类。围岩发展至局部塌落后，不同典型特征下损伤区域的形态示意与环向、径向分布范围见表 3-6。由表 3-6 可知，围岩损伤区域的径向分布范围随含石率的上升基本呈现出缩小趋势，这也与前文的诸多讨论相吻合；而各类围岩损伤区域的环向分布区间却在不同含石率下基本保持一致。在环向范围上，首先是隧道拱部围岩受到多种破坏损伤的综合作用，其次是隧道边墙两侧，而少有损伤区域会发展至隧底处的围岩。

表3-6　不同含石率下堆积体隧道围岩损伤区域范围

围岩损伤区域类型		局部塌落区	围岩松动区	剪切楔形区	接触损失区
分布示意图					
25%含石率	环向分布区间	拱部	全环	拱顶两侧约20°至边墙脚	拱部及边墙两侧
	径向分布范围/m	2.5	4.9~8.4	7.5	—
45%含石率	环向分布区间	拱部	全环	拱顶两侧约40°至边墙脚	拱部及边墙两侧
	径向分布范围/m	1.6	3.5~8.2	6.8	—
65%含石率	环向分布区间	拱部	全环	拱顶两侧约50°至边墙脚	拱部及边墙两侧
	径向分布范围/m	1.5	3.5~7.6	5.2	—

　　由此可以认为，堆积体隧道围岩或许在细观结构特征上存在较大差异，但围岩损伤的空间分布程度呈现出一定程度上的统一性，本节就此作出初步总结，即堆积体隧道拱部的围岩损伤程度最高，围岩稳定性较差，两侧边墙围岩的损伤程度与稳定性次之，而隧底围岩的损伤程度较低、稳定性较好。该围岩损伤与稳定性分区可为后续的注浆加固设计提供理论指导。

3.4　堆积体地层可控水泥基高分子材料研发 >>>

前述堆积体隧道围岩的细观结构以及施工力学行为研究表明，堆积体结构松散，粗颗粒的土与块石在沉积过程中形成了松散、镂空结构，岩土颗粒之间缺少黏结与胶结，天然自稳能力较差；隧道围岩在开挖初期受卸载影响形成沿隧道轮廓全环分布的初始松动破坏区域，且具有快速扩展的风险。基于这些结构与力学特性，为了保证开挖初期隧道围岩的稳定，浆液应充分填充设计加固范围内地层的初始空隙，且不会在凝结后产生显著体积收缩；同时，浆液应具有较短的凝结时间与较高的早期强度，以在注浆结束后短期内提高围岩的稳定性，进而提高开挖进尺的施工效率；此外，浆液的流动性与凝结时间也应保证注浆作业时具有良好泵送与工作性能。总体而言，堆积体地层预加固的注浆材料应具有较高的早期强度、良好的抗渗性能、良好的浆液扩散性、良好的浆液与结石体稳定性、适中的流动性与黏度，以及可调节控制的凝结时间。在此目标之上，本节主要介绍一种可控水泥基高分子材料的研发测试，通过配比优化试验，提出适用于堆积体地层预加固的注浆材料最优配比，以期为类似工程提供参考。

3.4.1　正交试验设计及方案

根据堆积体地层注浆材料的性能要求，在查阅大量文献及进行大量工程调研的基础上，配制一种由普通硅酸盐水泥(42.5#)、水、速凝剂 A、高分子材料 B 以及减水剂 C 组成的可控高分子注浆材料。

根据经验和前期预试验进行正交试验设计，各组分分别设计 4 个水平。采用的水灰比为 0.6∶1、0.8∶1、1∶1、1.2∶1；速凝剂 A 掺量(占水泥比例)为 0%、4%、8%、12%；高分子材料 B 掺量(占水泥比例)为 0%、1%、2%、4%；减水剂 C 掺量(占水泥比例)为 0.0%、0.4%、0.8%、1.0%。正交试验各组配比见表 3-7。

表 3-7 高分子注浆材料性能正交试验配比

组名	水灰比	速凝剂 A 掺量/%	高分子材料 B 掺量/%	减水剂 C 掺量/%
T1	0.6∶1	0	0	0
T2	0.6∶1	4	1	0.4
T3	0.6∶1	8	2	0.8
T4	0.6∶1	12	4	1
T5	0.8∶1	0	1	0.8
T6	0.8∶1	4	0	1
T7	0.8∶1	8	4	0
T8	0.8∶1	12	2	0.4
T9	1∶1	0	2	1
T10	1∶1	4	4	0.8
T11	1∶1	8	0	0.4
T12	1∶1	12	1	0
T13	1.2∶1	0	4	0.4
T14	1.2∶1	4	2	0
T15	1.2∶1	8	1	1
T16	1.2∶1	12	0	0.8

3.4.2 水泥高分子材料性能测试

1. 浆液流动度测试

试验前先将所有设备用湿毛巾擦拭一遍。将圆模放置于玻璃板中心，再将浆液倒入圆模内，浆液与圆模上边缘平行，不得溢出，将多余的浆液用小刀刮去。瞬间垂直提起圆模，使圆模中的净浆自然流动。待 30 s 后，进行十字法测量，算出平均值，即为水泥净浆的流动度。每组分别测试 3 次，取平均值，测试结果见表 3-8，测试过程如图 3-22 所示。

表 3-8　流动度测试结果

组名	T1	T2	T3	T4	T5	T6	T7	T8
流动度/mm	224	60	105	130	420	425	208	47
组名	T9	T10	T11	T12	T13	T14	T15	T16
流动度/mm	480	435	233	181	425	360	298	185

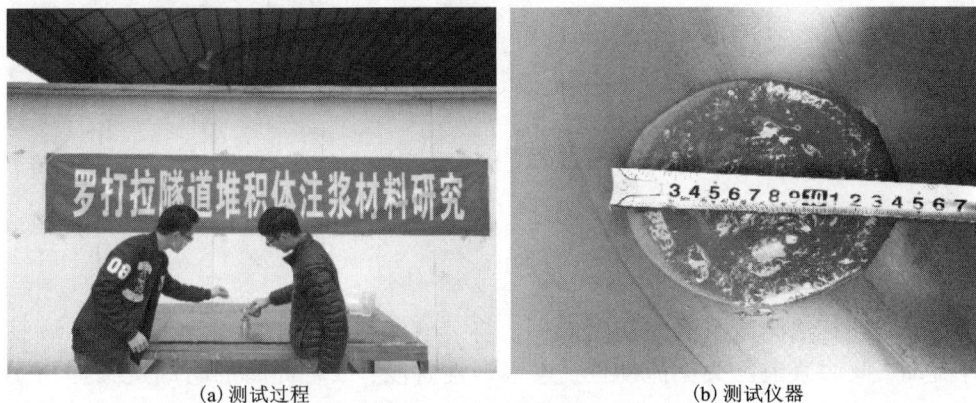

(a) 测试过程

(b) 测试仪器

图 3-22　流动度测试

2. 浆液析水率测试

浆液浆体在一定时间内(一般 2 h 内)析出水分体积占浆体总体积的百分率为浆液的析水率,该指标可用于评定浆液的稳定性。析水率采用圆柱量筒测定,圆柱量筒内径 27 mm、最大标准刻度 100 mL。同时做 3 组平行试验,取其平均值作为试验结果,测试结果见表 3-9,测试过程如图 3-23 所示。

表 3-9　析水率测试结果

组名	T1	T2	T3	T4	T5	T6	T7	T8
析水率/%	7.0	1.0	0.5	1.0	39.0	10.0	2.0	0.5
组名	T9	T10	T11	T12	T13	T14	T15	T16
析水率/%	45.0	18.0	2.0	1.0	49.0	21.0	9.0	2.0

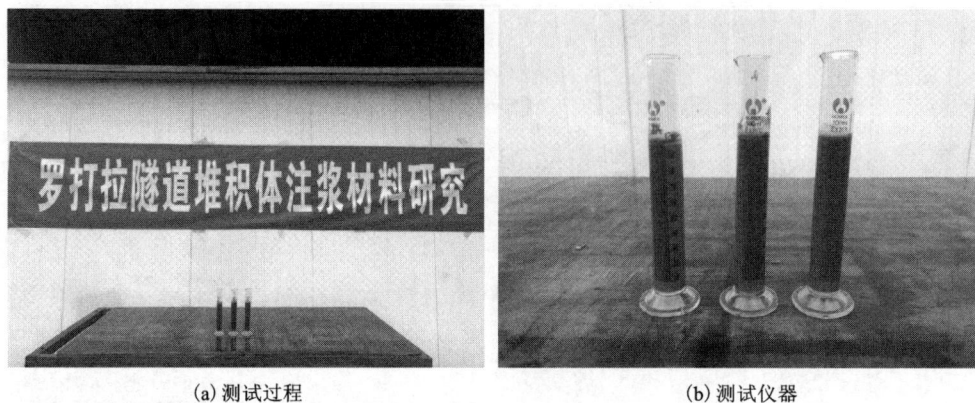

(a) 测试过程   (b) 测试仪器

图 3-23　析水率测试

3.凝结时间测试

采用倒杯法测试浆液的初凝时间,将装有浆液的烧杯倾斜 45°时,浆液没有流动,此时浆液已失去流动性,进入塑性阶段,故将此时的时间定义为初凝时间;并采用维卡仪法测试浆液的终凝时间。测试结果见表 3-10,测试过程如图 3-24 所示。

表 3-10　凝结时间测试结果

组名	T1	T2	T3	T4	T5	T6	T7	T8
初凝/min	51	22	3	25	—	—	34	19
终凝/min	414	315	488	705	751	794	842	709
组名	T9	T10	T11	T12	T13	T14	T15	T16
初凝/min	109	77	89	23	135	47	108	92
终凝/min	—	—	964	1010	—	—	—	1076

(a) 初凝时间　　　　　　　　　　　　　(b) 终凝时间

图 3-24　凝结时间测试

4. 力学性能测试

堆积体隧道围岩预加固主要强调围岩自稳能力的快速提升，以便在加固后的较短时间内进行掌子面开挖作业，因此，本试验以 3 d 无侧限抗压强度为评价指标，主要测试材料的短期强度。测试过程中，首先将浆液装入模具中，浆液在加入时用刮刀上下振捣浆液将浆液内的空气排出，然后用刮刀将试件表面刮平，试件制作完成放入恒温室养护，模具尺寸为 70 mm×70 mm×70 mm。待试件凝固后，采用高压空气压缩机对试件进行脱模，并标注试样。将脱模后的试件，养护至测试天数。结石体的抗压强度采用 STYE-3000C 型电脑全自动混凝土压力试验机，将养护好的试件取出擦干表面的水分，试件放入试验机测试其抗压强度。试件测试结果见表 3-11，制样、养护与试验过程如图 3-25 所示。

表 3-11　试件 3 d 无侧限抗压强度测试结果

组名	试件 1/N	试件 2/N	试件抗压强度平均值/MPa
T1	33700	30800	6.45
T2	49000	50600	9.95
T3	29800	31400	6.15
T4	23400	21800	4.55
T5	29300	—	5.90
T6	16900	17400	3.45

续表3-11

组名	试件1/N	试件2/N	试件抗压强度平均值/MPa
T7	14900	16300	3.15
T8	17500	16900	3.45
T9	38000	34400	7.25
T10	9400	9800	1.95
T11	6500	7700	1.40
T12	9200	9600	1.85
T13	24000	25200	4.90
T14	4500	4700	0.90
T15	2500	2400	0.50
T16	3900	4100	0.80

(a)脱模

(b)养护

(c)抗压测试

图3-25　试件装模

3.4.3　试验结果分析与配合比优化

1. 浆液流动度测试结果分析

浆液的流动度是反映其流动性能的重要指标，对浆液的灌注、扩散性能有着重要的影响。如表 3-12 所示，通过对水灰比、速凝剂掺量、高分子材料掺量以及减水剂掺量的正交试验结果进行流动度的极差分析。

表 3-12　浆液流动度极差分析

编号	A	B	C	D	流动度/mm
	水灰比	速凝剂/%	高分子材料/%	减水剂/%	
1	0.6∶1	0	0	0	325
2	0.6∶1	4	1	0.4	265
3	0.6∶1	8	2	0.8	235
4	0.6∶1	12	4	1	240
5	0.8∶1	0	1	0.8	250
6	0.8∶1	4	0	1	245
7	0.8∶1	8	4	0	210
8	0.8∶1	12	2	0.4	243
9	1∶1	0	2	1	233
10	1∶1	4	4	0.8	217
11	1∶1	8	0	0.4	237
12	1∶1	12	1	0	179
13	1.2∶1	0	4	0.4	190
14	1.2∶1	4	2	0	190
15	1.2∶1	8	1	1	153
16	1.2∶1	12	0	0.8	165

续表3-14

编号	A	B	C	D	流动度/mm
	水灰比	速凝剂/%	高分子材料/%	减水剂/%	
k_1	129.75	387.25	266.75	243.25	
k_2	275	320	239.75	191.25	
k_3	332.25	211	248	286.25	
k_4	317	135.75	299.5	333.25	
极差	202.5	251.5	59.75	142	
最优配比	A_2	B_3	C_2	D_1	

由表3-12可以看出，水灰比、速凝剂掺量、高分子材料掺量以及减水剂掺量的极差分别为202.5、251.5、59.75、142，通过极差大小分析，可得出该试验4个影响因素中速凝剂掺量对浆液流动度的影响最大，其主次关系为速凝剂掺量>水灰比>减水剂掺量>高分子材料掺量，因此在试验中，应该着重控制速凝剂掺量这个因素，同时也应给予水灰比一定的重视。在注浆过程中，浆液流动度不宜太大也不宜太小，应该控制在150~300 mm，因此根据正交试验结果可以得到流动度的最优配比为 $A_2B_3C_2D_1$。

除此之外，对测试结果进行单因素分析，还可得到以下结论：速凝剂掺量与浆液流动度成反比关系，即速凝剂掺量越高，浆液流动度越小。水灰比、高分子材料掺量与减水剂掺量都与浆液的流动度成正比关系。为了保证注浆过程中浆液可以达到预期的扩散半径，浆液的流动度应该控制在150~300 mm，即在满足强度要求的前提下，选择较小的速凝剂掺量、较高的水灰比、高分子材料及减水剂掺量，以满足浆液流动度的要求。

2. 浆液析水率测试结果分析

析水率是影响结石体质量的重要指标之一，而且也是反映浆材稳定性以及浆液对土石孔隙充填密实饱满程度的重要指标。通过基础性能试验，可以看出浆液的析水率越低，稳定性就越好，以保证浆液在被注介质中推进扩散充填密实。浆液析水率试验结果见表3-13。从表中可以看出浆液的析水率随不同的试验配比呈现出比较大的变化，大概在0.5%~50%范围内波动，这说明试验中4个水平因素对复合浆液的流动度均有一定程度的影响，且受速凝剂掺量影响较为显著。

表 3-13　浆液析水率极差分析

因素 编号	A 水灰比	B 速凝剂/%	C 高分子材料/%	D 减水剂/%	析水率/%
1	0.6:1	0	0	0	7
2	0.6:1	4	1	0.4	1
3	0.6:1	8	2	0.8	0.5
4	0.6:1	12	4	1	1
5	0.8:1	0	1	0.8	39
6	0.8:1	4	0	1	10
7	0.8:1	8	4	0	2
8	0.8:1	12	2	0.4	0.5
9	1:1	0	2	1	45
10	1:1	4	4	0.8	18
11	1:1	8	0	0.4	2
12	1:1	12	1	0	1
13	1.2:1	0	4	0.4	49
14	1.2:1	4	2	0	21
15	1.2:1	8	1	1	9
16	1.2:1	12	0	0.8	2
k_1	2.375	35	5.25	7.75	
k_2	12.875	12.5	12.5	13.125	
k_3	16.5	3.375	16.75	14.875	
k_4	20.25	1.125	17.5	16.25	
极差	17.875	33.875	12.25	8.5	
最优配比	A_1	B_4	C_1	D_1	

由表 3-13 可以看出，水灰比、速凝剂掺量、高分子材料掺量以及减水剂掺量的极差分别为 17.875、33.875、12.25、8.5，通过极差大小分析，可得出该试验 4 个影响因素中速凝剂掺量对浆液析水率的影响最大，其主次关系为速凝剂掺量>水灰比>高分子材料掺量>减水剂掺量，因此在试验中，应该着重控制速凝剂掺

量这个因素，同时也应给予水灰比一定的重视。在注浆过程中，析水率越小，浆液就越稳定，施工时就更易对其进行控制，因此通过本次正交试验可以得到析水率的最优配比为 $A_1B_4C_1D_1$。

除此之外，对测试结果进行单因素分析，还可得到以下结论：速凝剂掺量与浆液析水率成反比关系，即速凝剂掺量相对越高，浆液析水率越小，速凝剂掺量为浆液的 12% 时析水率达到最小值；水灰比、高分子材料掺量、减水剂掺量皆与浆液析水率成正比关系，其中水灰比为 0.6 : 1 时析水率达到最小值，高分子材料掺量为 0% 时析水率达到最小值，减水剂掺量为 0% 时析水率达到最小值。如果工程中要选择比较合适的浆液析水率，应该在满足强度要求的前提下，选取较高的速凝剂掺量的同时选择较低的水灰比、高分子材料掺量与减水剂掺量，以满足工程中对浆液性能的要求。

3. 浆液凝结时间测试结果分析

浆液的凝结时间对浆液的灌注、扩散性能以及浆液的早期强度有着重要影响。对于堆积体隧道围岩预加固而言，注浆的目的在于较短时间内快速提高松散围岩的自稳能力，从而提升循环开挖的效率，因此本试验主要关注浆液初凝时间的分析与优化。另一方面，为了保证注浆过程中的良好泵送性能，浆液的初凝时间也不能过短。对于注浆现场施工而言，浆液从拌制到泵送的时间间隔一般为 20~30 min，因此可取 30 min 为初凝时间的目标下限，在此基础上尽可能实现快速胶凝。浆液初凝时间试验结果见表 3-14。从表中可以看出浆液的初凝时间随不同的试验配比呈现出比较大的变化，大概在 3~140 min 范围内波动，这说明试验中 4 个水平因素对浆液的凝结时间均有一定程度的影响。

表 3-14 浆液凝结时间极差分析

因素 编号	A 水灰比	B 速凝剂/%	C 高分子材料/%	D 减水剂/%	初凝时间 /min
1	0.6 : 1	0	0	0	51
2	0.6 : 1	4	1	0.4	22
3	0.6 : 1	8	2	0.8	3
4	0.6 : 1	12	4	1	25
5	0.8 : 1	0	1	0.8	126
6	0.8 : 1	4	0	1	112

续表3-16

编号 \ 因素	A 水灰比	B 速凝剂/%	C 高分子材料/%	D 减水剂/%	初凝时间 /min
7	0.8∶1	8	4	0	34
8	0.8∶1	12	2	0.4	19
9	1∶1	0	2	1	109
10	1∶1	4	4	0.8	77
11	1∶1	8	0	0.4	89
12	1∶1	12	1	0	23
13	1.2∶1	0	4	0.4	135
14	1.2∶1	4	2	0	47
15	1.2∶1	8	1	1	108
16	1.2∶1	12	0	0.8	92
k_1	25.25	105.25	86	38.75	
k_2	72.75	64.5	69.75	66.25	
k_3	74.5	58.5	44.5	74.5	
k_4	95.5	39.75	67.75	88.5	
极差	70.25	65.5	41.5	49.75	
最优配比	A_2	B_4	C_3	D_1	

由表3-14可以看出，水灰比、速凝剂掺量、高分子材料掺量以及减水剂掺量的极差分别为70.25、65.5、41.5、49.75，通过极差大小分析，可得出该试验4个影响因素中水灰比对浆液初凝时间的影响最大，其主次关系为水灰比>速凝剂掺量>高分子材料掺量>减水剂掺量。因此在试验中，应该着重控制水灰比这个因素，同时也应该给予速凝剂掺量一定的重视。考虑到上述目标，一般要求浆液初凝时间应在大于30 min的前提下尽可能小。因此通过本次正交试验可以得到析水率的最优配比为 $A_2B_4C_3D_1$。

除此之外，对测试结果进行单因素分析，还可得到以下结论：水灰比与浆液初凝时间成正比关系，即水灰比越低，浆液初凝时间越短，当水灰比为0.6∶1时浆液的初凝时间达到最小值；速凝剂掺量与浆液初凝时间成反比，即浆液的初凝时间在速凝剂用量最大时达到最小值；高分子材料掺量与初凝时间之间没有明显的线性关系；而减水剂则对高分子材料的凝结有明显的抑制作用，初凝时间随减水剂增加而明显增大。工程中应根据实际要求控制浆液的初凝时间，当需要初凝时间较短时，应在满足流动度的前提下降低水灰比，提高速凝剂掺量；若初凝时间需要较长，则可以通过增加减水剂的掺量来起到缓凝作用。

4. 力学性能测试结果分析

注浆材料的单轴无侧限抗压强度是反映注浆结石体强度的重要指标，在堆积体隧道施工中，一般要求能够在开挖后 4~6 h 达到不少于 0.5 MPa 的抗压强度，且强度应尽可能高。经过标准养护后，浆液结石体的 3 d 抗压强度具体测试结果见表 3-15。由表 3-15 可以看出结石体的抗压强度随不同的试验配比变化较大，大概在 0.5~9.95 MPa 范围内波动，试验中 4 个水平因素对浆液抗压强度均有一定程度的影响。

表 3-17　结石体无侧限抗压强度(3 d)极差分析

编号 因素	A 水灰比	B 速凝剂/%	C 高分子材料/%	D 减水剂/%	抗压强度 /MPa
1	0.6 : 1	0	0	0	6.45
2	0.6 : 1	4	1	0.4	9.95
3	0.6 : 1	8	2	0.8	6.15
4	0.6 : 1	12	4	1	4.55
5	0.8 : 1	0	1	0.8	5.9
6	0.8 : 1	4	0	1	3.45
7	0.8 : 1	8	4	0	3.15
8	0.8 : 1	12	2	0.4	3.45
9	1 : 1	0	2	1	7.25
10	1 : 1	4	4	0.8	1.95
11	1 : 1	8	0	0.4	1.4
12	1 : 1	12	1	0	1.85
13	1.2 : 1	0	0	0.4	4.9
14	1.2 : 1	4	2	0	0.9
15	1.2 : 1	8	1	1	0.5

续表3-17

因素 编号	A 水灰比	B 速凝剂/%	C 高分子材料/%	D 减水剂/%	抗压强度 /MPa
16	1.2 : 1	12	0	0.8	0.8
k_1	6.775	6.125	3.025	3.087	
k_2	3.988	4.062	4.55	4.925	
k_3	3.112	2.8	4.438	3.7	
k_4	1.775	2.663	3.637	3.938	
极差	5	3.462	1.525	1.838	
最优配比	A_1	B_1	C_2	D_2	

　　根据表3-15所示，通过对水灰比、速凝剂掺量、高分子材料掺量以及减水剂掺量的正交试验结果对单轴抗压强度进行极差分析。水灰比、速凝剂掺量、高分子材料掺量以及减水剂掺量的极差分别为5、3.462、1.525、1.838，通过极差大小分析，可得出该试验4个影响因素中水灰比对浆液初凝时间的影响最大，其主次关系为水灰比>速凝剂掺量>高分子材料掺量>减水剂掺量。因此在试验中，应该着重控制水灰比这个因素，同时也应该给予速凝剂掺量一定的重视。在注浆过程中，掌子面前方围岩稳定性随结石体强度的增而增加，注浆结石体强度越高，围岩稳定性越好，因此通过本次正交试验可以得到满足结石体强度要求的最优配比为 $A_1B_1C_2D_2$。

　　除此之外，对测试结果进行单因素分析，还可得到以下结论：水灰比与结石体3 d抗压强度成反比关系，即水灰比越低，结石体抗压强度越高；尽管速凝剂能够显著加快浆液的凝结时间，但在抗压强度的测试中表明，速凝剂掺量在超过8%后与结石体抗压强度呈现出反比关系，意味着过高的速凝剂掺量可能会影响结石体的抗压强度；高分子材料掺量与结石体抗压强度之间呈现出正相关关系，而减水剂掺量则与结石体抗压强度之间无显著的线性关系。实际工程中，浆液结石体应尽早达到一定的强度以保证开挖稳定性，因此应选择较小的水灰比、适中的速凝剂掺量以及较高的高分子材料掺量。

3.4.4　注浆材料最优配比

　　可控高分子注浆材料的最优配比应根据现场实际情况，根据各因素的影响，进行配制。初步拟定现场试验采用如下配比：

①水灰比(0.8∶1)~(1∶1);速凝剂 A 掺量 6%~10%(水泥质量);高分子材料 B 掺量 2%~4%;减水剂 C 掺量 0%~0.4%(水泥质量)。

②若局部灌注易堵管,调整相应配比,具体为降低水灰比、减少速凝剂掺量或增加减水剂掺量。

③若局部灌注较大仍无法起压时,调整相应配比或掺入细砂,砂率为20%~30%。

测试表明,上述最优配比下的注浆材料具有以下性能参数:20 min 后的浆液流动度大于 150 cm;胶凝时间大于现场注浆的泵送时间(30 min);2 h 析水率后低于 5%;4 h 后抗压强度大于 0.5 MPa,28 d 标准养护期后抗压强度不小于2 MPa;渗透系数小于 10^{-5} cm/s。

3.5　典型案例应用研究　>>>

3.5.1　冰水堆积体 ZG 隧道

1. 工程概况

某穿越堆积体的 ZG 隧道为设计速度 160 km/h 的单线铁路隧道，隧道全长 8755 m，最大埋深约 778 米。隧道 DK166+915~DK167+830 段洞身穿越全长 915 m 的堆积体地层，地层平均厚度大于 50 m，沟槽中心局部地段厚度大于 75 m。隧道埋深位置碎块石土层粒度组成范围广，主要以巨颗粒和粗颗粒为主，地层孔隙率较高，土石间胶结程度低，地层稳定性较差。同时，该段地下水水位埋深较浅，为 27~51 m，且富水季节地下水量丰富，易在松散地层中形成导水通道，加剧了地层失稳坍塌的风险，对隧道的长期运营带来安全隐患。为确保隧道穿越堆积体地层时的施工建设安全，有必要对隧道围岩进行超前加固；同时，为了保证施工稳定、施工效率以及经济成本的综合目标，需要对加固范围进行设计，并对加固方案进行比选研究。

2. 堆积体隧道围岩加固范围确定

依据本书 3.2 小节所提出的堆积体地层细观识别技术，得到了工程区间的平均含石率约为 25%；结合本书 3.3 小节所提出的局部粗粒化离散元隧道开挖计算分析方法，以此为计算工况，采用平行黏结接触模型（Linear Parallel Bond Model）实现围岩加固的模拟。如本书 3.3.2 与 3.3.3 小节所述，堆积体地层在隧道开挖卸载的初期便形成了沿隧道轮廓全环分布的松动破坏区，因此注浆加固应设计为全环范围；在全环范围的基础上，进一步讨论注浆加固区域沿径向厚度的选择。围岩加固区域的细观接触参数见表 3-16，数值计算方案如图 3-26 所示。

表 3-16　数值模型的细观力学参数

介质	有效模量	刚度比	摩擦系数	黏结法向刚度	黏结切向刚度	黏结抗拉强度	黏结抗剪强度	黏结摩擦角
围岩加固体	$1.0×10^9$	1.0	1.0	$1.0×10^9$	$1.0×10^9$	$1.0×10^6$	$1.0×10^6$	45

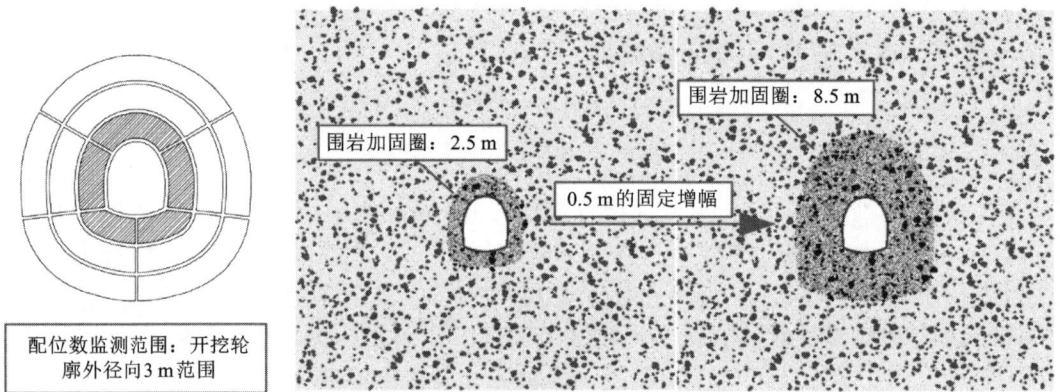

图 3-26　加固圈厚度计算方案

如图 3-27 所示，当全环加固后，开挖后的颗粒之间的配位数损失显著减小，说明围岩的松动破坏得到抑制。随着加固圈径向厚度的逐渐增大，配位数损失程度逐渐减小，但变化幅度也随之降低。当加固圈径向厚度大于 4.5 m 之后，配位数损失的变化逐渐趋于收敛。但另一方面，随着加固圈径向厚度的增大，加固面积逐渐增大。因此，可以认为在 ZG 隧道堆积体段落，当加固圈径向厚度大于 5.5 m 后，厚度继续增大的加固圈并不能带来围岩稳定性的显著强化，反而给工程经济及时间成本带来了越来越多的浪费。因此，在本工程应用研究中，拟选取开挖轮廓外径向 5 m 为兼顾加固效果与工程成本的全断面加固最优范围。同时，对于全断面加固效果薄弱地段，应对拱部范围进行补强加固。

3. 隧道围岩加固方案与效果分析

基于上述分析，针对 ZG 隧道堆积体在富水季节的稳定性问题，采用"全断面帷幕注浆+超前管棚+小导管"的注浆加固方案。其中围岩预加固以全断面帷幕注浆为主，局部注浆效果薄弱地段采用超前小导管补强，同时为了防止松动区内的剪切楔形体或较大块石发生脱落、塌方，采用超前管棚对段落内进行拱部范围机

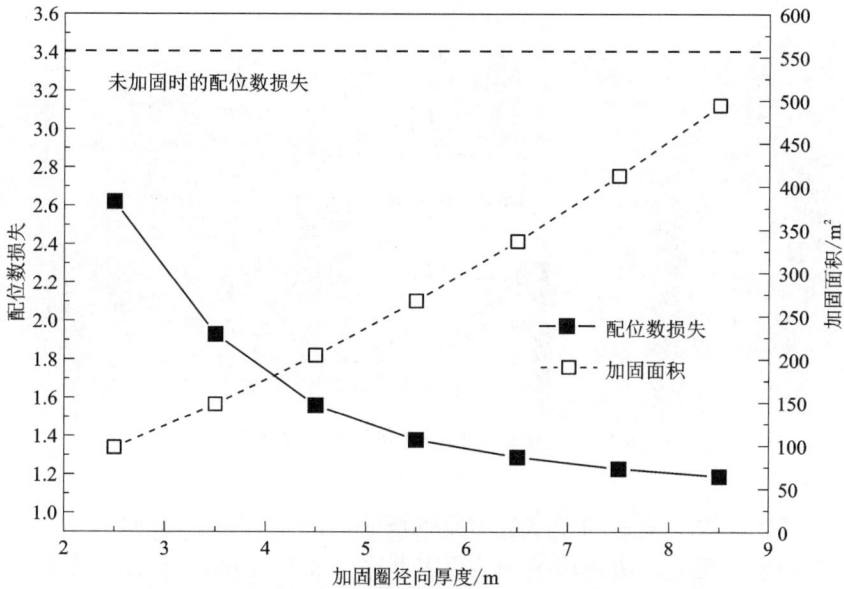

图 3-27　配位数损失随加固圈径向厚度的变化规律

械支护。另一方面，考虑到藏东南地区旱、雨季分明，旱季地表水呈枯水状态，堆积体围岩稳定性与富水季节相比较高，为提高施工效率，在枯水季节采用"超前管棚+小导管"的拱部预支护措施。考虑季节差异的预支护方案实施后，开挖时均采用小断面三台阶方法进行开挖施工，使隧道高效安全地通过堆积体地段。

1）超前帷幕注浆

考虑到富水季节松散地层中的导水通道强烈发育，超前帷幕注浆的加固方法旨在形成一道包围隧道开挖轮廓线外一定范围的止水帷幕，以减少地下水入渗，降低块石骨架间细颗粒在地下水冲蚀作用下的流失，并预防地下水对开挖面附近围岩的软化作用；同时，通过一定压力下的挤密注浆可以有效压密、填充块石骨架以及骨架间的细颗粒，达到加固围岩的效果，减小后期开挖、支护过程中的坍塌风险。

超前帷幕注浆设计为注浆范围覆盖开挖轮廓线外 5 m 内，注浆段落延掘进方向长 30 m，其中开挖支护段落 25 m，止浆墙 5 m，帷幕注浆断面分台阶进行。根据隧道围岩情况，对 DK166+915～DK167+830 段落内进行 3 次帷幕注浆，每次帷幕注浆分 7 环实施，每环孔数依次为 37，31，25，18，12，6，1。其中，第一、二环为补充注浆，第三至七环为终孔注浆。全断面布孔共计 130 个。其中，单孔有效扩散半径为 2 m，同一断面相邻孔间距不大于 3 m。注浆断面如图 3-28 所示。

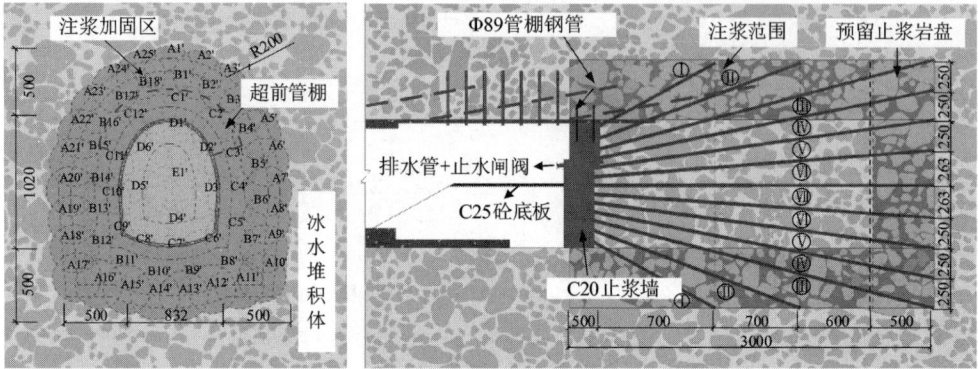

图 3-28　全断面帷幕注浆加固方案示意图

本次堆积体段落隧道围岩注浆的原则按照"先外后内，自下而上、间隔跳孔"进行。外圈眼的功能以快速堵水为主，因此采用凝结速度较快的普通水泥-水玻璃双液浆进行灌注；内圈眼的功能主要为围岩挤密加固，因此应该根据超前钻孔勘探得到的水文地质条件，若围岩松散破碎，则选择快硬硫铝酸盐水泥单液浆，若土石胶结情况良好，整体稳定性强，则选择普通水泥单液浆。注浆时，注浆压力为 1.5~2.0 MPa，水玻璃波美度为 40°Bé。浆液配比参数见表 3-17。

表 3-17　预注浆材料参数

名称	浆液配比		备注
	W：C(水灰比)	C：S(体积比)	
快硬硫铝酸盐水泥单液浆、普通水泥单液浆	(0.6~0.8)：1	—	根据钻孔地质及出水情况进行选择
普通水泥-水玻璃双液浆	(0.8~1)：1	1：0.8	

2) 超前管棚注浆加固

为防止隧道开挖过程中发生塌方、掉块等现象，隧道拱部 144°范围布设长管棚作为超前支护，管棚钢管为 φ89×6 mm 热轧无缝钢管，每隔 6.4 m 设置 1 环，每环设 27 根钢管, 钢管长 10 m, 相邻钢管环向间距 40 cm, 管棚外插脚 10°~15°, 如图 3-29 所示。管棚钢管上钻注浆孔, 直径 10~16 mm, 孔纵向间距 10~20 cm, 呈梅花形布置, 尾部留不小于 100 cm 的无钻孔止浆段。注浆采用隔孔压浆法。

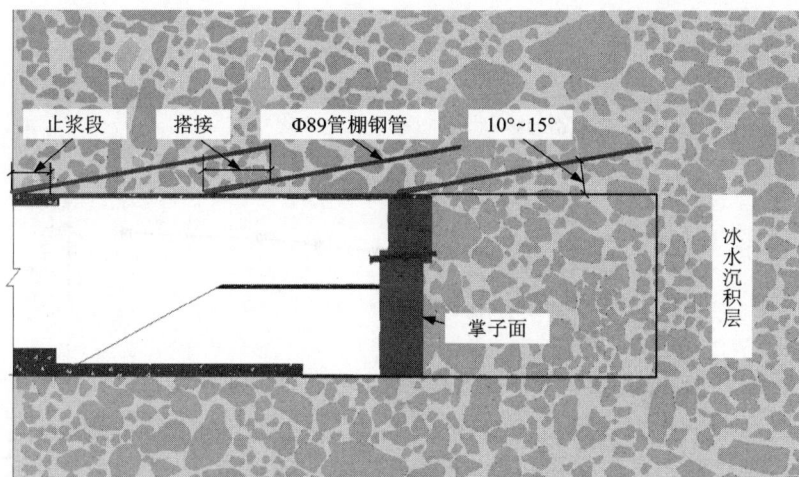

图 3-29　超前管棚支护方案示意图

注浆材料为水泥浆液, 水灰比为 (0.5 : 1) ~ (1 : 1), 注浆压力为 0.5 ~ 1.0 MPa。根据施工经验, 注浆顺序为由下而上、由墙角向拱顶顺序间隔施作。在注浆过程中, 单孔注浆结束标准应包括: 注浆压力逐步升高, 达到终止压力后继续注浆 10 min 以上; 单孔的注浆量至少为 80% 的设计注浆量; 注浆速率降低至初始注浆速度的 1/4 以下。当所有注浆孔均已符合单孔结束条件, 无漏注现象, 即达到全段注浆结束标准。

3) 注浆加固效果分析

注浆结束后, 在主要出水点附近打设检查孔, 检查孔数量为总注浆孔数 5%~10%, 检查孔长度应覆盖注浆段长。经察看检查孔成孔较好, 未塌孔, 无涌水涌泥。隧道开挖后, 在帷幕注浆段拱部钻设 3 个径向检查孔, 孔深 4 m, 钻孔直径 50 mm, 检查孔成孔较好。对检查孔出水量进行测定, 单孔出水量需小于 0.15 L/ (m · min), 若大于 0.15 L/ (m · min), 则进行径向补充注浆, 直至每孔出水量满足要求为止。测定结果显示, 所有检查孔出水量均满足要求。此外, 在掌子面拱顶、拱腰、隧底附近钻芯取样, 发现芯样中浆液分布较均匀, 加固脉络明显, 土石间充填效果较好, 测得浆液的扩散半径为 2.0~2.5 m, 满足设计施工要求。

　　除此之外，在施工过程中，对 ZG 隧道的拱部沉降以及上、下台阶径向收敛值进行实时监测。选取加固前与加固后的两典型断面拱顶沉降时间曲线进行分析，其结果如图 3-30 所示。可以看出，DK167+335 断面（帷幕注浆加固）的初期沉降速率以及沉降最大值均显著小于 DK167+555 断面（未加固），因此可以认为，全断面帷幕注浆的加固方式对于堆积体地层稳定性起到的显著的积极作用。

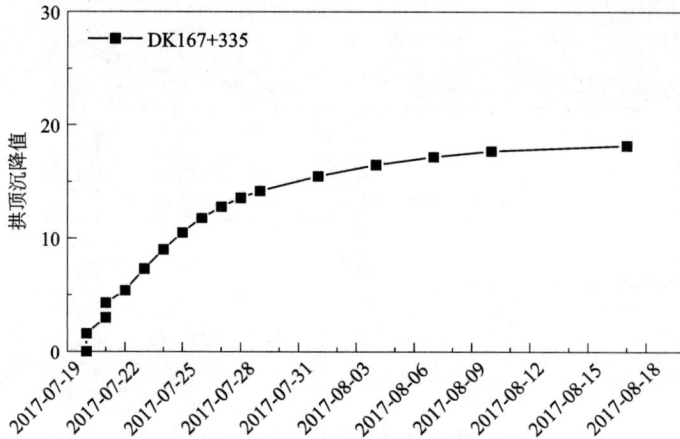

(a) 帷幕注浆加固断面

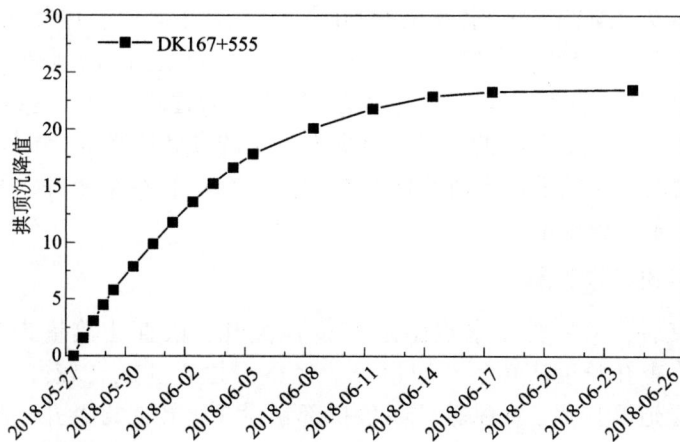

(b) 未进行帷幕注浆加固断面

图 3-30　有无帷幕注浆加固断面在雨季的沉降变化对比

3.5.2　坡积体 LDL 隧道

1. 工程概况

某高速公路 LDL 隧道设计布置形式为两车道分离式双洞隧道，左右幅隧道中线距离为 29.6~30.0 m，隧道最大埋深为 250 m。隧道出口段属 V1 级围岩，岩层穿越风化玄武岩坡积层，地层结构松散，隧道掘进施工扰动下拱部掌子面围岩易出现块石脱落及局部坍塌等现象，存在较高的稳定性风险。隧道设计采用拱顶 120°范围内超前小导管预注浆加固，注浆材料为 1:1 纯水泥浆。实际注浆过程中，浆液往往沿块石间大孔隙路径发生窜浆、跑浆情况，注浆压力难以达到设计要求，围岩加固效果并不理想，开挖后一周内初期支护结构拱部沉降监测值达到 49.8 mm，接近沉降限制值，加固后的隧道围岩变形仍未得到有效控制。因此，依托本隧道的工程背景，采用本书 3.4 小节所开发的可控水泥基高分子注浆材料进行材料改进与优化，以期实现理想的隧道围岩加固效果。

2. 堆积体隧道注浆施工参数

采用本书 3.4 小节所开发的可控水泥基高分子注浆材料进行隧道超前小导管注浆加固，施工过程中采用的浆液配比与工艺参数具体如下：

1）浆液配比

注浆浆液为可控水泥基高分子注浆材料，水灰比为 1:1，水泥为 42.5R 普通硅酸盐水泥，速凝剂 A 的波美度为 40~45°Bé，速凝剂 A 掺量为水泥质量的 8%，高分子材料 B 掺量为水泥质量的 2%，减水剂 C 掺量为水泥质量的 0.2%。其中，各项添加剂都是液体材料，现场加水配制成相应浓度后备用。松散堆积体地层孔隙率较大，为使受注体注浆效果较好，浆液浓度应该先稀后浓。

2）注浆压力

松散堆积体地层孔隙率较大，刚开始注浆时压力较难上升，压力一般都较小，根据现场注浆试验和相关注浆施工经验，确定终止注浆压力取 1.5 ~ 2.0 MPa。

3）注浆孔布设

隧道采用的小导管直径为 42 mm，壁厚为 4 mm 的钢管，单根长度为 4.5 m，在拱部左右各 60°范围布设注浆孔，每个断面共计 45 根小导管，各注浆孔的环向间距设置为 0.3 m，打入仰角控制为 5° ~ 15°，小导管布设的纵向间隔为 5 榀钢架，纵向搭接长度为 1.5 m。小导管的前端布置有注浆孔，孔径为 $\phi 8$ mm，孔间距为 15 cm。现场发现堆积体地层中进行钻孔时，容易遇到孤石，钻进较为困难，钻进时可适当调整位置或加补超前小导管根数。

3. 注浆加固效果分析

注浆结束 3 h 后，对试验断面进行开挖，观察浆液与岩体胶结后形成的浆脉，具体如图 3-31 所示。可以看出，注浆结束 3 h 后浆液已凝结形成结石体，浆液能够有效充填粗颗粒土体与块石之间的天然孔隙，并在块石之间形成了良好胶结；开挖过程中掌子面表现出良好的稳定性，未发生局部掉块与坍塌。这些特征均说明地层得到了良好的预加固，可控水泥基高分子注浆材料在堆积体地层之中具有理想的加固效果。

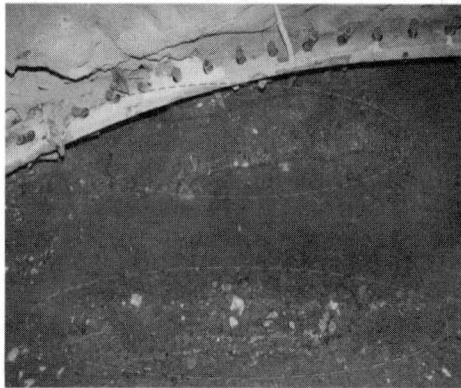

(a) 掌子面揭露的浆脉

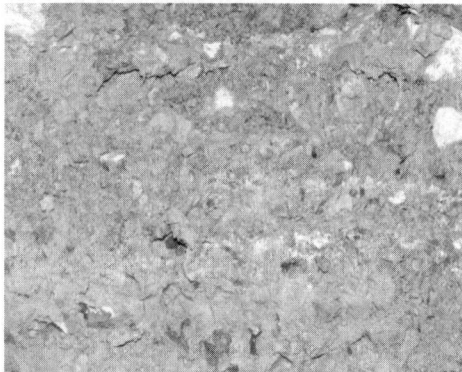

(b) 土石孔隙间的结石体

图 3-31　LDL 隧道注浆加固效果

除此之外，对采用可控水泥基高分子注浆材料的试验断面进行围岩变形监测，并与采用传统水泥浆的断面进行对比。不同断面的拱顶沉降监测结果如图 3-32 所示。由图可知，采用传统水泥基浆液注浆的断面 1 最大沉降为 49.20 mm，拱顶沉降在开挖 18 d 后趋于稳定；采用可控水泥基高分子注浆材料的断面 2、断面 3 表现出相似的变形特性，最大沉降约为 36.2 mm，拱顶沉降在开挖 14 d 后趋于稳定。监测结果说明，改善后的注浆材料能够有效抑制围岩变形速率与累计变形量，在松散堆积体隧道围岩加固中取得了理想的加固效果。

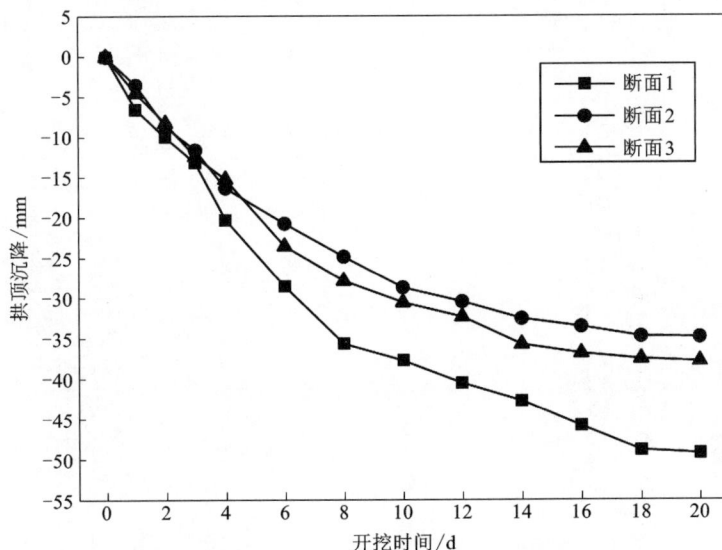

图 3-32　不同注浆材料加固后的隧道围岩变形对比

第4章

岩溶区突涌水隧道注浆封堵机理与关键技术

4.1　引言

>>>

　　随着"一带一路""交通强国"等战略的实施,我国交通基础设施建设进入井喷期,并逐渐向西南部等地区延伸。由于我国西南地区地质条件复杂多变,新建线路逐渐呈现出施工环境更恶劣、地质条件更复杂、灾害事故更频发等鲜明特点,因此隧道工程在修建过程中面临着诸多不良地质条件带来的全新挑战。特别是岩溶地区隧道突涌水灾害,因具有突发性高、致灾能力强、持续时间长以及灾后处置困难等特征,已逐渐成为制约我国交通基础建设发展的瓶颈问题。

　　目前,注浆工法是现阶段岩溶区隧道突涌水灾害防控最有效的技术手段。然而,受限于岩溶地质条件的诸多不确定性、注浆封堵机理认知的滞后性以及传统注浆封堵材料适用性不足,致使岩溶区隧道突涌水注浆封堵施工仍以经验性为主,后续隧道施工时极易诱发二次涌水,造成重大经济损失和人员伤亡。因此,针对岩溶区高压突涌水隧道的复杂情况,开展岩溶区隧道突涌水注浆封堵材料研发与封堵机理研究,是确保后续岩溶区隧道安全高效开挖的必要条件,也是国家重大基础工程施工中亟须解决的难题。

4.2　岩溶区隧道突涌水注浆封堵材料研发

>>>

　　注浆材料对注浆封堵的成败有着决定性作用。注浆堵水之所以能够起到封堵作用，主要是注浆封堵材料在注浆过程中胶凝固化形成浆液封堵体堵塞导水通道，进而起到封堵效果。目前，化学注浆材料和水泥基注浆材料是现阶段注浆封堵最常用的两大类浆材。其中，化学注浆材料存在造价高、后期强度不足等问题，而水泥基材料虽价格低廉、后期强度高，但存在抗分散性差、浆液封堵体体积收缩以及早期强度起效慢等问题。为此，若以化学有机材料与无机水泥材料相结合，不仅能改善浆液封堵体体积收缩及早期强度起效问题，同时聚合物与水泥颗粒间的黏结，也能提高浆液动水抗分散性能及浆液后期强度，还能降低注浆材料成本。

　　鉴于此，首先基于正交试验方法，研制一种突涌水高效封堵膨胀注浆材料；其次，通过极差分析法分析不同因素影响下浆液的性能变化规律，并采用矩阵分析法求解突涌水高效封堵膨胀注浆材料的最优配合比；最后，通过分析最优配合比浆液形成的注浆封堵体微观特征及材料反应机理，揭示注浆封堵材料的作用机制。研究成果可为后续岩溶区隧道突涌水注浆封堵机理研究提供材料支持。

4.2.1　材料研发试验设计

1.原料选取及合成

1）原料选取

通过文献调研与前期材料配制试验，最终选取了异氰酸酯、聚醚多元醇、催化剂、水泥四种原材料，具体见表4-1。

表 4-1　主要合成原材料

材料	属性	外观
异氰酸酯	颜色：棕色透明液体 黏度：196 mPa·s 异氰酸根含量：31.26% 密度：1.233 g/cm³	
聚醚多元醇	颜色：无色透明液体 黏度：66 mPa·s 羟值：312.97 mgKOH/g 密度：1.095 g/cm³	
催化剂	颜色：无色透明液体 黏度：63.7 mPa·s 密度：1.094 g/cm³	
水泥	P·O 42.5 普通硅酸盐水泥 水泥细度通过 80 μm 方孔筛的筛余量不大于 5%	

2）合成步骤

①按配比称取异氰酸酯，置于容器中，作为 A 组分。

②按配比称取多元醇和水泥置于容器中，并用玻璃棒充分搅拌 60 s，至其混合均匀后再加入催化剂充分搅拌 30 s，作为 B 组分。

③将 A 组分与 B 组分互相倒入混合 10 s 制备成突涌水高效封堵膨胀注浆材料（EPEM），制备过程如图 4-1 所示。

2. 正交试验设计

本正交试验方案设计中，选取醇酯比、水泥掺量、催化剂掺量 3 个试验影响因素，且每个因素对应 4 个水平，采用 L16(3⁴) 正交表，共进行 16 组试验。根据文献调研和前期试配试验，确定醇酯比（醇酯比为多异氰酸酯与聚醚多元醇比

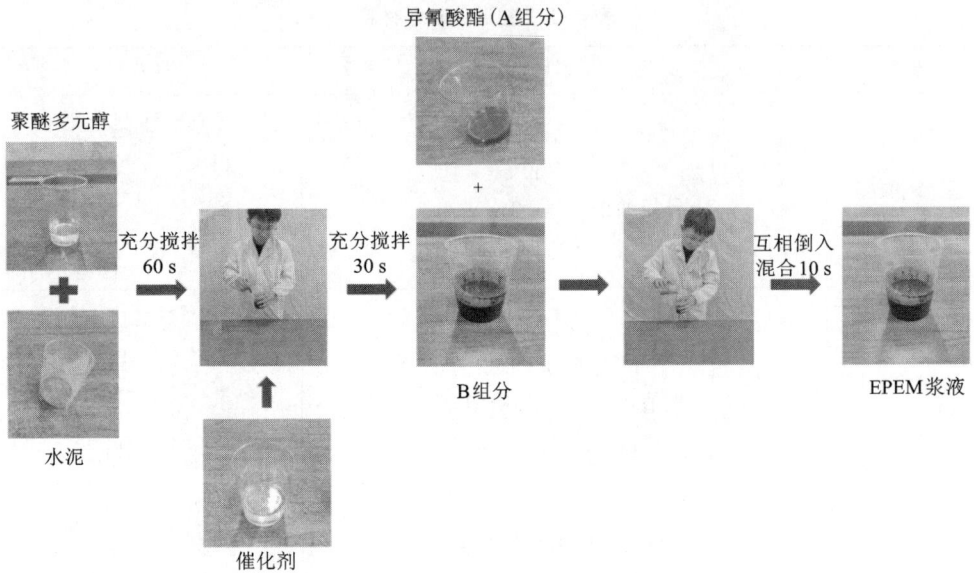

图 4-1　EPEM 制备流程图

值)为 0.9∶1、1∶1、1.1∶1、1.2∶1;水泥掺量(占异氰酸酯与聚醚多元醇总量的比例)为 50%、60%、70%、80%;催化剂掺量(占多异氰酸酯与聚醚多元醇总量的比例)为 1%、2%、3%、4%。正交试验各组配比见表 4-2。

表 4-2　正交试验配比

序号	醇酯比	水泥掺量/%	催化剂掺量/%
T1	0.9∶1	50	1
T2	0.9∶1	60	2
T3	0.9∶1	70	3
T4	0.9∶1	80	4
T5	1∶1	50	2
T6	1∶1	60	1
T7	1∶1	70	4
T8	1∶1	80	3
T9	1.1∶1	50	3

续表4-2

序号	醇酯比	水泥掺量/%	催化剂掺量/%
T10	1.1∶1	60	4
T11	1.1∶1	70	1
T12	1.1∶1	80	2
T13	1.2∶1	50	4
T14	1.2∶1	60	3
T15	1.2∶1	70	2
T16	1.2∶1	80	1

3.性能测试方案

1)遇水反应时间

浆液遇水反应时间直观地反映了 EPEM 的抗冲刷性能。遇水反应时间是指浆液遇水到开始发泡膨胀所经历的时间。具体试验步骤如下:

①准确称取异氰酸酯 15 g,置于容器中,作为 A 组分。

②按正交试验配比称取多元醇和水泥,置于容器中,用玻璃棒充分搅拌 60 s,至其混合均匀后再加入催化剂,用玻璃棒充分搅拌 30 s,作为 B 组分。

③将 A 组分与 B 组分互相倒入混合 10 s 后倒入水中后开始计时,同时观察混合体系的液面变化。

④观察到液面开始上升时,停止计时,此时秒表上记录的时间即为遇水反应时间。如图 4-2 所示。

2)胶凝时间

浆液胶凝时间是反映 EPEM 封堵能力的重要指标。胶凝时间是指封堵注浆材料由液态变为凝胶体所经历的时间。具体试验步骤如下:

①按配比称取多异氰酸酯 15 g,置于一次性塑料杯中,作为 A 组分。

②按正交试验配比称取多元醇和水泥,置于容器中,用玻璃棒充分搅拌 60 s,至其混合均匀后再加入催化剂,用玻璃棒充分搅拌 30 s,作为 B 组分。

③将 A 组分与 B 组分互相倒入混合 10 s 后倒入水中后开始计时,同时观察混合体系的液面变化。

④待液面停止上升时,反应完成,停止计时,此时秒表上记录的时间即为胶凝时间。如图 4-3 所示。

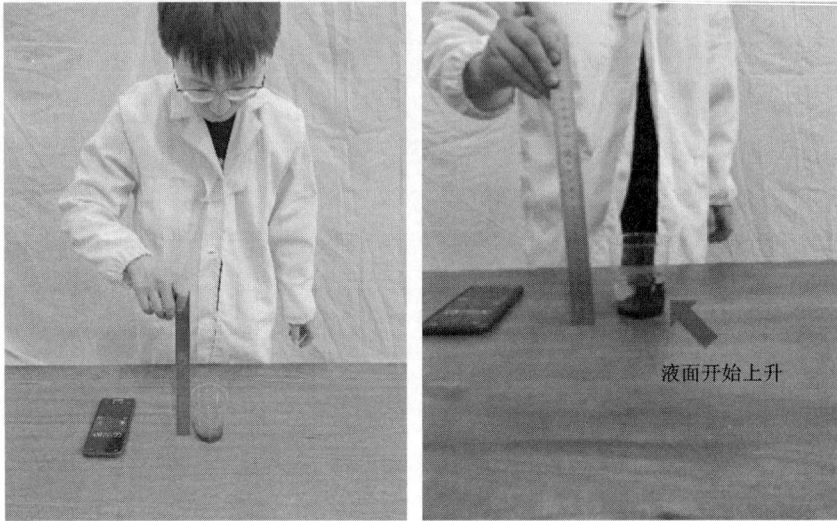

液面开始上升

图4-2　遇水反应时间测试

3）体积膨胀率

浆液的体积膨胀倍率是反映 EPEM 膨胀性能的重要指标。膨胀型注浆封堵材料与水反应后会发泡造成体积膨胀，反应完成后的胶凝体体积相对于原浆液的体积增长率，即为注浆材料的膨胀率。具体试验步骤如下：

①准确称取异氰酸酯 15 g，置于容器中，作为 A 组分。

②按正交试验配比称取多元醇和水泥，置于容器中，用玻璃棒充分搅拌 60 s，至其混合均匀后再加入催化剂，用玻璃棒充分搅拌 30 s，作为 B 组分。

③将 A 组分与 B 组分互相倒入混合 10 s 后倒入水中待反应完成后，取出胶凝体。

④根据多异氰酸和多元醇的密度，计算出反应原材料的总体积 V_1。

⑤取 500 mL 烧杯并加水使其达到溢水位，将胶凝体完全浸没于烧杯中，等待水面恢复平静后，将溢出的水用量筒进行测量，体积记为 V_2。如图 4-4 所示。膨胀率按下式计算：

$$S = \frac{V_2 - V_1}{V_1} \tag{4-1}$$

式中：S 为膨胀率；V_1 为原浆液总体积；V_2 为胶凝体体积。

4）抗压强度

抗压强度是反应 EPEM 封堵体力学性质重要的指标。具体试验步骤如下：

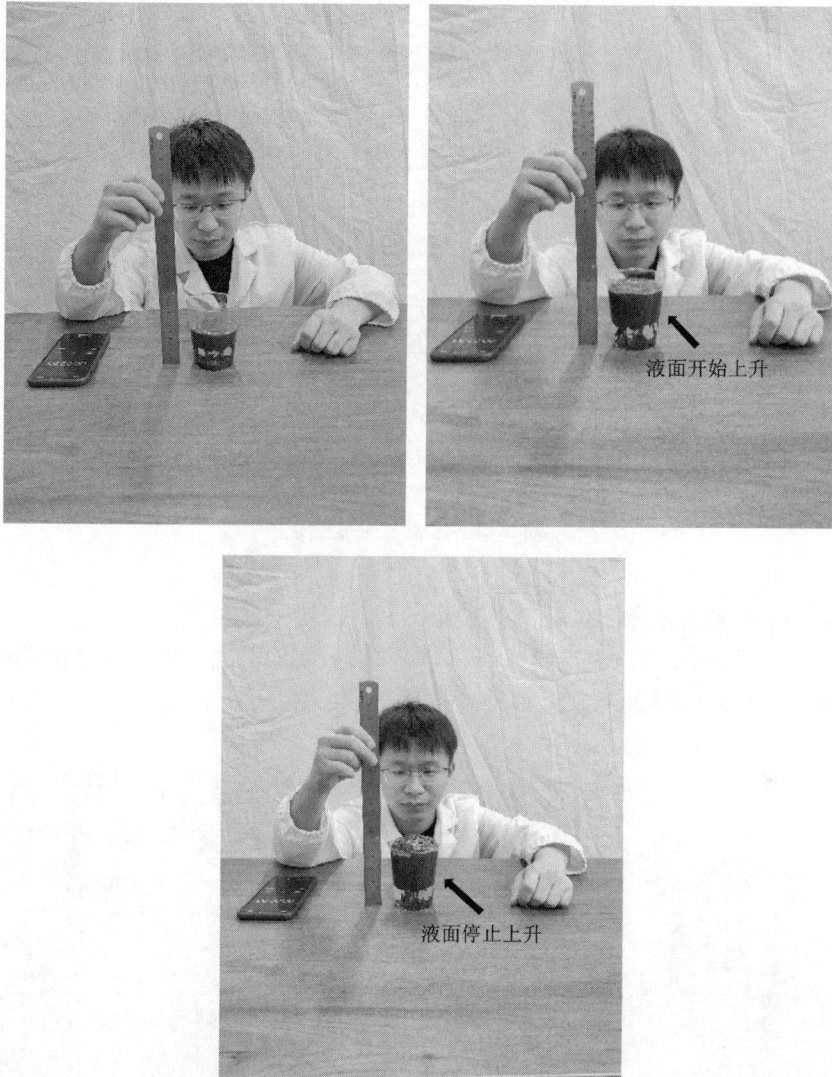

图 4-3 胶凝时间测试

①准确称取异氰酸酯 15 g，置于容器中，作为 A 组分。

②按正交试验配比称取多元醇和水泥，置于容器中，用玻璃棒充分搅拌 60 s，至其混合均匀后再加入催化剂，用玻璃棒充分搅拌 30 s，作为 B 组分。

③将 A 组分与 B 组分互相倒入混合 10 s 后立即倒入试模（$\phi 50 \times 100$ mm）中，用封盖旋紧另一端。整个操作过程在 60 s 内完成。

④反应完成后打开试模两端的封盖，使用脱模机顶出固结体。

图 4-4　体积膨胀率测试

⑤用砂纸将试样表面打磨平整，放入水中养护 1 h、7 d。

⑥试样用 EHC-3100 万能试验机进行抗压强度测试，加载速度为 500 N/s，以压缩应变为 30% 时的荷载进行计算抗压强度。如图 4-5 所示。

图 4-5　抗压强度测试

5) 黏结强度

黏结强度是反映 EPEM 封堵体黏结能力的重要指标,若黏结强度过低,在高水压情况下封堵体易被冲走,造成堵水失效。具体试验步骤如下:

①准确称取异氰酸酯 15 g,置于容器中,作为 A 组分。

②按正交试验配比称取多元醇和水泥,置于容器中,用玻璃棒充分搅拌 60 s,至其混合均匀后再加入催化剂,用玻璃棒充分搅拌 30 s,作为 B 组分。

③将 A 组分与 B 组分互相倒入混合 10 s 后均匀涂抹在"8"字形水泥砂块断裂面上,厚度控制为(0.5~0.7) mm,涂抹后迅速将试件按原件对接好。

④将试样放在温度为(25±3) ℃水中分别养护 1 h、7 d 后进行抗拉黏结试验,加荷速度为 100 N/s。试验操作过程如图 4-6 所示。

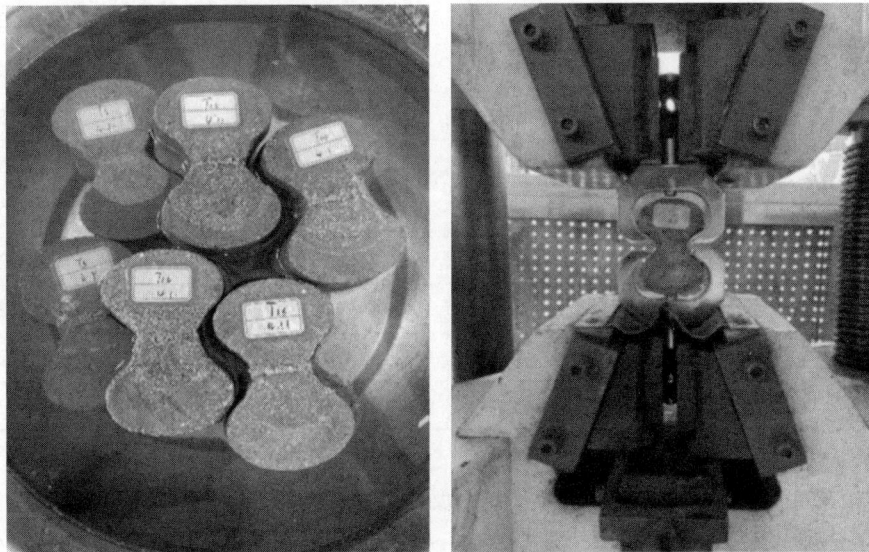

图 4-6 黏结强度测试

4.2.2 材料性能测试结果分析

材料的性能测试结果见表 4-3,下表中 t 为浆液遇水反应时间;T 为浆液胶凝时间;S 为浆液体积膨胀率;C_{1h} 为浆液养护 1 h 后的无侧限抗压强度,C_{7d} 为浆液养护 7 d 后的无侧限抗压强度;F_{1h} 为浆液养护 1 h 后的黏结强度,F_{7d} 为浆液养护 7 d 后的黏结强度。

表 4-3　材料性能测试结果

试验组号	t/s	T/s	$S/\%$	抗压强度 C/MPa		黏结强度 F/MPa	
				C_{1h}	C_{7d}	F_{1h}	F_{7d}
T1	11	91	600	0.62	0.72	0.39	0.54
T2	6.5	42	467	0.59	0.69	0.31	0.44
T3	1.5	25	377	0.56	0.67	0.20	0.36
T4	0.5	20	367	0.55	0.66	0.16	0.29
T5	3.5	30	497	0.58	0.71	0.39	0.58
T6	13	71	613	0.62	0.73	0.18	0.39
T7	0.5	17	407	0.41	0.51	0.13	0.34
T8	1	23	403	0.53	0.60	0.10	0.22
T9	0.5	22	563	0.44	0.62	0.34	0.42
T10	0.5	15	520	0.43	0.57	0.18	0.39
T11	6	84	527	0.63	0.77	0.21	0.34
T12	5	40	477	0.55	0.63	0.13	0.23
T13	0.5	19	667	0.41	0.50	0.19	0.27
T14	4.5	23	580	0.48	0.61	0.18	0.21
T15	6	42	483	0.56	0.66	0.20	0.26
T16	1	86	453	0.63	0.74	0.17	0.20

由表 4-3 可知，各试验组浆液遇水反应时间处于 0.5~13 s；浆液胶凝时间处于 15~91 s；浆液体积膨胀率处于 367%~667%；浆液封堵体 1 h 抗压强度处于 0.41~0.63 MPa；浆液封堵体 7 d 抗压强度处于 0.50~0.77 MPa；浆液封堵体 1 h 黏结强度处于 0.17~0.39 MPa；浆液封堵体 7 d 黏结强度处于 0.20~0.58 MPa。结合注浆封堵材料性能要求可知，以上 16 个试验组浆液的各项性能指标试验值全部包含注浆封堵材料性能要求值区间，表明本次正交试验设计合理，可通过对所得数据的进一步分析得到 EPEM 的最优配比。

1. 遇水反应时间

浆液的遇水反应时间试验结果的直观分析结果见表 4-4。

表 4-4 浆液遇水反应时间测试结果直观分析

影响因素	浆液遇水反应时间				
	k_1	k_2	k_3	k_4	极差 R
醇酯比	4.88	4.50	3.00	5.25	2.25
水泥掺量	3.88	6.13	3.50	4.13	2.63
催化剂掺量	10.00	5.25	1.88	0.50	9.50

注：k_i 表示各影响因素水平号为 i 时对应试验结果总和的算术平均值。

由表 4-4 可知，浆液的遇水反应时间随着不同的试验配比呈现较大的变化，主要集中在 0.5~13 s，表明醇酯比、水泥掺量、催化剂掺量均对浆液的遇水反应时间有一定程度的影响。醇酯比、水泥掺量、催化剂掺量的极差分别为 2.25、2.63、9.50，通过比较各影响因素极差值大小可知，对浆液遇水反应时间影响最大的因素是催化剂掺量，其影响显著程度排序为催化剂掺量>水泥掺量>醇酯比。因此，在注浆封堵施工过程中应着重控制催化剂掺量因素，同时也应给予水泥掺量一定的重视。

2. 胶凝时间

浆液胶凝时间试验结果的直观分析结果见表 4-5。

表 4-5 浆液胶凝时间测试结果直观分析

影响因素	浆液胶凝时间				
	k_1	k_2	k_3	k_4	极差 R
醇酯比	44.50	35.25	40.25	42.50	9.25
水泥掺量	40.50	37.75	42.00	42.25	4.50
催化剂掺量	83.00	38.50	23.25	17.75	65.25

由表 4-5 可知，浆液的胶凝时间随着不同的试验配比呈现较大的变化，主要集中在 15~91 s，表明醇酯比、水泥掺量、催化剂掺量均对浆液的胶凝时间有一定程度的影响。醇酯比、水泥掺量、催化剂掺量的极差分别为 9.25、4.50、65.25，通过比较各影响因素极差值大小可知，对浆液胶凝时间影响最大的因素为催化剂掺量，其影响显著程度排序为催化剂掺量>醇酯比>水泥掺量，因此在浆液配制中应重点关注催化剂掺量，同时也应给予醇酯比一定的重视。

3. 体积膨胀率

浆液体积膨胀率试验结果的直观分析结果见表4-6。

表4-6　浆液体积膨胀率测试结果直观分析

影响因素	浆液胶凝时间				
	k_1	k_2	k_3	k_4	极差 R
醇酯比	452.75	480.00	521.75	545.75	93.00
水泥掺量	581.75	545.00	448.50	425.00	156.75
催化剂掺量	548.25	481.00	480.75	490.25	67.50

由表4-6可知，浆液的体积膨胀率随着不同的试验配比呈现较大的变化，主要集中在367%~667%，表明醇酯比、水泥掺量、催化剂掺量均对浆液的胶凝时间有一定程度的影响。醇酯比、水泥掺量、催化剂掺量的极差分别为93.00、156.75、67.50，通过比较各影响因素极差值大小可知，对浆液遇水反应时间影响最大的因素是水泥掺量，其影响显著程度排序为醇酯比掺量>水泥掺量>催化剂掺量，因此在注浆封堵施工过程中应着重控制水泥掺量因素，同时也应给予醇酯比一定的重视。

4. 抗压强度

1)1 h 无侧限抗压强度

封堵体1 h无侧限抗压强度试验结果的直观分析结果见表4-7。

表4-7　封堵体1 h无侧限抗压强度测试结果直观分析

影响因素	封堵体1 h无侧限抗压强度				
	k_1	k_2	k_3	k_4	极差 R
醇酯比	0.580	0.535	0.513	0.521	0.067
水泥掺量	0.512	0.531	0.540	0.565	0.053
催化剂掺量	0.625	0.570	0.503	0.450	0.176

由表4-7可知，封堵体的抗压强度随着不同的试验配比呈现较大的变化，主

要集中在 0.41~0.62 MPa，表明醇酯比、水泥掺量、催化剂掺量均对封堵体抗压强度有一定程度的影响。醇酯比、水泥掺量、催化剂掺量的极差分别为 0.067、0.053、0.176，通过比较各影响因素极差值大小可知，催化剂对封堵体 1 h 的抗压强度影响最大，其影响显著程度排序为催化剂>醇酯比掺量>水泥掺量，因此在注浆中应着重控制催化剂这个因素，同时也应给予醇酯比一定的重视。

2) 7 d 无侧限抗压强度

封堵体 7 d 无侧限抗压强度试验结果的直观分析结果见表 4-8。

表 4-8　封堵体 7 d 无侧限抗压强度测试结果直观分析

影响因素	封堵体 7 d 无侧限抗压强度				
	k_1	k_2	k_3	k_4	极差 R
醇酯比	0.685	0.638	0.648	0.628	0.058
水泥掺量	0.638	0.650	0.653	0.658	0.020
催化剂掺量	0.740	0.673	0.625	0.560	0.180

由表 4-8 可知，封堵体的抗压强度随着不同的试验配比呈现较大的变化，主要集中在 0.50~0.77 MPa，表明醇酯比、水泥掺量、催化剂掺量均对封堵体抗压强度有一定程度的影响。醇酯比、水泥掺量、催化剂掺量的极差分别为 0.058、0.020、0.180，通过比较各影响因素极差值大小可知，催化剂对封堵体 7 d 的抗压强度影响最大，其影响显著程度排序为催化剂掺量>醇酯比掺量>水泥掺量，因此在注浆中应着重控制催化剂这个因素，同时也应给予醇酯比一定的重视。

综合分析醇酯比、水泥掺量、催化剂掺量对封堵体各养护龄期的无侧限抗压强度的影响，可知各龄期封堵体抗压强度均受催化剂掺量影响较大。注浆封堵过程中，封堵体应尽早达到一定的强度以保证后续隧道开挖的掌子面稳定。结合封堵体的性能指标要求，实际工程中配浆时应根据实际要求控制封堵体抗压强度，即在满足泵送性能的前提下，选择较小的醇酯比、较大的水泥掺量、较小的催化剂掺量，使封堵体抗压强度为控制区间内的较大值，以保障后续隧道的安全施工。

5. 黏结强度

1) 1 h 黏结强度

封堵体 1 h 黏结强度试验结果的直观分析结果见表 4-9。

表4-9 封堵体1h黏结强度测试结果直观分析

影响因素	封堵体1h黏结强度				
	k_1	k_2	k_3	k_4	极差R
醇酯比	0.265	0.200	0.215	0.185	0.08
水泥掺量	0.328	0.213	0.185	0.140	0.188
催化剂掺量	0.238	0.258	0.205	0.165	0.093

由表4-9可知,封堵体的黏结强度随着不同的试验配比呈现较大的变化,主要集中在0.17~0.39 MPa,表明醇酯比、水泥掺量、催化剂掺量均对封堵体抗压强度有一定程度的影响。醇酯比、水泥掺量、催化剂掺量的极差分别为0.080、0.188、0.093,通过比较各影响因素极差值大小可知,水泥掺量对封堵体1h的黏结强度影响最大,其影响显著程度排序为水泥掺量>催化剂掺量>醇酯比,因此在注浆中应着重控制水泥掺量这个因素,同时也应给予催化剂掺量一定的重视。

2)7d黏结强度

封堵体7d黏结强度试验结果的直观分析结果见表4-10。

表4-10 封堵体7d黏结强度测试结果直观分析

影响因素	封堵体7d黏结强度				
	k_1	k_2	k_3	k_4	极差R
醇酯比	0.408	0.383	0.345	0.234	0.173
水泥掺量	0.453	0.358	0.324	0.235	0.218
催化剂掺量	0.368	0.377	0.303	0.323	0.074

由表4-10可知,封堵体的黏结强度随着不同的试验配比呈现较大的变化,主要集中在0.20~0.58 MPa,表明醇酯比、水泥掺量、催化剂掺量均对封堵体抗压强度有一定程度的影响。醇酯比、水泥掺量、催化剂掺量的极差分别为0.173、0.218、0.074,通过比较各影响因素极差值大小可知,水泥掺量对封堵体7d的黏结强度影响最大,其影响显著程度排序为水泥掺量>醇酯比>催化剂掺量,因此在注浆中应着重控制水泥掺量这个因素,同时也应给予醇酯比一定的重视。

综合分析醇酯比、水泥掺量、催化剂掺量对封堵体各养护龄期的黏结强度的影响,可知各龄期封堵体黏结强度均受水泥掺量影响较大。注浆封堵过程中,封堵体应尽早达到一定的黏结强度以防止在高水压情况下封堵体与岩壁之间发生滑移导致堵水失效。结合封堵体的性能指标要求，实际工程中配浆时应根据实际要求控制封堵体黏结强度，即在满足泵送性能的前提下，选择较小的醇酯比、较小的水泥掺量、较小的催化剂掺量，使封堵体黏结强度为控制区间内的较大值，以保障后续隧道的安全施工。

4.2.3　材料最优配合比优选

在注浆封堵工程实践中，注浆封堵材料的堵水性能离不开注浆材料的配合比设计，如何通过最优的注浆封堵材料配合比设计参数来提升注浆材料的堵水性能具有十分重要的研究价值。通过极差分析法分析了各因素影响下的注浆堵水材料的性能变化规律，但对于多因素影响求解最优配合比具有一定的局限性。因此，本研究中对于多个因素影响的情况采用矩阵分析法进行分析求解最优配合比。

1. 数据结构模型构建

矩阵分析法是功效系数法的一种方法，它是根据多目标规划原理，对每一项评价指标确定一个满意值和不允许值，以满意值为上限，以不允许值为下限，计算各指标实现满意值的程度，并以此确定各个指标的分数，再经过加权平均进行综合，从而评价被研究对象的综合状况。具体步骤如下：

1) 构建数据结构模型

根据正交试验设计建立一个三层数据结构模型，如图 4-7 所示。

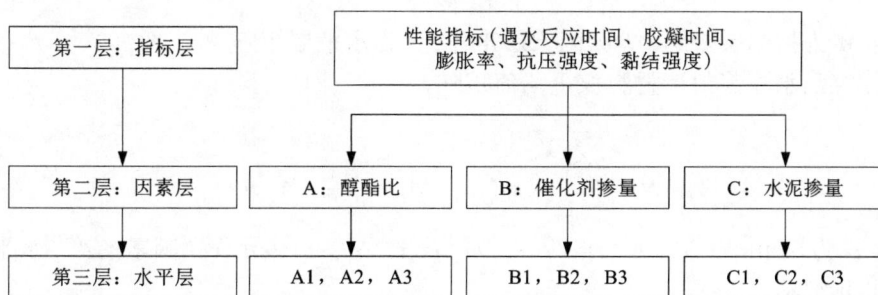

图 4-7　矩阵分析法结构模型

2)定义评价分析矩阵

为保证多指标综合优化中的权重具有可比性，做出如下规定：

①若试验为 n 因素，m 水平的正交试验，因素 X_i 在第 j 个水平上的试验指标的平均值为 k_{ij}，如果指标值放大，令 $K_{ij} = k_{ij}$，如果指标值放小，令 $K_{ij} = 1/k_{ij}$，建立指标矩阵：

$$M = \begin{bmatrix} K_{11} & 0 & \cdots & 0 \\ K_{12} & 0 & \cdots & 0 \\ \vdots & \vdots & \ddots & \vdots \\ 0 & 0 & 0 & K_{mn} \end{bmatrix} \tag{4-2}$$

②令 $T_i = 1/\sum\limits_{j=1}^{m} K_{ij}$，建立因素层矩阵：

$$T = \begin{bmatrix} T_1 & 0 & \cdots & 0 \\ 0 & T_2 & \cdots & 0 \\ \vdots & \vdots & \ddots & \vdots \\ 0 & 0 & 0 & T_m \end{bmatrix} \tag{4-3}$$

③由极差分析法求出 A_i 对应的极差为 S_i，建立水平矩阵：

$$S^T = (S_1, S_2, \cdots, S_m) \tag{4-4}$$

式中：$S_i = \dfrac{R_i}{\sum\limits_{i=1}^{m} R_i}$，$R$ 为 A_i 的极差。

④突涌水注浆封堵材料性能指标的权矩阵：

$$Y = MTS \tag{4-5}$$

式中：M 为指标层矩阵，T 为因素层矩阵，S 为水平层矩阵。

⑤突涌水注浆封堵材料权重均值矩阵：

$$N_T = \dfrac{\sum\limits_{i=1}^{m} Y_i}{\alpha} = (A_{11} \cdots A_{1n} \cdots A_{m1} \cdots A_{mn}) \tag{4-6}$$

式中：α 为权矩阵个数，$A_{ij}(i=1, \cdots, m; j=1, \cdots, n)$ 表示第 i 因素的第 j 水平对应的指标数值。

2.最优配合比求解

EPEM 各指标平均权矩阵计算结果如式(4-7)所示：

$$N = \frac{\sum\limits_{i=1}^{7} Y_i}{7} = \begin{bmatrix} 0.043 & 0.032 & 0.066 & 0.061 & 0.058 & 0.111 & 0.068 \\ 0.040 & 0.025 & 0.070 & 0.056 & 0.054 & 0.104 & 0.051 \\ 0.027 & 0.029 & 0.076 & 0.054 & 0.055 & 0.094 & 0.055 \\ 0.047 & 0.031 & 0.080 & 0.055 & 0.054 & 0.064 & 0.048 \\ 0.040 & 0.014 & 0.144 & 0.043 & 0.019 & 0.155 & 0.197 \\ 0.064 & 0.013 & 0.135 & 0.044 & 0.019 & 0.122 & 0.128 \\ 0.036 & 0.015 & 0.111 & 0.045 & 0.020 & 0.111 & 0.111 \\ 0.043 & 0.015 & 0.105 & 0.047 & 0.020 & 0.080 & 0.084 \\ 0.375 & 0.422 & 0.058 & 0.173 & 0.199 & 0.043 & 0.071 \\ 0.197 & 0.196 & 0.051 & 0.158 & 0.181 & 0.044 & 0.077 \\ 0.070 & 0.118 & 0.051 & 0.139 & 0.168 & 0.035 & 0.061 \\ 0.019 & 0.090 & 0.052 & 0.125 & 0.151 & 0.037 & 0.049 \end{bmatrix} = \begin{bmatrix} 0.063 \\ 0.057 \\ 0.056 \\ 0.054 \\ 0.087 \\ 0.075 \\ 0.064 \\ 0.056 \\ 0.192 \\ 0.129 \\ 0.092 \\ 0.075 \end{bmatrix} = \begin{bmatrix} A_1 \\ A_2 \\ A_3 \\ A_4 \\ B_1 \\ B_2 \\ B_3 \\ B_4 \\ C_1 \\ C_2 \\ C_3 \\ C_4 \end{bmatrix}$$

$$\tag{4-7}$$

　　通过上述矩阵分析法计算可看出，在三个因素 A、B、C 的各 4 水平中，A_1、B_1 和 C_1 所占的权重最大。权重越大表示对突涌水注浆封堵材料的性能影响程度越高。故该突涌水注浆封堵材料的封堵性能最佳配合比为 $A_1B_1C_1$，即醇酯比为 0.9∶1，水泥掺量 50%，催化剂掺量 1%。

4.3 岩溶区隧道突涌水注浆封堵判据研究

>>>

岩溶区隧道突涌水注浆封堵的成功与否，关键在于在突涌水通道内形成的注浆封堵体与岩壁接触面之间产生的摩擦力是否能够抵抗水压力。对于化学类浆液而言，注浆封堵体与岩壁之间的摩擦力不仅受摩擦系数、通道直径、封堵体长度等因素影响，还会受浆液自身膨胀作用影响。而目前鲜有研究涉及 EPEM 这类自膨胀作用下浆液性质与扩散状态改变对注浆封堵的影响。

因此，首先从封堵体与岩壁之间作用关系角度出发，分析有效注浆封堵条件，结合单管道流动公式，同时考虑浆液自膨胀作用，推导自膨胀浆液注浆扩散公式；其次，以封堵体与突涌水通道接触面的摩擦力为基础，构建力学计算模型，提出注浆封堵判据；最后，通过分析地下水压力与注浆参数之间的影响规律，探明岩溶区隧道突涌水注浆封堵判据影响机制。

4.3.1 隧道突涌水注浆封堵判据模型

1. 有效注浆封堵条件分析

浆液在注入突涌水管道中与水接触时会快速胶化固结形成封堵体，注浆封堵的成功与否，主要是依靠 EPEM 遇水反应胶化固结后形成的封堵体与岩壁之间的最大静摩擦力 f 抵抗水压力 P_w。由于注浆封堵体在水压作用下会产生劈裂问题，即使封堵体的最大静摩擦力足以抵抗水压力，若水压力大于封堵体抗劈裂力也会使封堵体出现裂缝而导致堵水失效。因此，将岩壁设想为水平无凸起理想状态，按图 4-8 所示两种条件进行分析：

①当注浆封堵体最大静摩擦力 f>封堵体抗劈裂力 f_p 时，考虑到注浆封堵体在水压力的作用下会出现水压致裂情况，使得封堵体劈裂形成裂缝，从而导致堵水失效，此时注浆封堵成功判据条件应满足 f_p>P_w。

②当注浆封堵体最大静摩擦力 f<封堵体抗劈裂力 f_p 时，不会出现水压力致使封堵体劈裂情况，此时注浆封堵成功判据条件应满足 f>P_w。

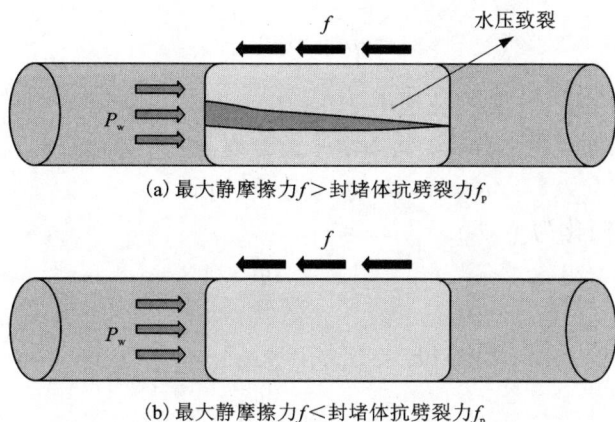

f

水压致裂

P_w

(a) 最大静摩擦力 f > 封堵体抗劈裂力 f_p

f

P_w

(b) 最大静摩擦力 f < 封堵体抗劈裂力 f_p

图 4-8　封堵判据示意图

2. 突涌水注浆扩散公式推导

1) 基本假设

①EPEM 为不可压缩的牛顿流体，且不考虑注浆过程中流体流型的变化。

②流体在管道中运动状态均为层流。

③流体流动时不与水发生混溶，流体前端存在锋面。

2) 模型构建及推导

将导水管道理想化为平滑无起伏管道，具体如图 4-9 所示。图中 l 为管道长度，dl 为浆体的一个微元段；τ 为剪切应力；r_0 为管道半径；v 为浆液流速；p 为驱动压力；r 为浆体微元的半径。

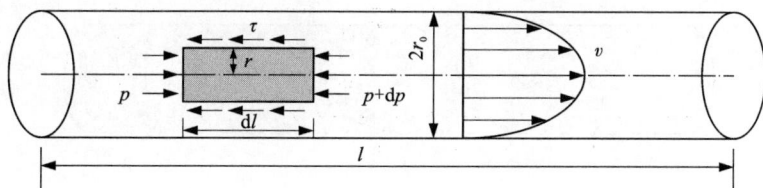

τ

r

p

$p+dp$

dl

$2r_0$

v

l

图 4-9　浆体微元受力示意图

牛顿流体浆液本构方程为

$$\tau = -\mu_s \gamma = -\mu_s \frac{\mathrm{d}v}{\mathrm{d}r} \qquad (4-8)$$

式中：μ_s 为浆液黏度；γ 为剪切速率。

对浆体微元进行受力分析，其力学平衡方程为

$$2\tau \pi r \mathrm{d}l + (p+\mathrm{d}p)\pi r^2 = p\pi r^2 \qquad (4-9)$$

式(4-9)可简化为

$$\tau = -\frac{r}{2}\frac{\mathrm{d}p}{\mathrm{d}l} \qquad (4-10)$$

联立式(4-8)、式(4-10)得

$$\mathrm{d}v = -\frac{r}{2\mu_s}\frac{\mathrm{d}p}{\mathrm{d}l}\mathrm{d}r \qquad (4-11)$$

对式(4-11)进行积分，将边界条件 $r=r_0$ 时，$v=0$ 可得

$$v = \frac{1}{4u_s}\frac{\mathrm{d}p}{\mathrm{d}l}(r_0^2 - r^2) \qquad (4-12)$$

对管道中浆液速度积分可得浆液流量为

$$q = \int_0^{r_0} 2\pi rv\mathrm{d}r = \frac{\pi r_0^4}{8\mu_s}\frac{\mathrm{d}p}{\mathrm{d}l} \qquad (4-13)$$

求解管道中浆液流速，为

$$v = \frac{q}{\pi r_0^2} = \frac{r_0^2}{8\mu_s}\frac{\mathrm{d}p}{\mathrm{d}l} \qquad (4-14)$$

联立式(4-10)、式(4-14)可得管壁剪切应力为

$$\tau = -v\frac{4\mu_s}{r_0} \qquad (4-15)$$

EPEM 被注入导水管道中驱替地下水流动如图 4-10 所示。

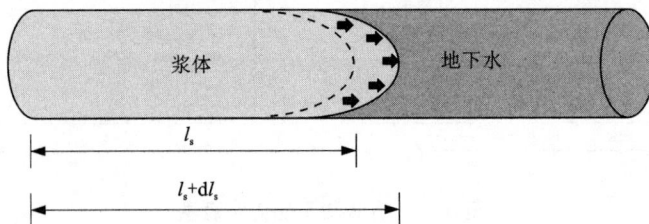

图 4-10　管道中浆液流动示意图

根据牛顿第二定律，对浆体进行受力分析：

$$ma = F + f \qquad (4-16)$$

式中：m 为浆体质量，$m = \rho_s (l_s + dl_s) \pi r_0^2$；$\rho_s$ 为浆体密度，g/cm^3；ρ_w 为地下水密度；a 为加速度，$a = d^2 l_s / dt^2$；F 为浆体受到的压力差，$F = \pi r_0^2 (P_0 - P_w)$；$P_0$ 为注浆压力，MPa；P_w 为地下水压，MPa；f 为摩擦阻力，$f = 2\pi r_0 \tau_s (l_s + dl_s)$。

式(4-16)可写为

$$\left[\rho_s (l_s + dl_s) \pi r_0^2 \right] \frac{d^2 l_s}{dt^2} = \pi r^2 (P_0 - P_w) + 2\pi r_0 \tau_s (l_s + dl_s) \qquad (4-17)$$

EPEM 在管道内运动状态为层流，$a = \dfrac{d^2 l_s}{dt^2} \approx 0$，联立式(4-15)、式(4-17)得

$$v = \frac{r_0^2 (P_0 - P_w)}{8\mu_s l_s} \qquad (4-18)$$

假设 EPEM 在管道中扩散为柱-半球模型，同时考虑 EPEM 自膨胀作用，如图 4-11 所示，则流量和注浆量的关系为：

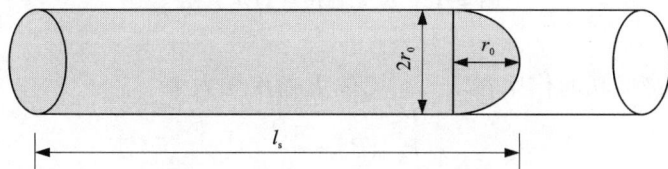

图 4-11　管道中浆液扩散示意图

$$\begin{cases} q = v \pi r_d^2 \\ Q = qt = \left[\pi r_0^2 (l_s - r_0) + \dfrac{2}{3} \pi r_0^3 \right] K \end{cases} \qquad (4-19)$$

式中：v 为注浆管内浆液流速；r_d 为注浆管半径；t 为注浆时间；K 为浆液体积膨胀率。

联立式(4-18)、式(4-19)，可得 EPEM 扩散距离公式：

$$\frac{\left[\pi r_0^2 (l_s - r_0) + \dfrac{2}{3} \pi r_0^3 \right] K}{\pi r_d^2 t} = \frac{r_0^2 (P_0 - P_w)}{8\mu_s l_s} \qquad (4-20)$$

3. 突涌水注浆封堵判据推导

1）基本假设

①封堵体为均匀、各向同性介质。
②不考虑封堵体自身重力影响。
③封堵体对管内壁四周的壁面压力均相等。

2）模型构建及推导

取封堵体长度为 dl，直径为 D 的微元封堵体进行分析，如图 4-12 所示。

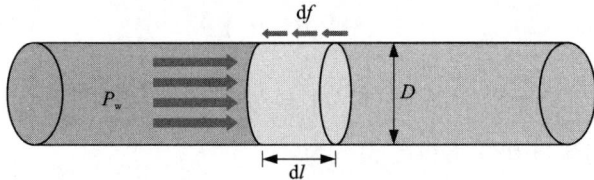

图 4-12　微元封堵计算示意图

EPEM 封堵成功时作用在微元封堵体上的水压力为

$$F_w = P_w \cdot \frac{\pi D^2}{4} \qquad (4-21)$$

式中：P_w 为地下水压；D 为管道直径。

封堵体与岩壁接触面积 S 为

$$S = \pi D \mathrm{d}l_s \qquad (4-22)$$

由极限平衡状态得到摩擦力与水压的关系：

$$P_w \cdot \frac{\pi D^2}{4} = f = \mu PS = \mu P \pi D \mathrm{d}l_s \qquad (4-23)$$

式中：μ 为摩擦系数；P 为接触面平均压力。

则封堵成功所需的临界封堵体段长可表示为

$$l_s = \frac{P_w D}{4\mu P} \qquad (4-24)$$

式（4-24）即为 EPEM 封堵成功时封堵体段长计算公式。

由式 4-21~4-23 可知，当 $f > F_w$ 时，说明封堵体受到的摩擦阻力足以抵抗水压，即可认为封堵成功。综上得到注浆封堵判据计算公式：

$$\begin{cases} \dfrac{\left[(\pi r_0^2 l_s - r_0) + \dfrac{2}{3}\pi r_0^3\right]K}{\pi r_d^2 t} = \dfrac{r_0^2(P_0 - P_w)}{8\mu_s l_s} \\[4mm] l_s = \dfrac{P_w D}{4\mu P} \end{cases} \tag{4-25}$$

根据公式(4-25)可求出 EPEM 封堵成功所需的最小封堵体段长,结合式(4-20)可求解 EPEM 封堵成功时临界封堵体长度所需的注浆压力和注浆时间。

4. 参数确定与适用条件

1)参数确定

(1)EPEM 体积膨胀率 K

EPEM 体积膨胀率按式(4-26)计算:

$$K = \frac{V_2 - V_1}{V_1} \times 100\% \tag{4-26}$$

式中: V_1 为原浆液总体积; V_2 为浆液胶凝体体积。

(2)浆液黏度 μ_s

采用毛细管黏度计或旋转黏度计等流体黏度计进行测量、分析与计算获取。

2)适用条件

考虑到封堵体最大静摩擦力 f>封堵体抗劈裂力 f_p 时,封堵体在水压力作用下可能会发生劈裂情况,故需满足以下条件:

$$f_p > F_w \tag{4-27}$$

4.3.2　隧道突涌水注浆封堵判据影响机制

1. 注浆时间影响规律分析

为了探究突涌水注浆封堵判据模型下的注浆时间对注浆封堵影响规律,对不同注浆时间情况下的地下水压力与注浆压力变化规律进行定量化分析。分别选取地水压力 0.2 MPa、0.3 MPa、0.4 MPa,注浆时间 10 s、20 s、30 s、60 s、90 s、120 s。突涌水注浆封堵判据模型下注浆时间影响规律如图 4-13 所示。

由图 4-13 分析可知,注浆时间与地下水压力之间呈现正相关关系,即随着地下水压力的增大,注浆封堵所需的注浆时间随之增加。原因:随着地下水压力的增大,使得相同管道直径情况下的水流速度增大,浆液易被动水冲散,导致浆

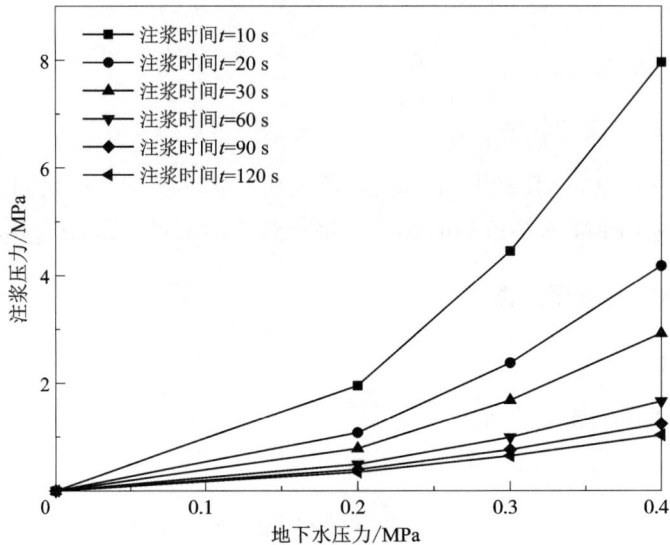

图 4-13   不同注浆时间影响变化曲线

液的留存率降低，难以在管道内形成全断面封堵体，因此需要更长的注浆时间使得浆液的留存率增大，在管道内形成具有抵抗动水冲刷的封堵体，进而成功封堵突涌水管道。

2. 注浆压力影响规律分析

为了探究突涌水注浆封堵判据模型下的注浆压力对注浆封堵影响规律，对不同注浆压力情况下的地下水压力与注浆时间变化规律进行定量化分析。对突涌水注浆封堵判据模型下的地下水压与注浆压力影响因素之间的变化规律进行定量化分析。分别选取地水压力 0.2 MPa、0.3 MPa、0.4 MPa，注浆压力 1 MPa、2 MPa、3 MPa、4 MPa。突涌水注浆封堵判据模型下注浆压力影响规律如图 4-14 所示。

由图 4-14 分析可知，注浆压力与地下水压力之间呈现正相关关系，即随着地下水压力的增大，注浆封堵所需的注浆压力随之增大。原因在于：随着地下水压的增大，封堵体与岩壁之间的需要更大的摩擦力来抵抗水压力，而封堵体的摩擦力主要影响因素是封堵体长度，因此需要更大的注浆压力使单位时间内注浆量增大，封堵体长度增长；单位时间内形成的封堵体长度越长，使其摩擦力越大，进而抵抗地下水压力。

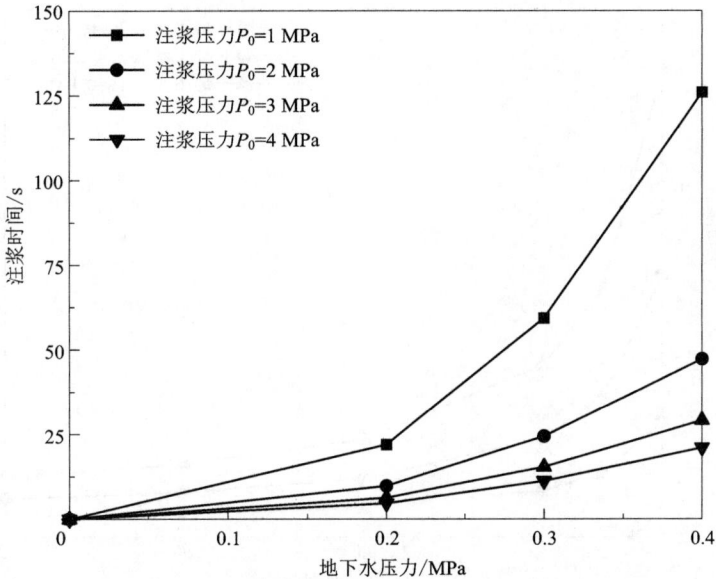

图 4-14　不同注浆压力影响变化曲线

3. 地下水压影响规律分析

为了探究突涌水注浆封堵判据模型下的地下水压力对注浆封堵影响规律,对不同地下水压力情况下的注浆时间与地下水压力变化规律进行定量化分析。对突涌水注浆封堵判据模型下的注浆时间与注浆压力影响因素之间的变化规律进行定量化分析。分别选取注浆时间 30 s、60 s、90 s、120 s,地下水压 0.2 MPa、0.3 MPa、0.4 MPa。突涌水注浆封堵判据模型下地下水压影响规律如图 4-15 所示。

由图 4-15 分析可知,地下水压力与注浆压力和注浆时间均呈正相关关系,而注浆压力与注浆时间呈负相关关系,即随着注浆压力的增大,注浆封堵所需的注浆时间随之减少。原因在于:随着注浆压力的增大,在相同的注浆管直径情况下,单位时间内的注浆量增大,使得单位时间内形成的封堵体长度越长,而封堵体段长的增长,使得封堵体与岩壁之间的摩擦力随之增大,进而可以在更短的时间内实现封堵。

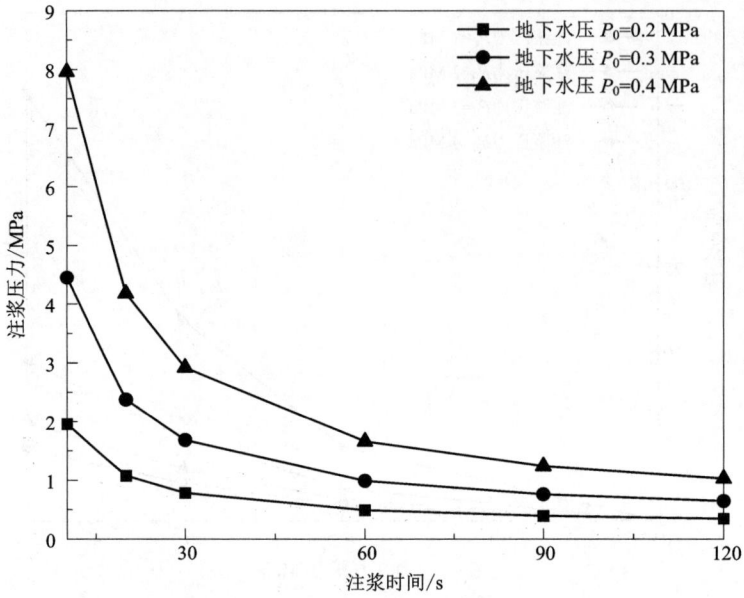

图 4-15　不同地下水压影响变化曲线

4.4　岩溶区隧道突涌水注浆模拟试验研究

>>>

岩溶区管道型突涌水具有突发性强、不可预见性高以及潜在威胁性较大等特征。与此同时，在注浆处置过程中也存在一定的隐蔽性和不可控制性。事实上，不同的突涌水灾害会因涌水状态、管道大小、地层发育情况等差异产生显著的区别，致使注浆封堵过程与封堵机理均十分复杂，而原位试验因地质条件较为复杂，且存在较大的偶然性和随机性，获取的试验数据也不一定具有代表性和参考价值，部分核心数据也难以获取。

为此，为了揭示研发的新型材料在突涌水注浆封堵中的扩散与封堵规律，首先设计了可视化岩溶管道注浆封堵模型；其次，开展注浆封堵模拟试验，研究高效封堵膨胀注浆材料在水流速度、注浆速率等主要影响因素下的注浆封堵效果的影响；最后，采用数据采集监测系统实时监测数据变化，定量分析高效封堵膨胀注浆材料在不同涌水条件下的变化规律，揭示突涌水注浆封堵规律。

4.4.1　装置研发与方案设计

1. 装置设计与研发

设计的可视化岩溶管道注浆模型由供水供压系统、控压降流系统、双液注浆系统、可视化浆液运移管道、废液收集系统以及数据采集系统组成。可视化岩溶管道注浆模型示意图如图 4-16 所示，可视化岩溶管道注浆模型实物图如图 4-17 所示。

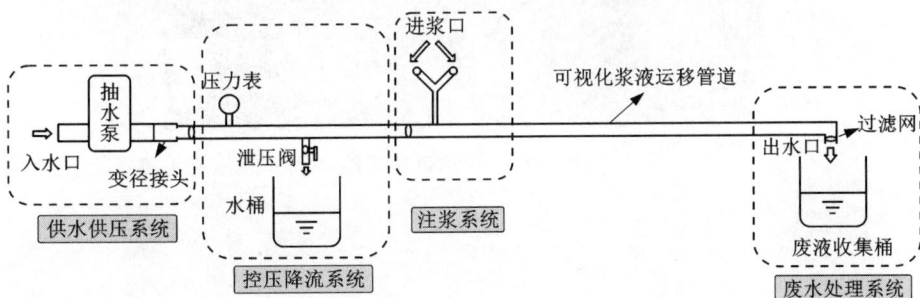

图 4-16　可视化岩溶管道注浆模型示意图

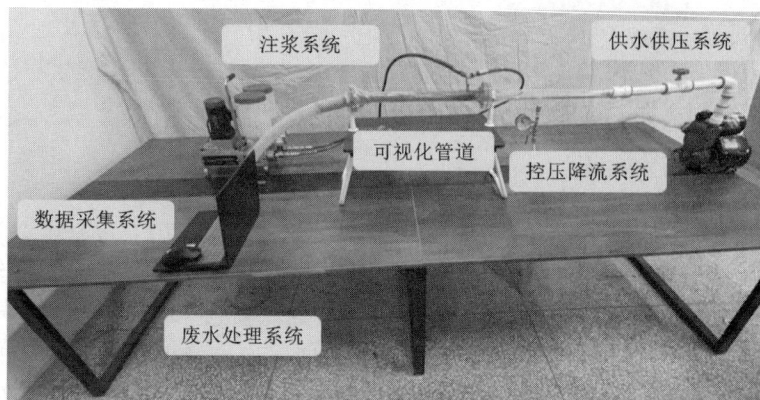

图 4-17　可视化岩溶管道注浆模型实物图

1)供水供压系统

供水供压系统主要包括自动增压抽水泵、储水桶、PVC 网纹硅胶管、PPC 输水管等配件组成,如图 4-18 所示。自动增压抽水泵可提供水压为 0~0.5 MPa,通过硅胶软管将储水桶中自来水抽至 PPC 输水管中,整个供水管道连接处均为 PPC 免热熔接头,保证其密封性。

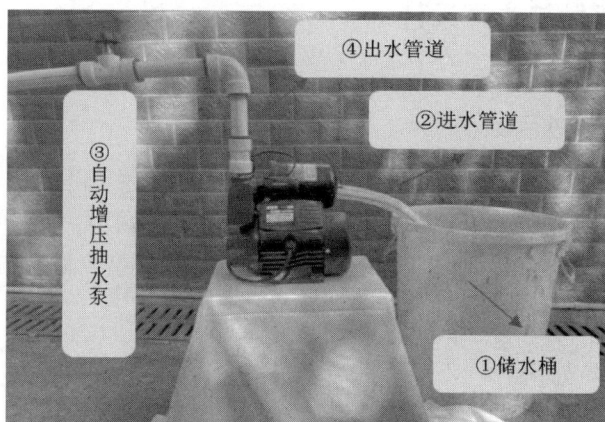

图 4-18　供水供压系统

2) 控压降流系统

在注浆封堵模拟试验过程中，随着浆液的注入，注浆孔下游管道逐渐被浆液充填，注浆孔上游水压会逐渐上升，为防止爆管，设计了如图 4-19 所示控压降流系统。控压降流系统主要由压力表、泄压阀等组成，当 PPC 输水管内水压力接近管道可承受压力的最大值时，泄压阀进行自动泄压。

图 4-19　控压降流系统

3) 双液注浆系统

为了更加精准控制注浆材料的注入量，设计了一种如图 4-20 所示的双液注浆系统。该系统主要由 M15 双液高压注浆机、高压注浆管、Y 形汇流管道等组成。M15 双液高压注浆机配备了流量控制挡位，用于调节注浆流量。

4) 可视化管道系统

为了更好的观察突涌水高效封堵膨胀注浆材料在管道中的扩散封堵情况，管道选用全透明有机玻璃管，连接处均为法兰连接，法兰连接处均配有止水垫片，保证整个管道的密封性，具体如图 4-21 所示。

5) 废液处理系统

设计了废液处理系统防止废液对下水道的堵塞，主要包括滤网、废液收集桶等。滤网安装于管道出水口处，用于过滤浆-水混合物，待试验完毕后装入垃圾袋清理出试验场地，经过滤后的水可倒入储水桶中供下一组试验使用，避免水资源浪费。

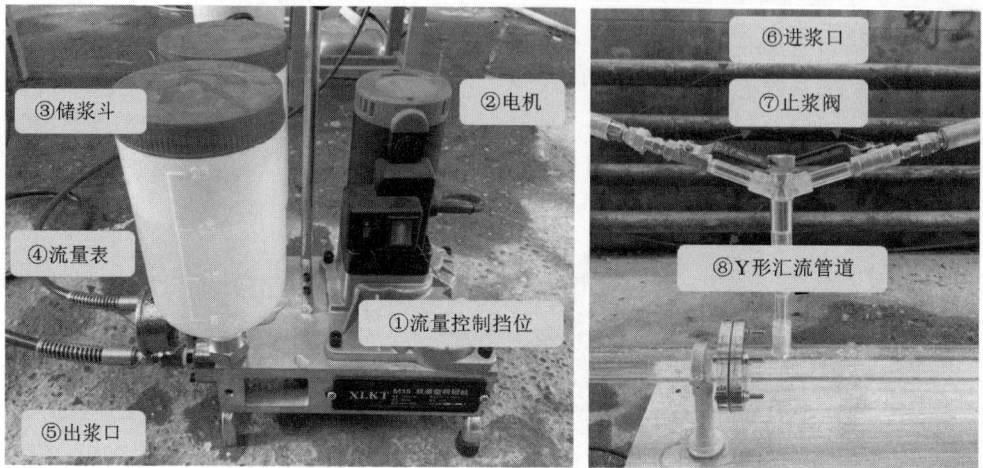

图 4-20　双液注浆系统

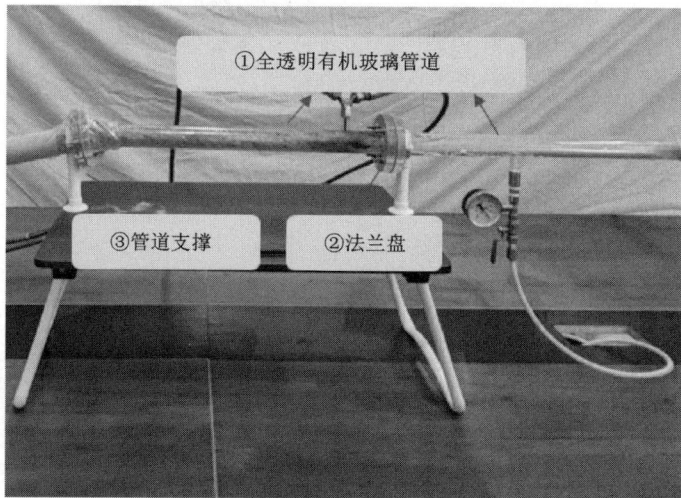

图 4-21　可视化管道系统

6) 数据采集系统

对注浆过程中的注浆压力、注浆量等信息通过注浆记录仪进行实时采集。注浆记录仪由注浆流量测定装置、注浆压力测定装置、数据采集装置及配套程序组成，可实现注浆过程中的数据实时采集。

2.试验方案及流程

1) 试验方案

根据文献调研可知,水流速度、注浆速率是影响突涌水注浆封堵效果的主要因素。为此,基于前期试验成果与相关经验,设计水流速度(0.3 m/s、0.6 m/s、0.9 m/s)、注浆速率(120 L/h、160 L/h、200 L/h)的全面试验共计 9 组,具体工况设计见表 4-11。

表 4-11　突涌水注浆封堵模型试验设计

工况	水流速度/(m·s⁻¹)	注浆速率/(L·h⁻¹)
1	0.3	120
2	0.3	160
3	0.3	200
4	0.6	120
5	0.6	160
6	0.6	200
7	0.9	120
8	0.9	160
9	0.9	200

2) 试验流程

注浆浆液采用前述研制的突涌水注浆高效封堵膨胀材料,每组试验中采用浆液配合比为最优配合比。具体试验过程如下:

步骤 1:组装好管道及各个连接部件,并检查管道连接处密封性是否良好,确认无误后打开自动增压抽水泵,按照既定试验方案保证涌水水压达到稳定值,并保证管道内充满水。

步骤 2:按照试验方案配比配制好注浆材料。

步骤 3:将浆液倒入双液注浆机料桶中,打开并调试好数据采集监测系统,按照试验方案进行注浆。

步骤 4:等到浆液封堵管道后,停止注浆。注浆过程中采用高清摄像机全程记录浆液扩散封堵情况及压力变化情况。

步骤5：取出封堵体并用钢尺量取封堵体段长，记录数据。

步骤6：清理试验现场垃圾，并规整设备仪器，后续再进行数据处理。

4.4.2 浆液扩散特征与影响规律分析

1.浆液扩散特征分析

浆液的扩散变化特征能够直观的反映浆液遇水后的扩散封堵情况。浆液属于遇水反应型材料，且密度大于水，浆液注入管道后，在重力以及化学反应的作用下，浆液沉积管道底部会同时迅速膨胀，导致管道的过水通道面积逐渐减小，直至堵塞整个管道，从而实现封堵。

为了探明浆液的扩散形态变化阶段特征，进行了一系列突涌水高效封堵膨胀注浆材料的注浆封堵试验，对比了注浆过程中不同时刻的浆液扩散形态，发现注浆扩散存在三个显著的阶段。由于不同工况下浆液扩散形态变化特征相似，因此只展示部分试验扩散形态变化，具体描述如下：

1) 注浆封堵初期

由图4-22可以看出：①浆液注入管道初期，还未达到遇水反应时间，且注浆量较小，浆液在涌水的作用下顺水扩散；②随着注浆时间和注浆量的增加，浆液逐渐沉积管道底部；③浆-水存在明显的两相界面，表明了浆液具备抗冲刷能力。

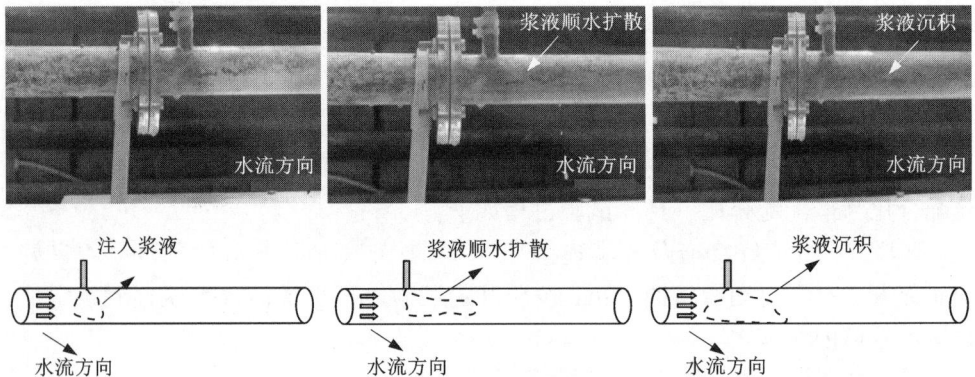

图 4-22 注浆封堵前期

2）注浆封堵中期

由图 4-23 可以看出：①随着注浆时间的增加和化学反应的进行，注浆孔右侧管道逐渐被充满；②注浆孔左侧出现逆水扩散情况，浆液沉积于管道底部；③在注浆压力和化学反应的作用下，浆液逐渐充满注浆孔左侧管道。

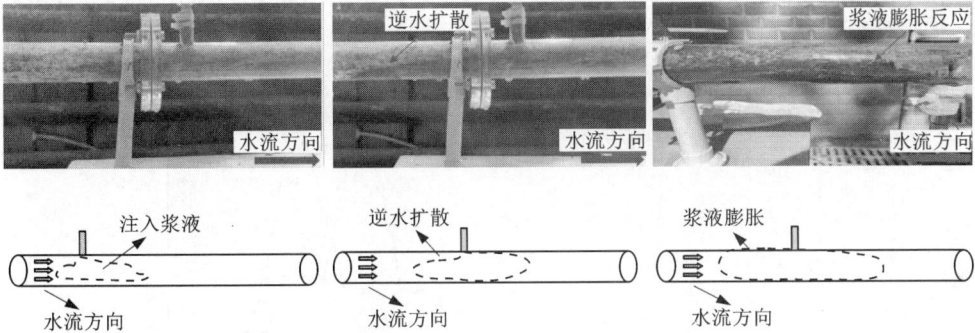

图 4-23　注浆封堵中期

3）注浆封堵后期

由图 4-24 可以看出：①管道被浆液完全充满，形成具有封堵能力的凝胶状封堵体；②水源头压力逐渐上升，封堵体顺水移动；③水源头压力达到最大值，封堵体未被挤出管道，封堵成功。

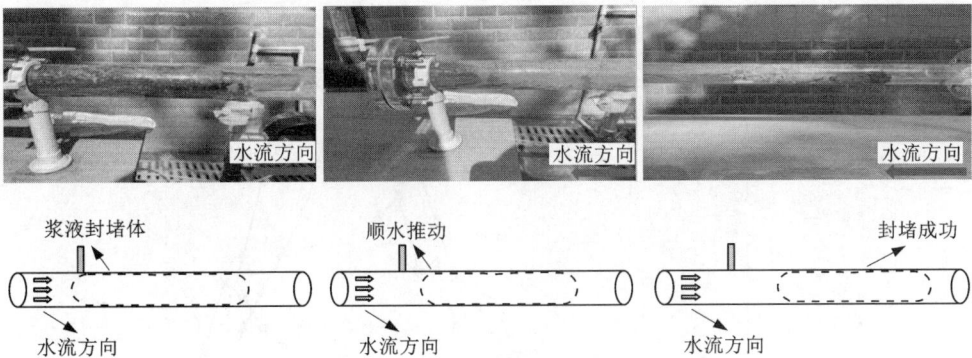

图 4-24　注浆封堵后期

2. 封堵压力时程变化

浆液在注入管道后遇水反应迅速膨胀形成封堵体充满整个管道，在自动增压泵的作用下，管道内压力会持续上升，直至封堵体被挤出管道，此时管道压力即为最大封堵压力。考虑到试验装置最大承压为 0.5 MPa，在试验过程中管道压力接近 0.5 MPa 时封堵体仍未被挤出管道，则通过控压系统进行泄压。不同工况下注浆封堵压力时程变化曲线如图 4-25 所示。

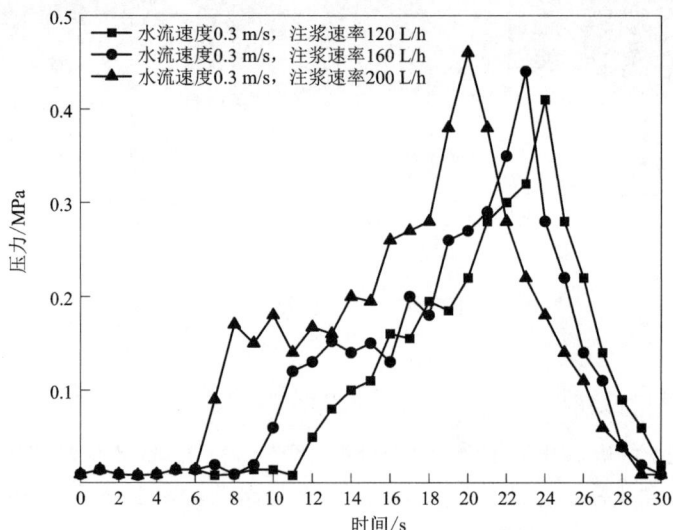

(a)流速0.3 m/s压力时间变化试验曲线

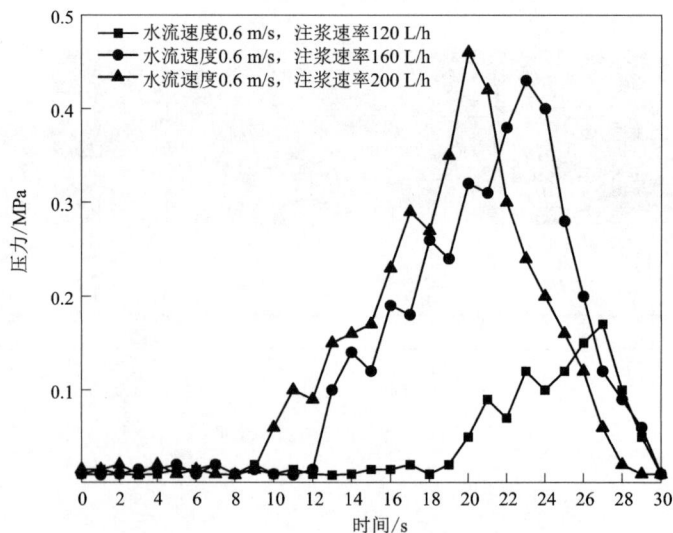

(b)流速0.6 m/s压力时间变化试验曲线

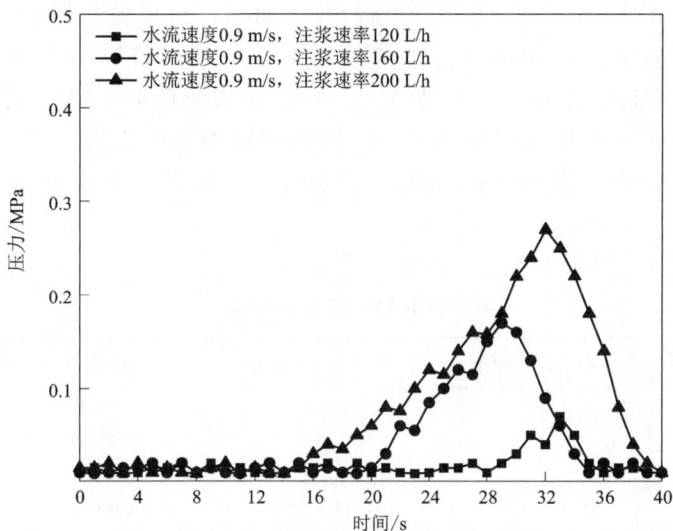

(c)流速0.9 m/s压力时间变化试验曲线

图 4-25　注浆封堵压力时程变化试验曲线图

由图 4-25 中(a)可知：a 当水流速度为 0.3 m/s 时，随着注浆速率从 120 L/h 增加至 200 L/h，注浆封堵压力起始变化时间由 11 s 减少至 6 s；b 注浆速率为 120 L/h、160 L/h 和 200 L/h 时，最大封堵压力分别为 0.41 MPa、0.44 MPa 和 0.46 MPa。

由图 4-25 中(b)可知：a 当水流速度为 0.6 m/s 时，随着注浆速率从 120 L/h 增加至 200 L/h，注浆封堵压力起始变化时间由 19 s 减少至 9 s；b 注浆速率为 120 L/h、160 L/h 和 200 L/h 时，最大封堵压力分别为 0.18 MPa、0.42 MPa 和 0.46 MPa。

由图 4-25 中(c)可知：a 当水流速度为 0.9 m/s 时，随着注浆速率从 120 L/h 增加至 200 L/h，注浆封堵压力起始变化时间由 28 s 减少至 15 s；b 注浆速率为 120 L/h、160 L/h 和 200 L/h 时，最大封堵压力分别为 0.08 MPa、0.16 MPa 和 0.28 MPa。

3. 注浆材料留存率分析

动水条件下的浆液留存率直观的反映了浆液的抗动水冲刷能力，若浆液留存率过低，不仅注浆时的耗浆量大，浆液也难以充满涌水管道进而导致封堵失败。因此，将浆液留存率作为一项浆液性能评价指标，其规律研究对于指导工程实践具有非常重要的意义与价值。通过文献调研和工程经验，将浆液留存率作为划分封堵能力的量化评价指标。当浆液留存率≥80%时，浆液封堵能力评价为"卓越"；80%>浆液留存率≥70%时，浆液封堵能力评价为"优秀"；70%>浆液留存率≥60%时，浆液封堵能力评价为"良好"；60%>浆液留存率≥50%时，浆液封堵能力评价为"一般"；浆液留存率<50%时，浆液封堵能力评价为"差"。不同工况条件下的浆液留存率见表4-12，不同工况条件下浆液留存率试验曲线如图4-26所示。

表4-12　浆液留存率

工况	水流速度/$(m \cdot s^{-1})$	注浆速率/$(L \cdot h^{-1})$	浆液留存率/%	封堵能力评价
1	0.3	120	74.21	优秀
2	0.3	160	82.53	卓越
3	0.3	200	87.66	卓越
4	0.6	120	67.39	良好
5	0.6	160	72.17	优秀
6	0.6	200	80.35	卓越
7	0.9	120	53.46	一般
8	0.9	160	61.31	良好
9	0.9	200	70.14	优秀

由表4-12和图4-26可以看出，浆液留存率与注浆速率之间呈正相关关系，随着注浆速率的不断增大，浆液的留存率逐渐增大，在水流速度为0.3 m/s情况下可达87.66%。此外，9组不同工况下的浆液留存率均大于50%，说明浆液在动水条件下的封堵能力较好。在实际工程中，应选择更大的注浆速率来提高浆液留存率，可以更好地抵抗动水冲散，提高施工工效，降低施工成本。

2.注浆封堵体特征分析

浆液形成的封堵体特征一定程度上可以评价动水条件下注浆封堵效果。随着管道被浆液充满后形成能够抵抗动水冲刷的凝胶状封堵体时，水压力会持续增加，此时封堵体会被挤压，若在达到最大水压力时，封堵体仍未被挤出管道，则封堵成功。取出封堵体，测量其封堵体尺寸，不同工况下封堵体特征见表4-13。

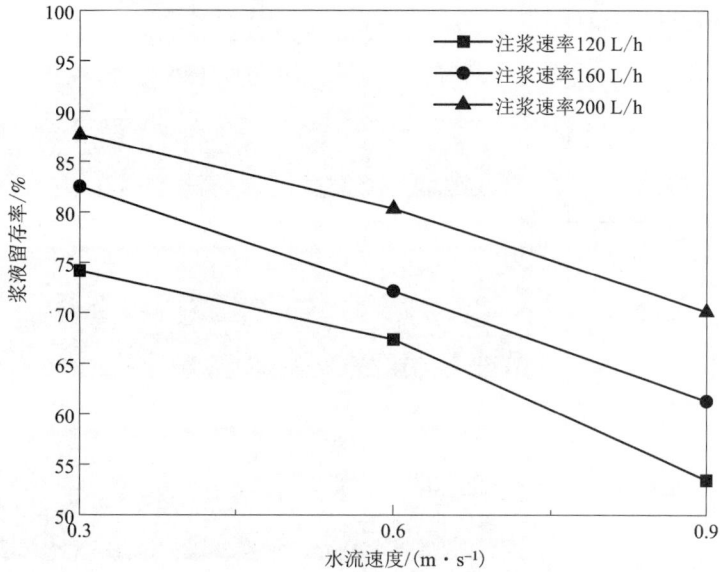

图 4-26　浆液留存率试验曲线

表 4-13　不同工况下注浆封堵体特征

工况	封堵体段长/cm	封堵体外观
1	16.1	
2	35.2	
3	47.6	

续表4-13

工况	封堵体段长/cm	封堵体外观
4	12.1	
5	21.2	
6	33.3	
7	10.1	
8	18.8	
9	30.8	

由表 4-13 和图 4-27 分析可知：a 随着水流速度的不断增加，相同注浆速率下的注浆封堵体段长呈现缩短的趋势，两者之间呈负相关关系；其原因是随着水流速度的增加，注浆封堵材料在相同的时间下受到动水的冲刷作用变大，部分注浆材料在未形成具有抵抗动水冲刷能力的胶凝体之前被动水冲走，导致封堵体段长减小；b 随着注浆速率的不断增加，相同水流速度下的注浆封堵体段长呈增加

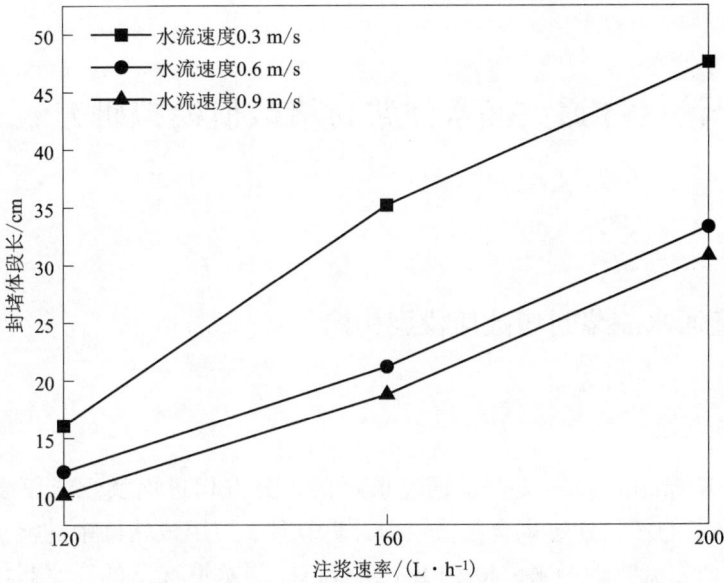

图 4-27　注浆封堵体段长试验曲线

的趋势，两者之间呈正相关关系；其原因是随着注浆速率的增加，在相同时间内的注浆量随之增大，浆液与水能够充分反应，更容易充满管道形成具有抗动水冲刷的胶凝体，使得封堵体段长随之增加。

4.5 岩溶区隧道突涌水注浆封堵数值模拟研究

>>>

4.5.1 突涌水注浆封堵数值模型构建

1.基本方程

COMSOL Multiphysics 是一款通过求解偏微分方程进而实现求解多种学科和工程实际问题的多物理场耦合数值模拟计算软件,使用该软件中的流体力学模块中的层流–两相流物理场来模拟 EPEM 在管道突涌水情况下的注浆封堵过程。层流–两相流模型的控制方程主要由流体运动方程,连续性方程和两相流界面控制方程组成。

1)运动方程

$$\rho \frac{\partial \vec{u}}{\partial t}+\rho(\vec{u}\cdot\nabla)\cdot\vec{u}=\nabla\cdot[-P\boldsymbol{I}+\mu(\nabla\vec{u}+(\nabla\vec{u})^{t})]+\rho\vec{u}+\vec{F} \qquad (4-28)$$

式中:ρ 为流体的密度;$\vec{u}$ 为速度场;t 为注浆时间;P 为流体压力;$\boldsymbol{I}$ 为单位矩阵;μ 为流体运动黏度;$\vec{F}$ 为流体所受单位体积力。

2)连续性方程

$$\nabla\cdot\vec{u}=0 \qquad (4-29)$$

3)两相流控制方程

$$\frac{\partial\varphi}{\partial t}+\vec{u}\cdot\nabla\varphi=\gamma\nabla\cdot\left[\zeta_{IS}\nabla\varphi-\varphi(1-\varphi)\frac{\nabla\varphi}{|\nabla\varphi|}\right] \qquad (4-30)$$

式中:u 为速度场;φ 为水平集变量;P 为压力,γ 为重新初始化参数;ζ_{IS} 为控制界面厚度参数,μ 为动力黏度,g 为重力加速度。

4)水平集函数

流体密度和流体运动黏度可以使用水平集函数定义:

$$\begin{cases} \rho = \rho_1 + (\rho_2 - \rho_1)\varphi \\ \mu = \mu_1 + (\mu_2 - \mu_1)\varphi \end{cases} \tag{4-31}$$

式中，μ_1 为 EPEM 的运动黏度，μ_2 为水的运动黏度，ρ_1 为流体 1 的体积分数；ρ_2 为流体 2 的体积分数。

2. 模型构建

利用 COMSOL Multiphysics 数值计算软件的流体力学模块构建层流-两相流动模型，模拟 EPEM 与水这两种不同流体在管道中的流动行为。模型中 EPEM 与水界面的动态追踪采用水平集方法，而其在管道中的分布情况则通过体积分数法进行描述，确保了模拟过程的精确性。模型的几何参数与实验设置保持一致，采用二维平面结构，模拟管道长度为 2 m，注浆孔位于距离入口 0.1 m 处，初始注浆压力设定为 1 kPa，旨在通过数值模拟补充实验数据，揭示 EPEM 在管道中扩散时的微观参数变化。此外，为了精确量化 EPEM 在管道扩散过程中的扩散规律，在管道中心线上设置了一条测线，通过此测线对 EPEM 在扩散过程中的压力场和速度场的变化进行测定分析，具体如图 4-28 所示。

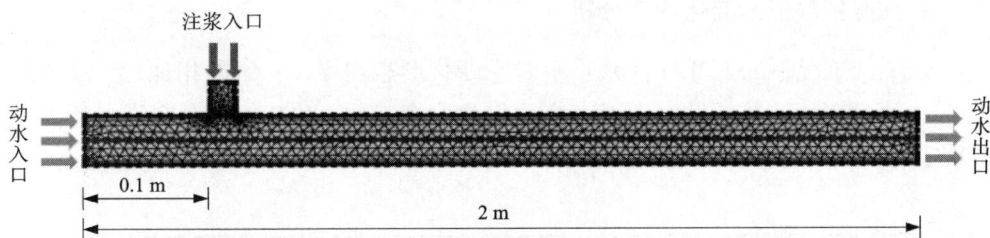

图 4-28　数值计算模型

3. 计算工况

根据管道突涌水注浆封堵的特点，分析不同因素对注浆封堵的影响，选择水流速度、注浆管直径、管道直径 3 个变量，设计不同工况计算方案，具体见表 4-14。工况 1、2、3、4 是对同一注浆管直径和管道直径在不同水流速度情况下的注浆扩散变化情况对比；工况 3、5、6、7 是对同一水流速度和管道直径在不同注浆管直径情况下注浆扩散变化情况对比；工况 3、8 是对同一水流速度和注浆管直径在不同管道直径下的注浆扩散变化情况对比。

表 4-14 计算工况

工况	水流速度/（m·s⁻¹）	注浆管直径/cm	管道直径/cm
1	0.2	3	6
2	0.3	3	6
3	0.4	3	6
4	0.5	3	6
5	0.4	4	6
6	0.4	2	6
7	0.4	1	6
8	0.4	3	8

4.5.2 突涌水注浆封堵数值模拟结果分析

1. 注浆扩散形态变化规律分析

因不同工况下的 EPEM 注浆扩散时空变化形态均存在一定的相似性，故选用工况 2 的 EPEM 注浆扩散时空形态变化作为典型工况，对 EPEM 在突涌水条件下扩散形态的时空变化规律进行研究，如图 4-29 所示。

图 4-29 EPEM 随时间变化形态

根据数值模拟计算结果，对 EPEM 扩散 4 s 的时空变化形态进行分析，从图 5-2 中可以看出：随着 EPEM 的注入并顺水扩散至整个管道的过程中存在较为明显的浆-水两相界面，在管道中的水流影响下，EPEM 在入口处与水混合后主要在管道的上层顺水流动，随着注浆时间的增加，浆液沿着水流方向扩散并在管道中底部沉积，管道逐渐被 EPEM 充满，最终管道被 EPEM 成功封堵。

2. 注浆封堵压力场时空变化规律

在注浆过程中，随着 EPEM 注入管道，管道内的压力随注浆时间的增加而逐渐发生变化。为了探究 EPEM 在管道突涌水条件下的压力场时空变化规律，在恒压注浆的条件下，通过设定水流速度、注浆管直径及管道直径等初始条件来开展注浆模拟。

1) 水流速度对压力场变化影响规律分析

水流速度是影响浆液扩散和留存的主要因素之一，为研究同一管道不同水流速度、相同注浆管直径情况下 EPEM 注浆扩散的压力场变化规律，选取不同工况下测线压力进行分析。工况 1、2、3、4 的压力场时空变化情况如图 4-30 所示。

从图 4-30(b)、(d)、(f)、(h)可以看出，注浆管附近压力较大，沿着水流方向的压力逐渐降低并趋于稳定状态。通过对比图 4-30(a)、(c)、(e)、(g)压力数据可知，随着水流速度的增加，管道内的压力逐渐减小。这是由于随着水流的增大，浆液更难以留存在管道内，相比于较小流速的情况，较大流速工况下的管道的过水断面面积增大，管道内压力则随之减小。

2) 注浆管直径对压力场变化影响规律分析

在同一水流速度和管道直径情况下，注浆管直径能够直接影响管道内压力，通过改变注浆管的直径来研究 EPEM 的注浆扩散规律。工况 3、5、6、7 的压力场时空变化情况如图 4-31 所示。

从图 4-31 中(b)、(d)、(f)、(h)可以看出，注浆管附近压力较大，沿着水流方向的压力逐渐降低并趋于稳定状态。通过对比图 4-31(a)、(c)、(e)、(g)压力数据可知，随着注浆管径的减小，注浆管附近管道内压力逐渐增大。这是由于在同一注浆压力下，EPEM 的单位时间注浆量随注浆管直径增大而增大，而 EPEM 注入管道后黏度迅速增大，附着于管壁上，使得管道的过水断面面积急剧减小，进而导致管道压力增大。

3) 管道直径对压力场变化影响规律分析

在同一水流速度和注浆管直径情况下，管道直径能够直接影响管道内压力，通过改变管道直径来研究 EPEM 的注浆扩散规律。工况 3、8 的压力场时空变化情况如图 4-32 所示。

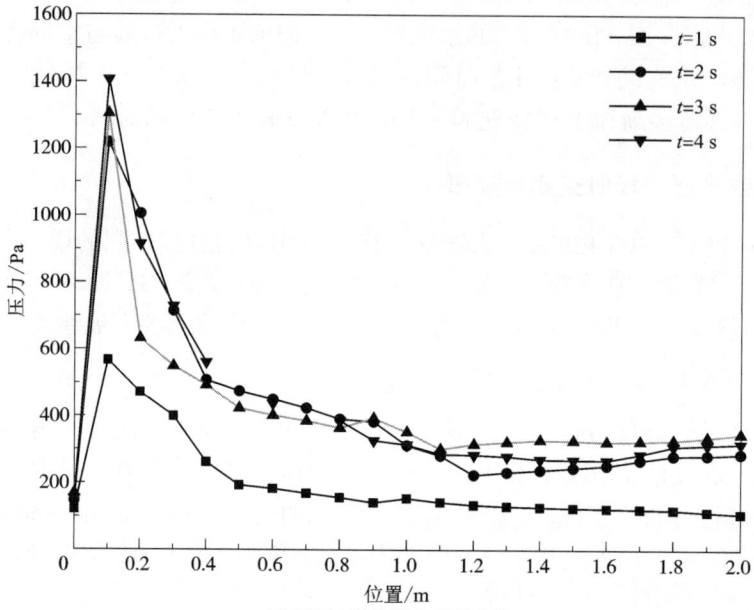

（a）工况1测线压力变化曲线

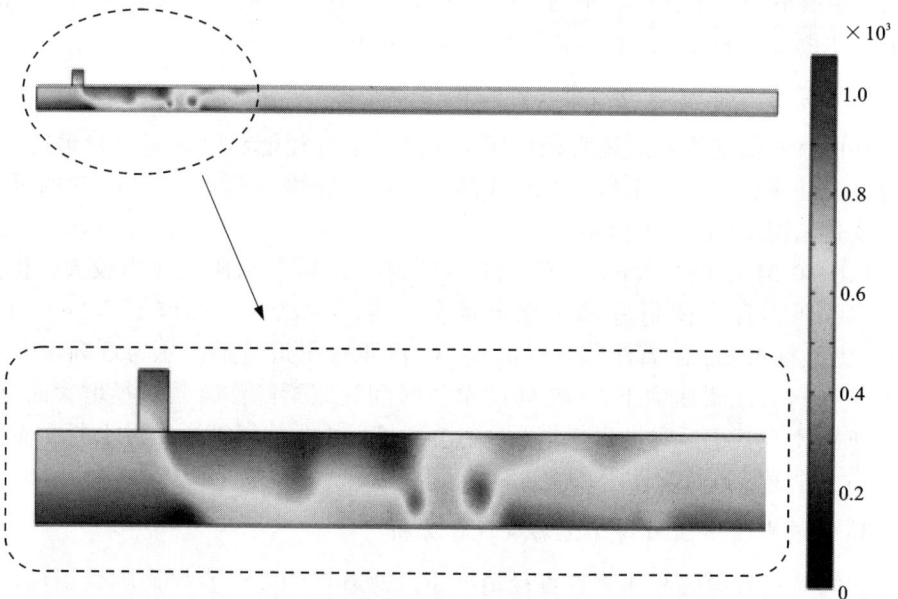

（b）工况1测线压力场分布云图

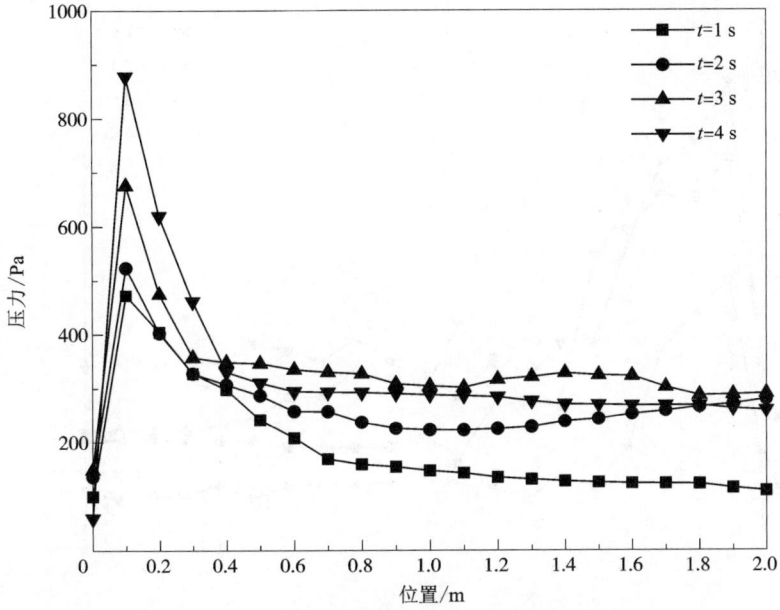

(c) 工况 2 测线压力变化曲线

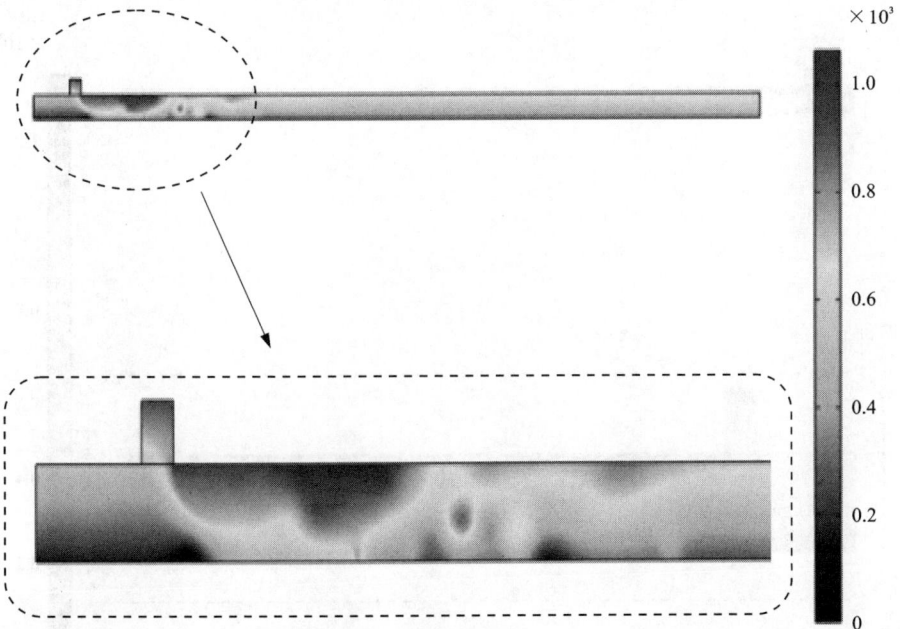

(d) 工况 2 测线压力场分布云图

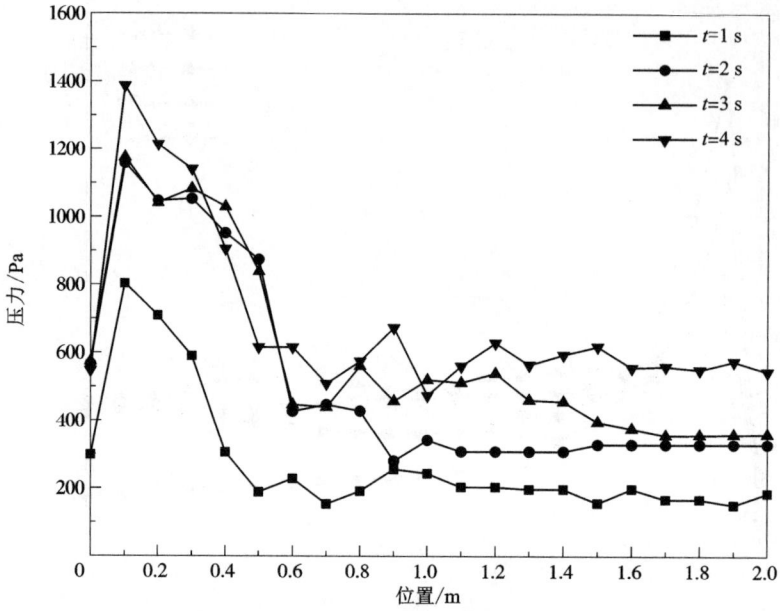

（e）工况3测线压力变化曲线

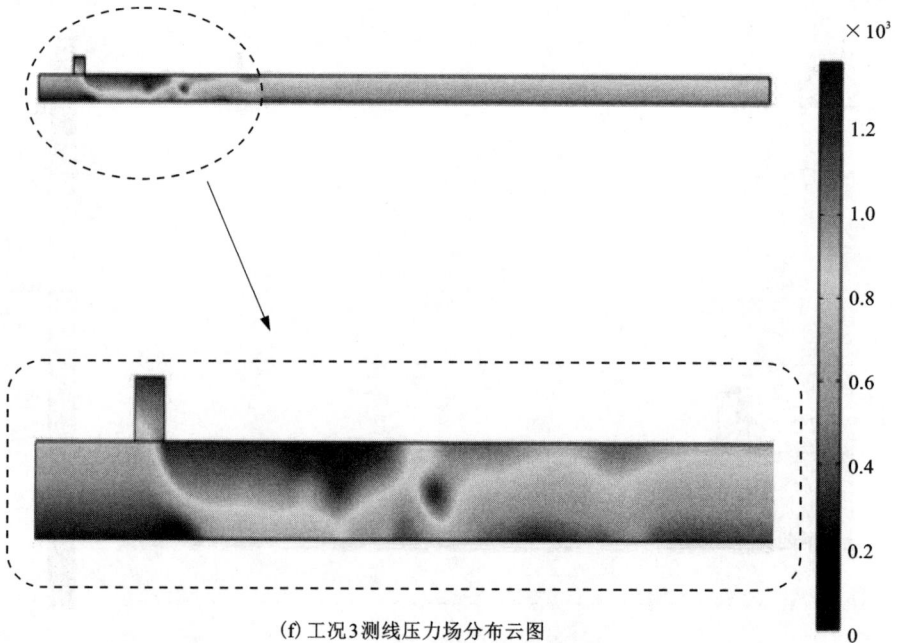

（f）工况3测线压力场分布云图

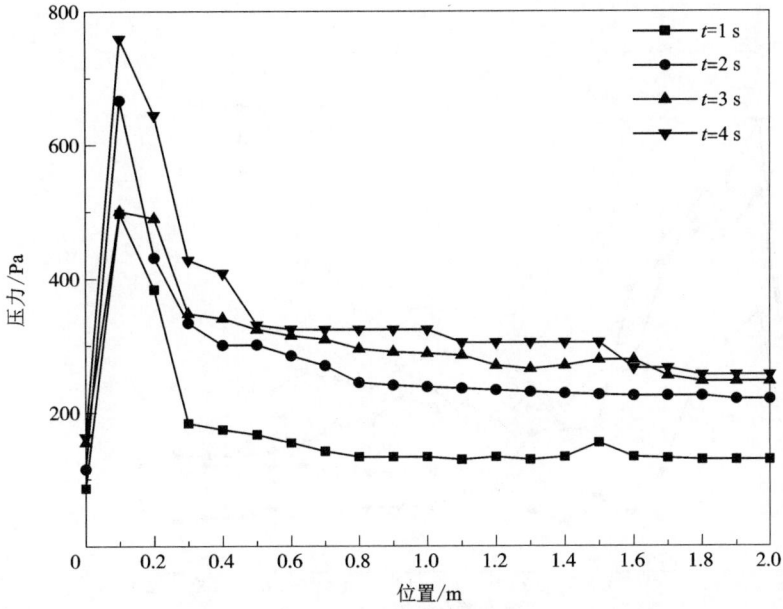

(g) 工况 4 测线压力变化曲线

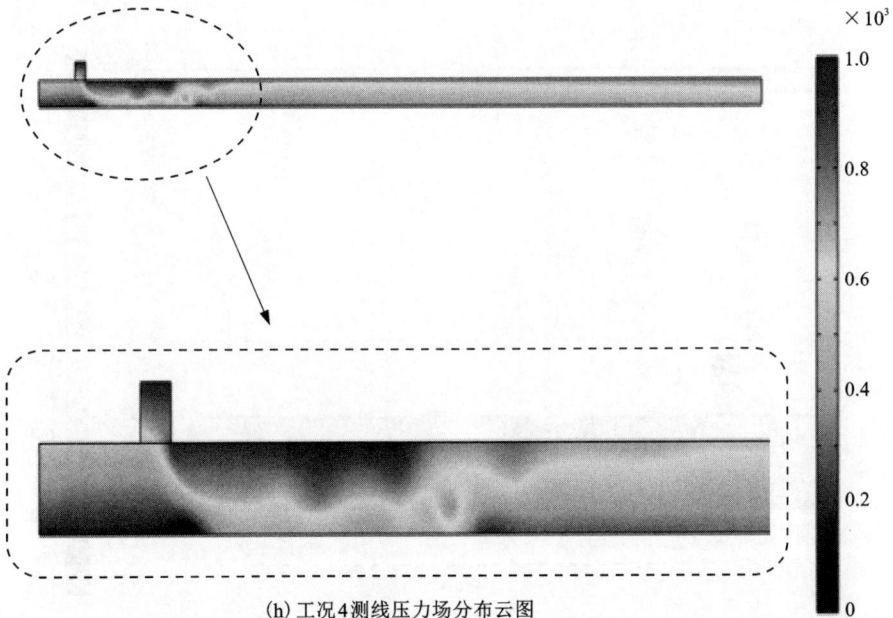

(h) 工况 4 测线压力场分布云图

图 4-30　不同初始水流速度工况下压力变化情况

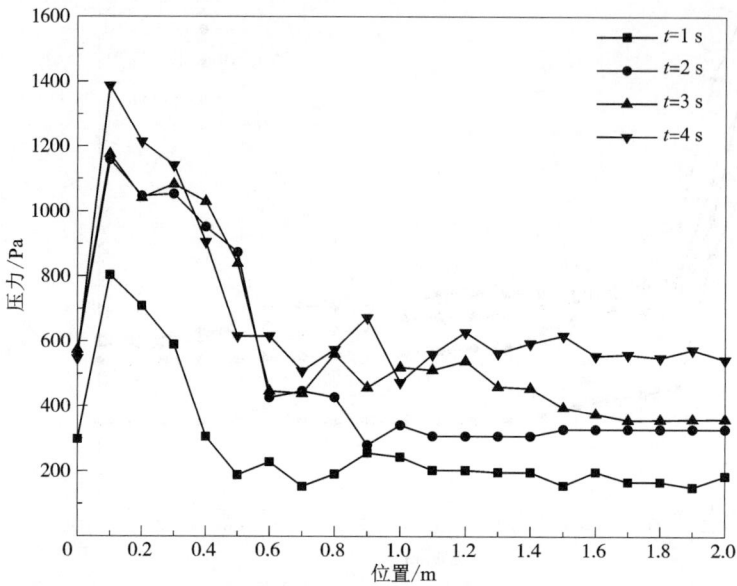

（a）工况3测线压力变化曲线

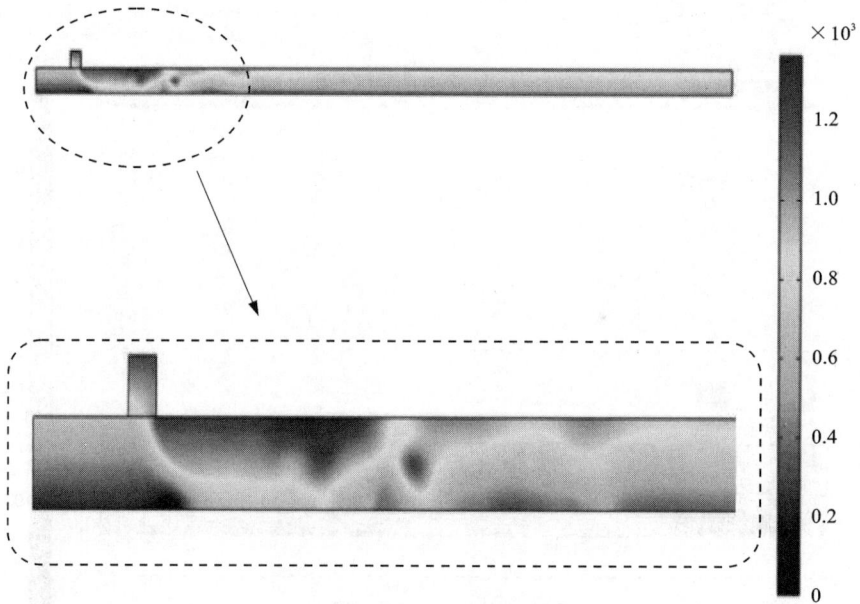

（b）工况3测线压力场分布云图

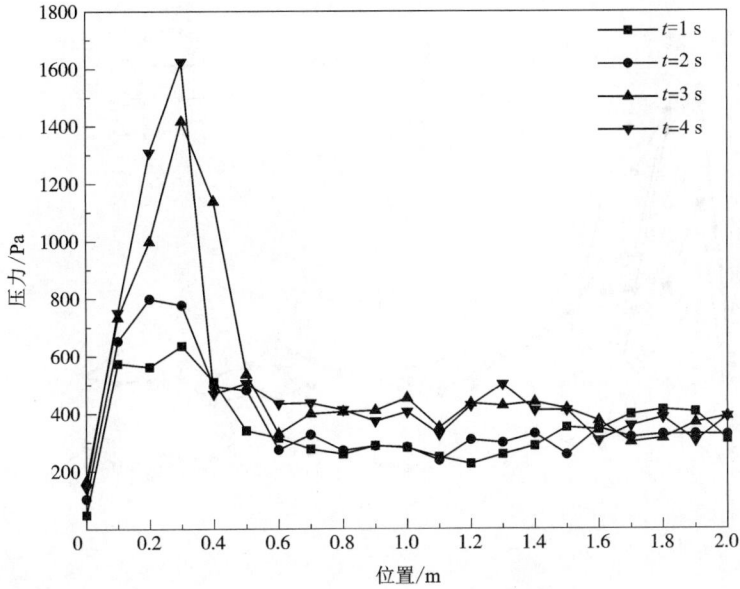

(c) 工况 5 测线压力变化曲线

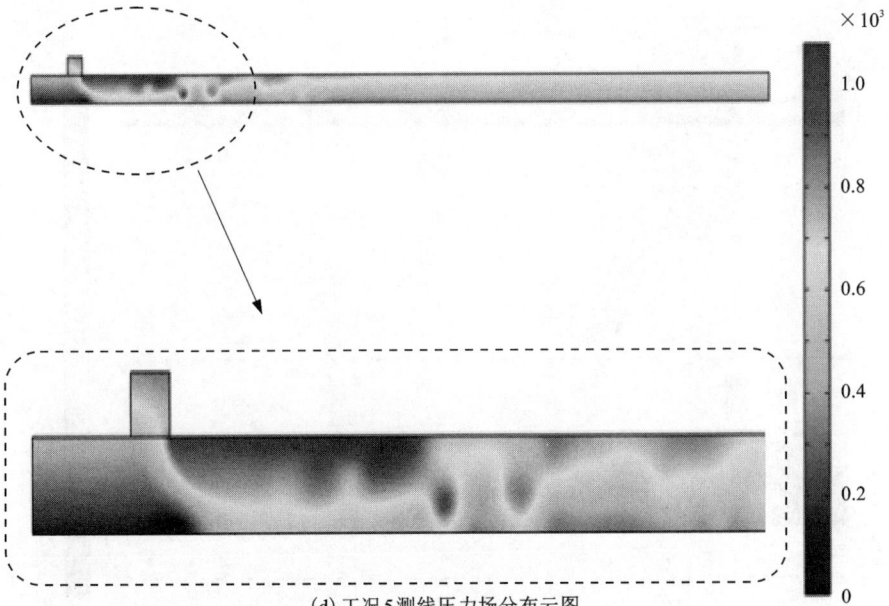

(d) 工况 5 测线压力场分布云图

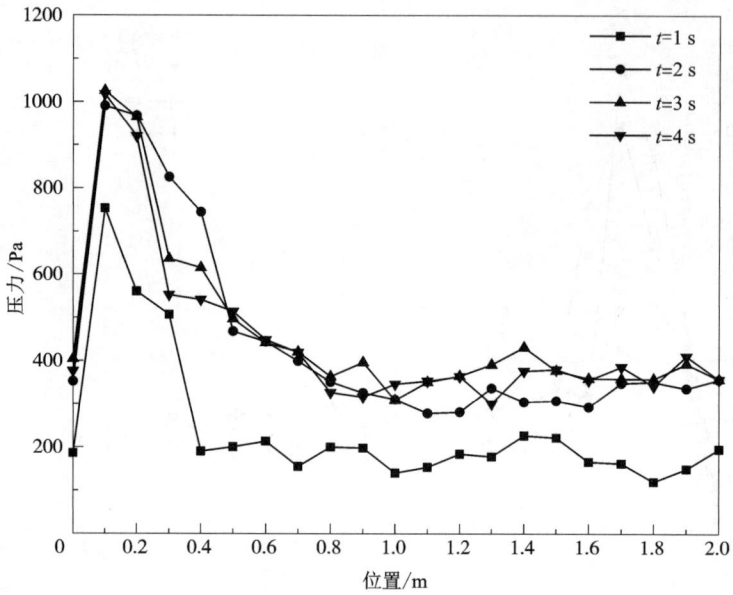

(e) 工况6测线压力变化曲线

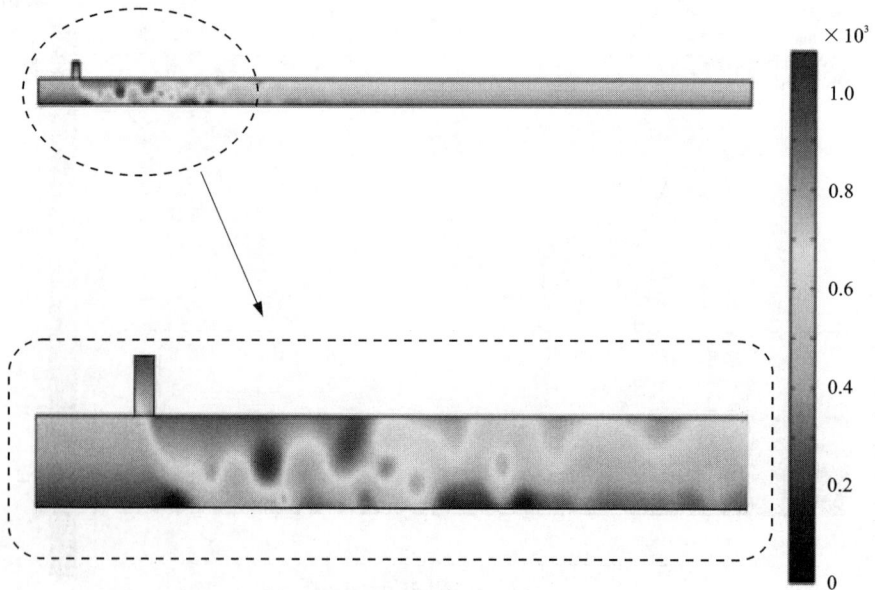

(f) 工况6测线压力场分布云图

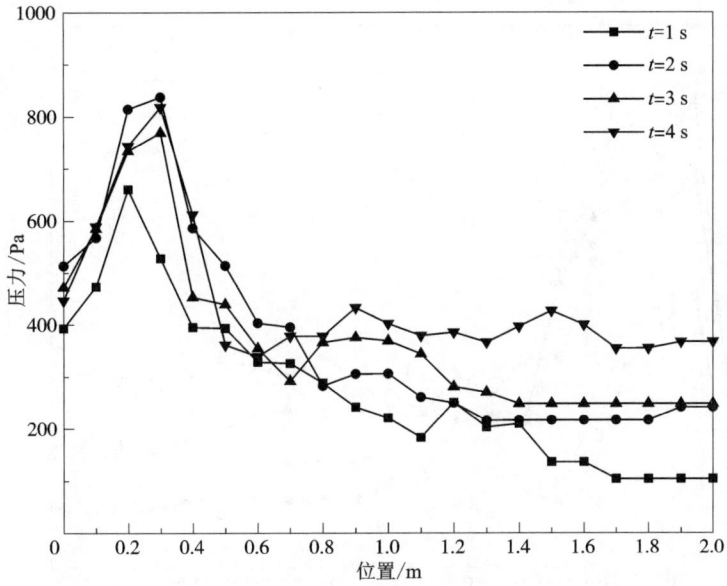

（g）工况7测线压力变化曲线

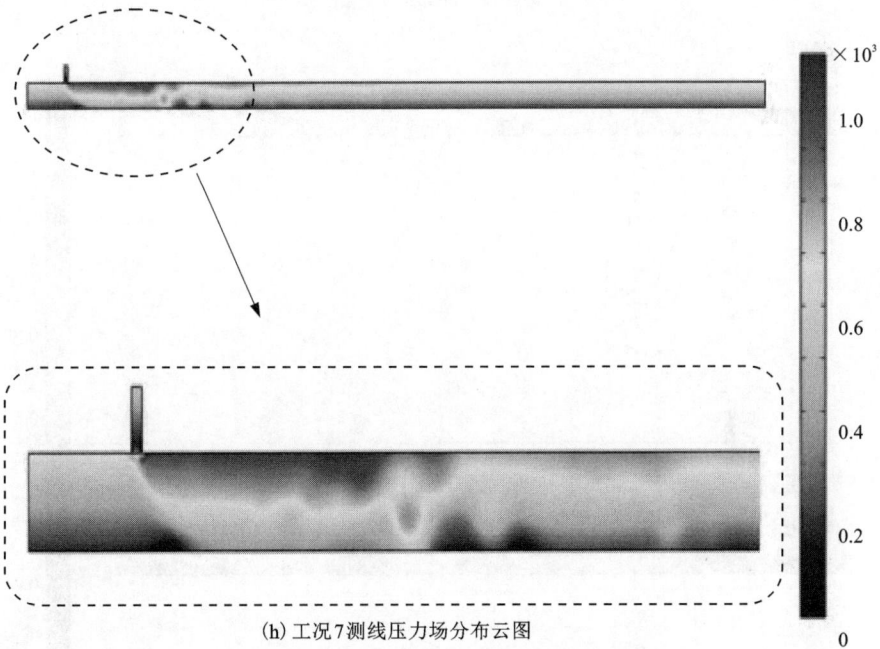

（h）工况7测线压力场分布云图

图 4-31　不同注浆管直径工况下压力变化情况

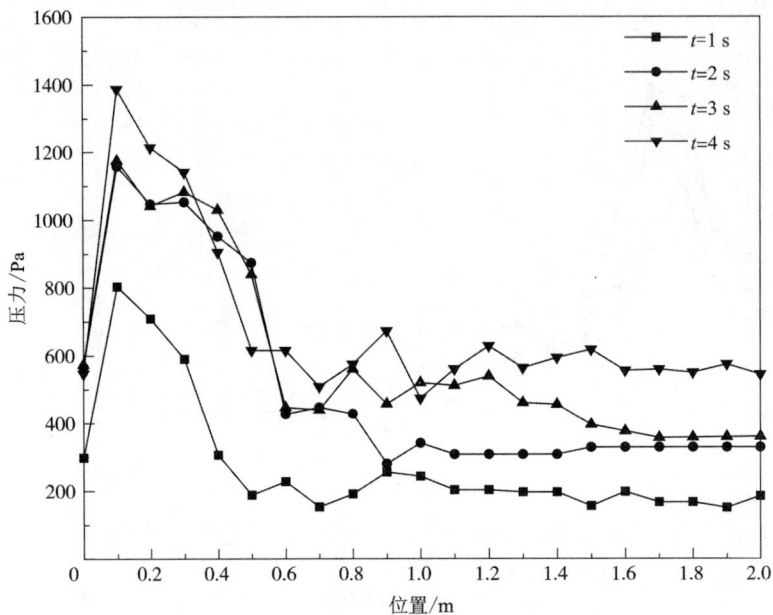

(a) 工况3测线压力变化曲线

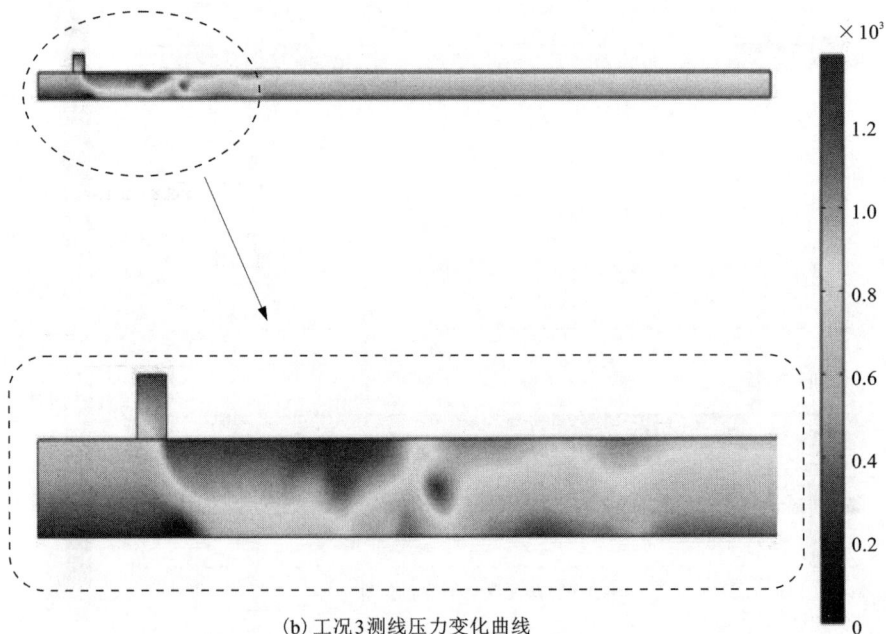

(b) 工况3测线压力变化曲线

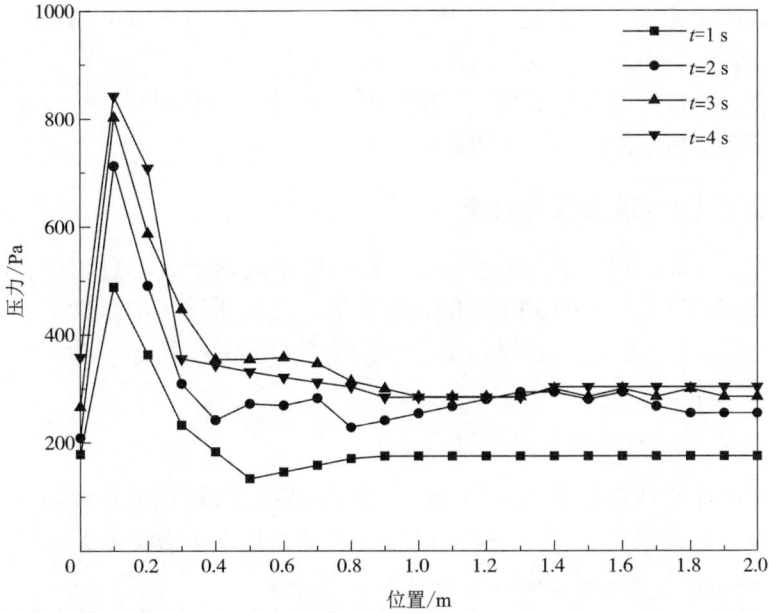

（c）工况8测线压力场分布云图

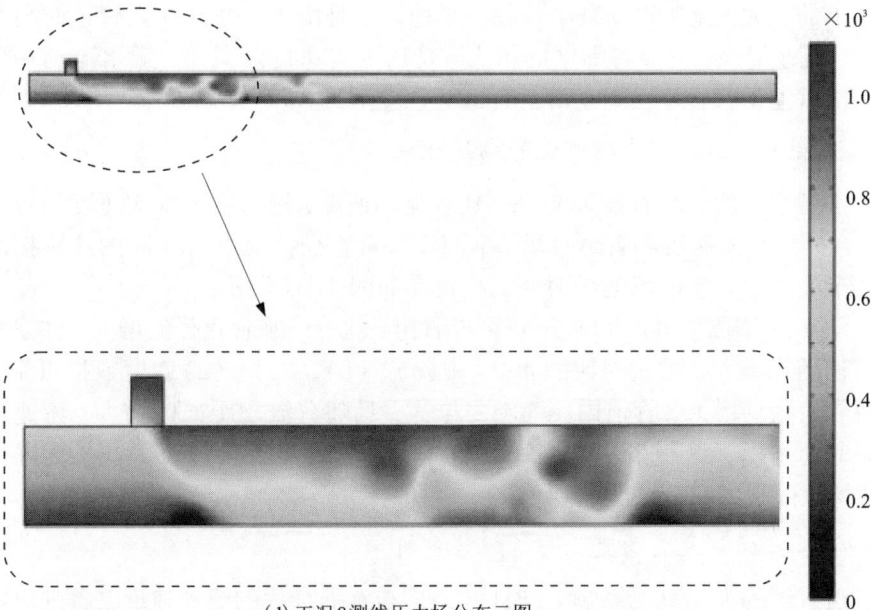

（d）工况8测线压力场分布云图

图 4-32　不同管道直径工况下压力变化情况

从图 4-32 中(b)、(d)可以看出注浆管附近压力较大,沿着水流方向的压力逐渐降低并趋于稳定状态。通过对比图 4-32(a)、(c)压力数据可知,随着管道直径的增大,管道内不同时刻的压力随之减小。这是由于在同一水流速度和注浆管直径情况下,随着管道直径的增大,单位时间内注浆量相对减小,EPEM 难以有效形成封堵体,从而使得管道压力减小。

3. 注浆封堵流速场时空变化规律

EPEM 的注入会影响管道内流场分布,在注浆量逐渐增大的过程中,管道内的流速随时间实时变化,影响 EPEM 的封堵效果。在恒压注浆的条件下,通过水流速度、注浆管直径及管道直径等初始条件,研究 EPEM 在管道突涌水条件下的流场时空变化规律。

1)水流速度对流速场变化影响规律分析

初始水流速度直接影响管道内的流速,通过固定注浆管直径和管道直径,研究同一管道直径和注浆管直径、不同水流速度情况下 EPEM 的注浆扩散规律。工况 1、2、3、4 的流速场时空变化情况如图 4-33 所示。

从图 4-33(b)、(d)、(f)、(h)可以看出,随着水流速度的增大,注浆管附近的流速随之增大。通过对比图 4-33 中(a)、(c)、(e)、(g)速度数据可知,随着流动距离的增大,流速逐渐减小且趋于平稳。这是由于 EPEM 注入管道时与水混合流动,流速增大,但随着黏度的增大,管道内流速逐渐减小,顺水流动一段距离后浆液沉积于管道中,流速则逐渐趋于平稳。

2)注浆管直径对流速场变化影响规律分析

注浆管直径的大小直接影响 EPEM 的流动速度,通过固定水流速度和管道直径,研究同一水流速度和管道直径、不同注浆管直径情况下 EPEM 的注浆扩散规律。工况 3、5、6、7 的流速场时空变化情况如图 4-34 所示。

从图 4-34(b)、(d)、(f)、(h)可以看出,随着注浆管直径的增大,注浆管附近的流速随之增大。通过对比图 4-34 中(a)、(c)、(e)、(g)速度数据可知,随着注浆管直径的增大,管道内流速随之增大,且随着流动距离的增大,流速逐渐减小且趋于平稳。这是由于在同一注浆压力和管道直径情况下,注浆管直径越大,使得流速越大。

3)管道直径对流速场变化影响规律分析

管道直径的大小直接影响 EPEM 注入后与水混合后的流动速度,通过固定水流速度和注浆管直径,研究同一水流速度和注浆管直径、不同管道直径情况下 EPEM 的注浆扩散规律。工况 3、8 的流速场时空变化情况如图 4-35 所示。

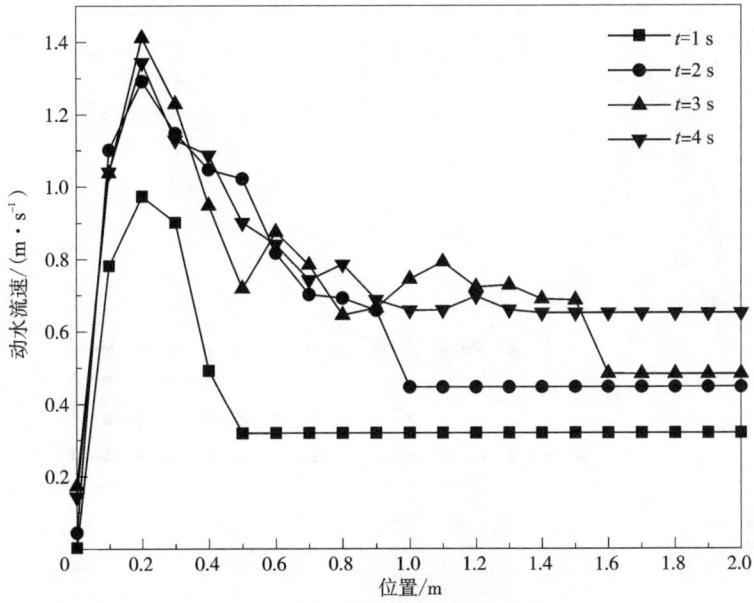

(a) 工况 1 测线流速变化曲线

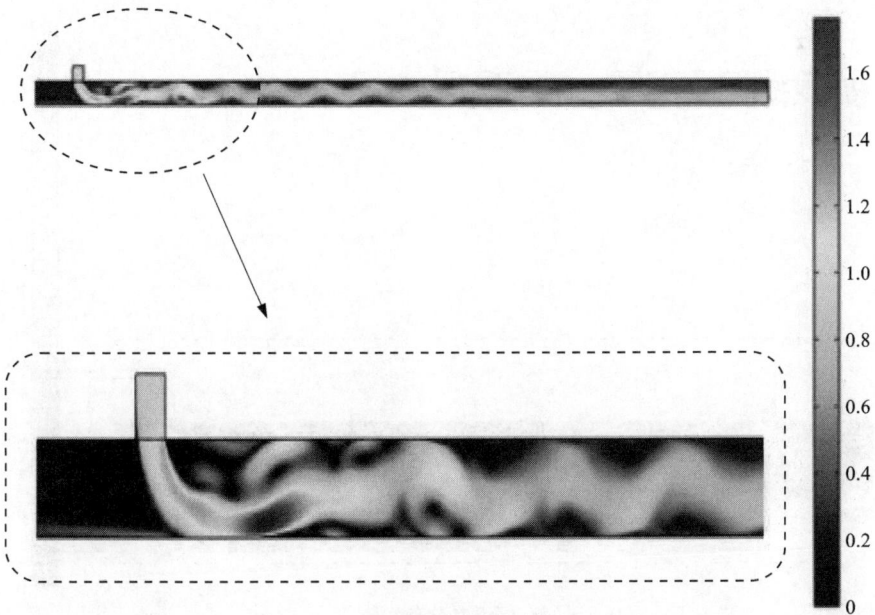

(b) 工况 1 测线流速场分布云图

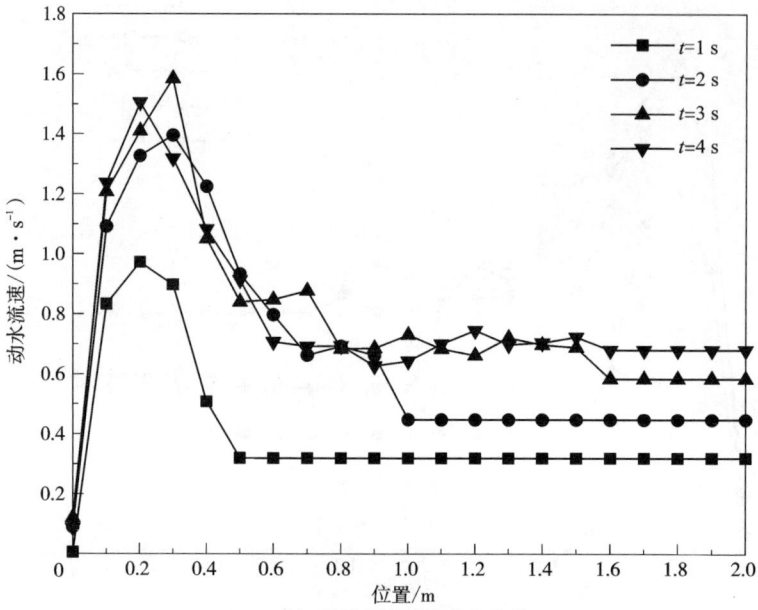

（c）工况2测线流速变化曲线

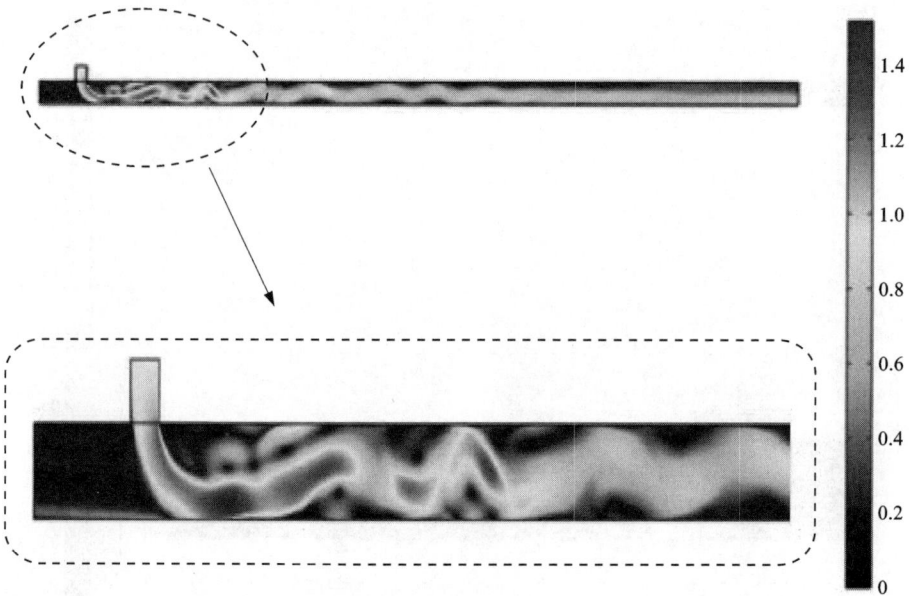

（d）工况2测线流速场分布云图

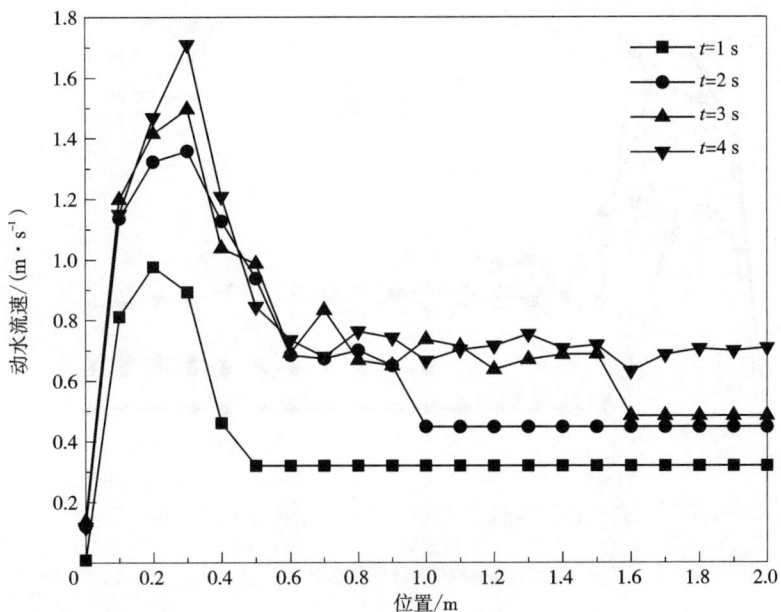

(e) 工况 3 测线流速变化曲线

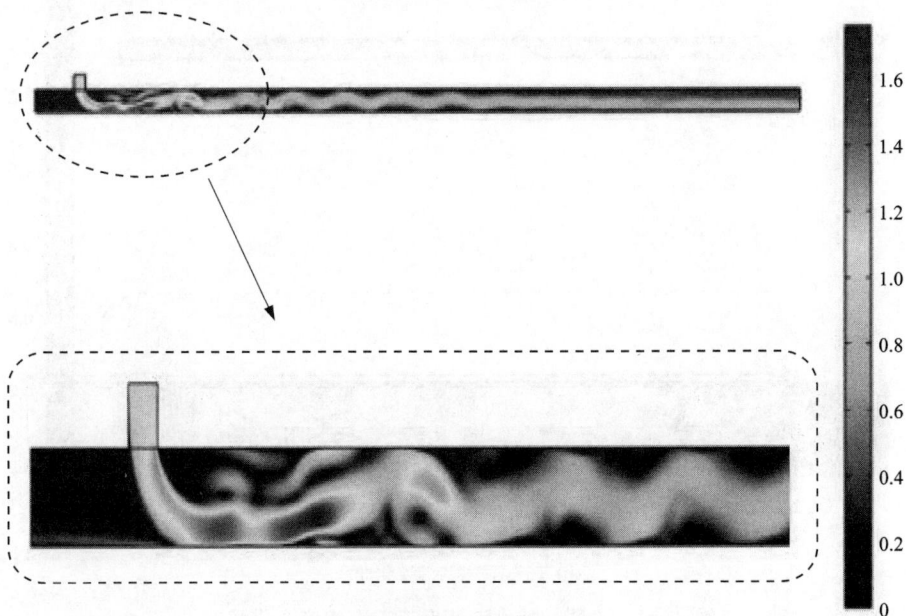

(f) 工况 3 测线流速场分布云图

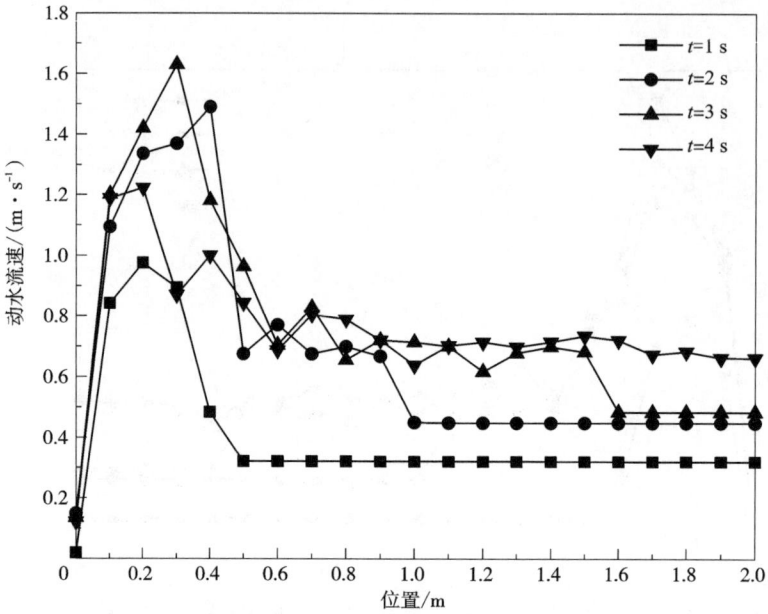

(g) 工况4测线流速变化曲线

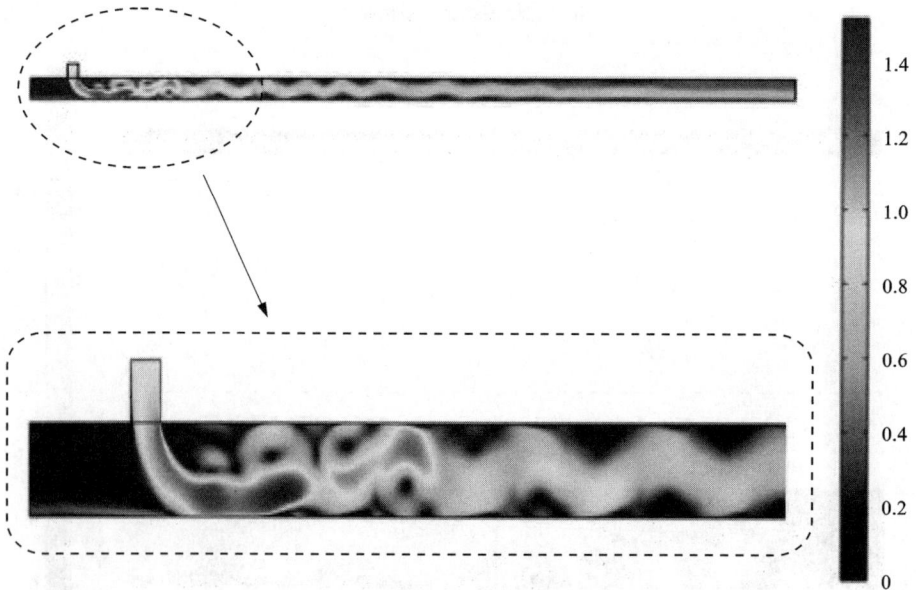

(h) 工况4测线流速变化曲线

图4-33 不同初始水流速度工况下速度变化情况

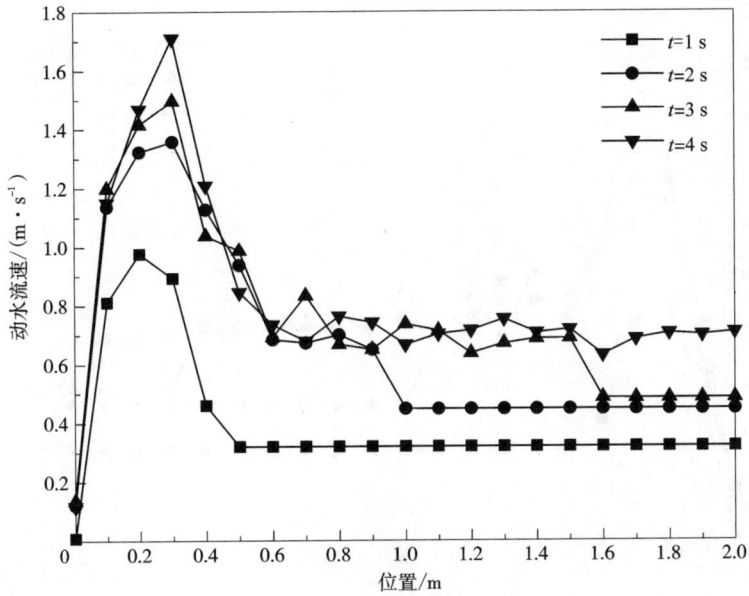

(a) 工况3测线流速变化曲线

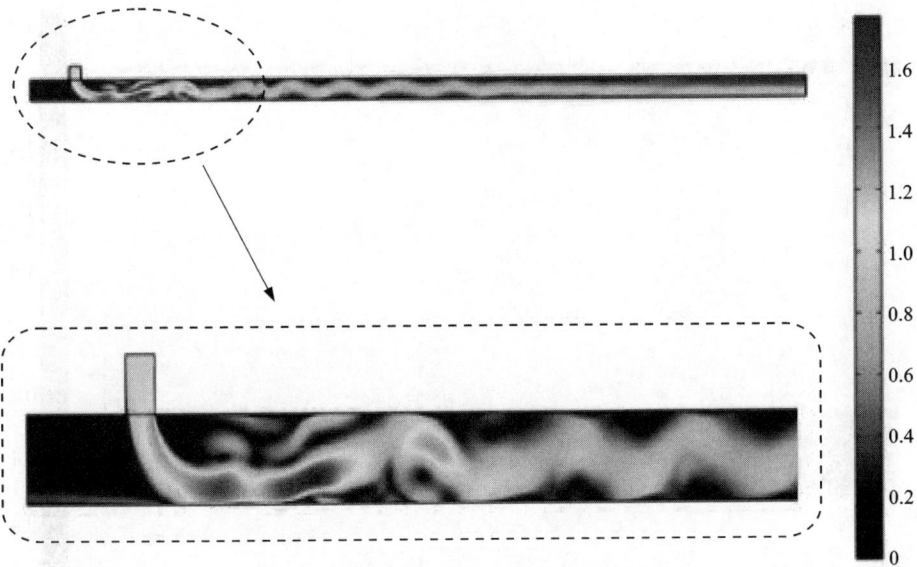

(b) 工况3测线流速场分布云图

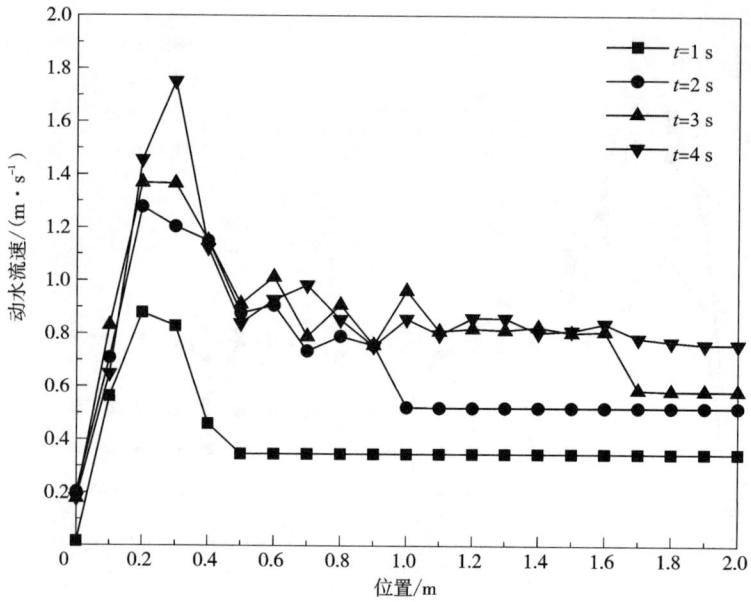

(c) 工况5测线流速变化曲线

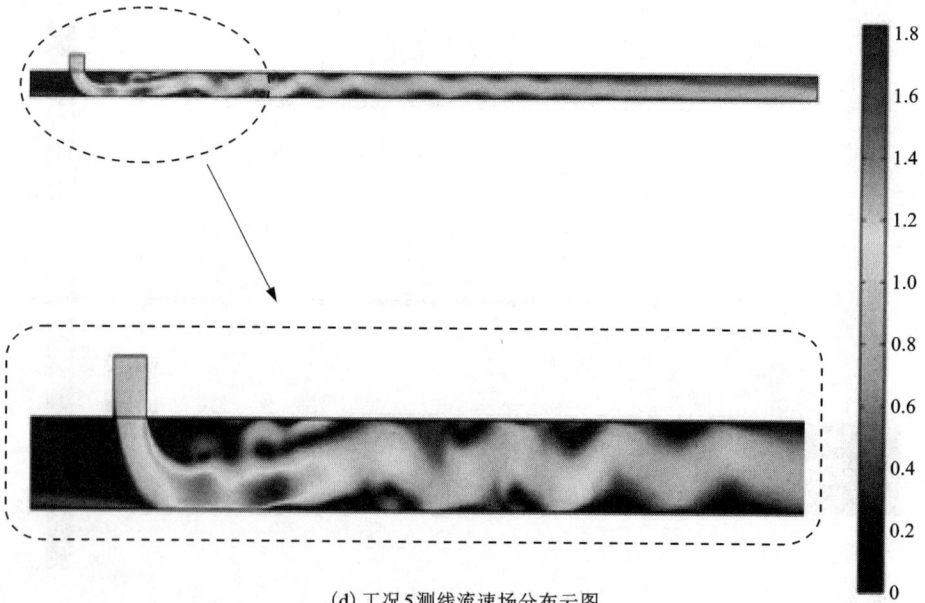

(d) 工况5测线流速场分布云图

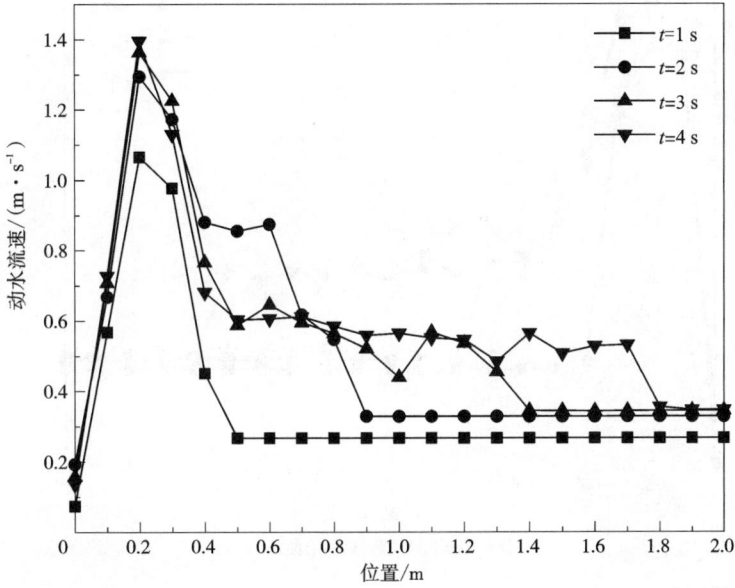

（e）工况 6 测线流速变化曲线

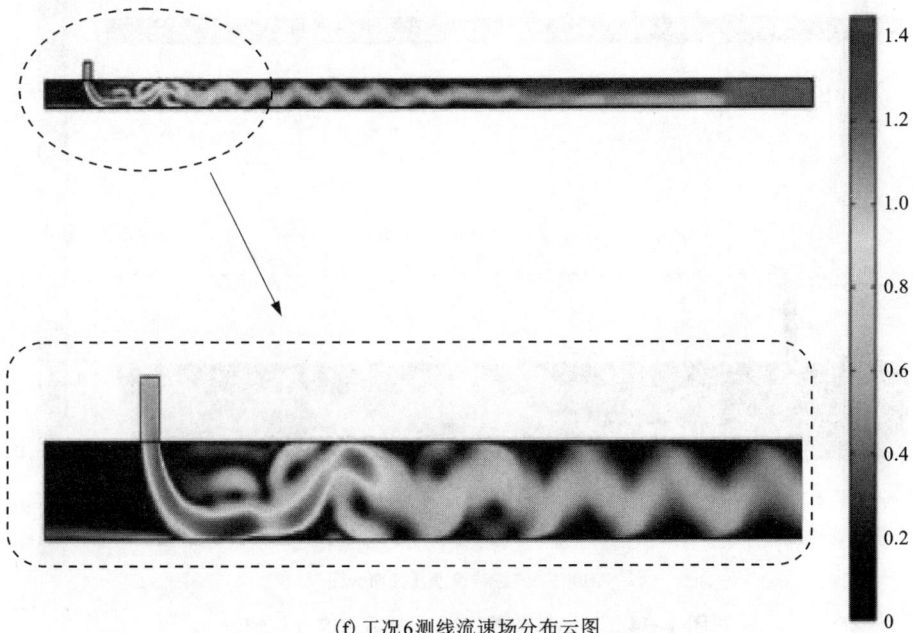

（f）工况 6 测线流速场分布云图

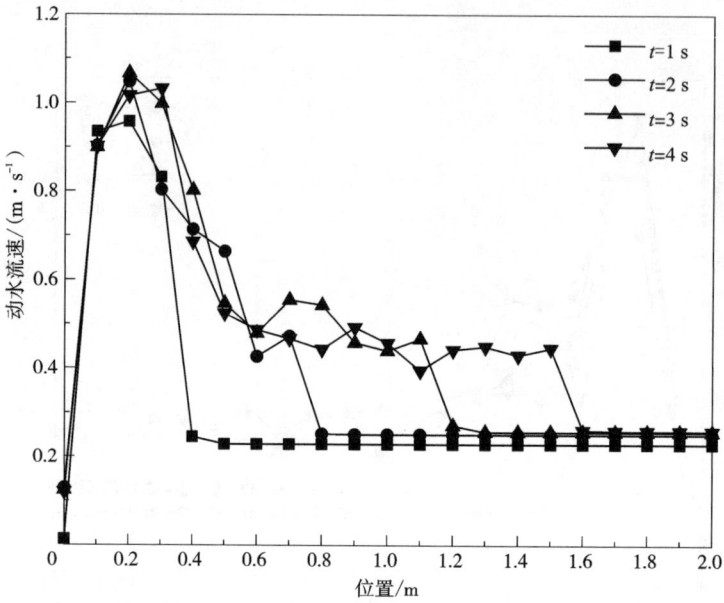

(g) 工况7测线流速变化曲线

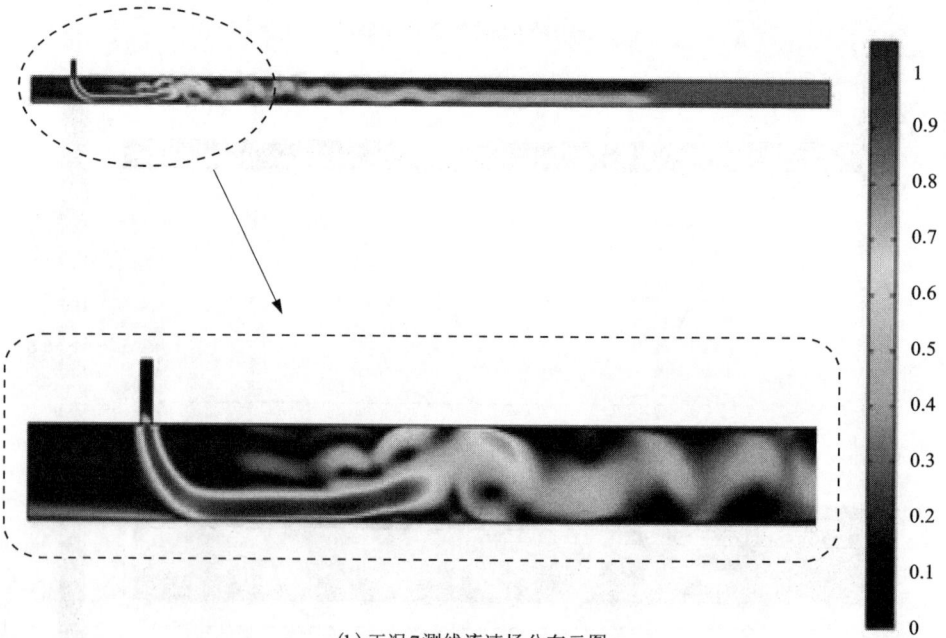

(h) 工况7测线流速场分布云图

图4-34　不同注浆管直径工况下速度变化情况

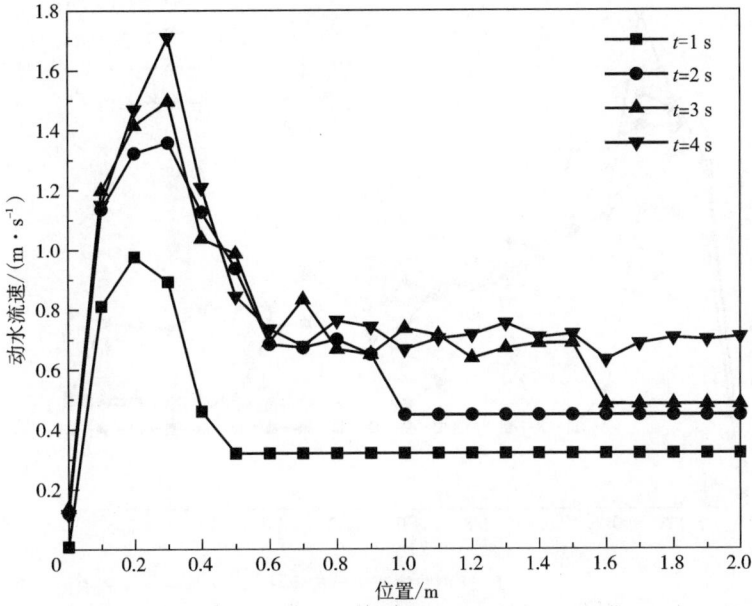

(a) 工况 3 测线流速变化曲线

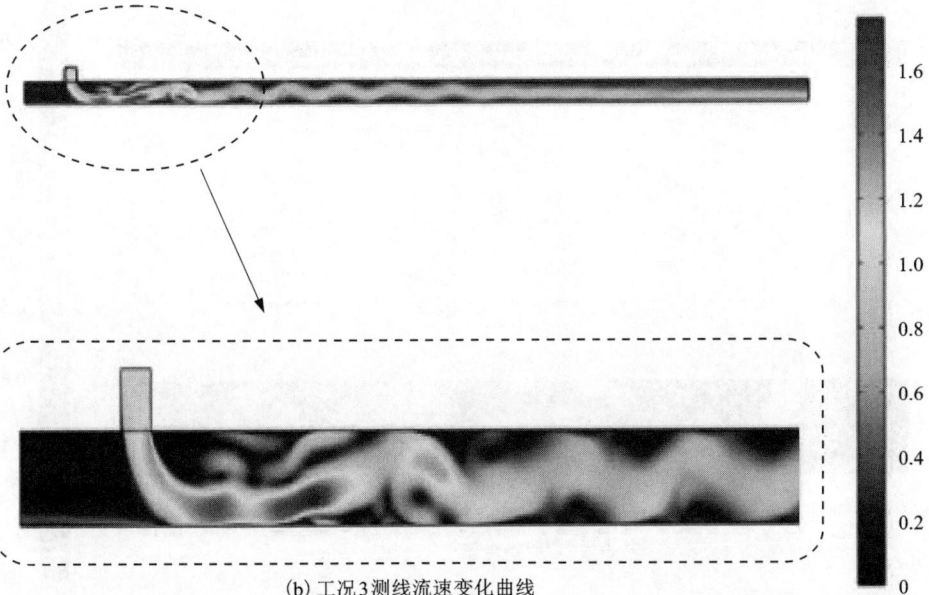

(b) 工况 3 测线流速变化曲线

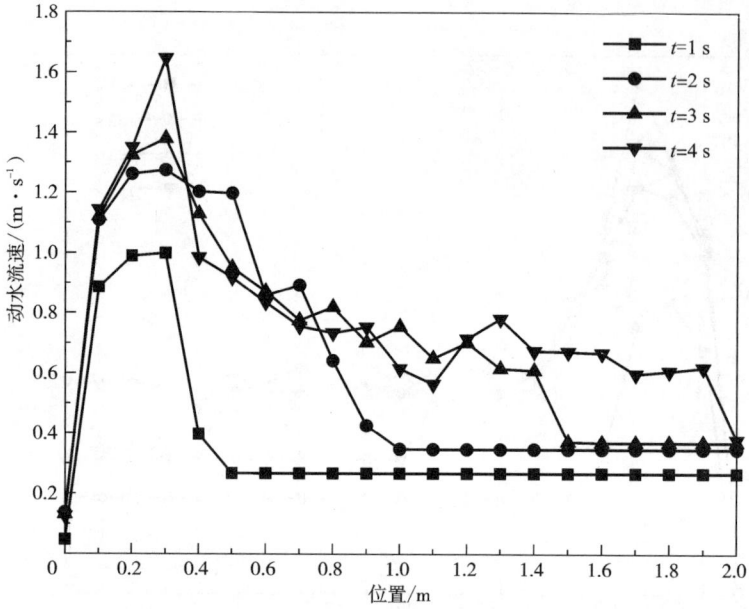

(c) 工况8测线流速场分布云图

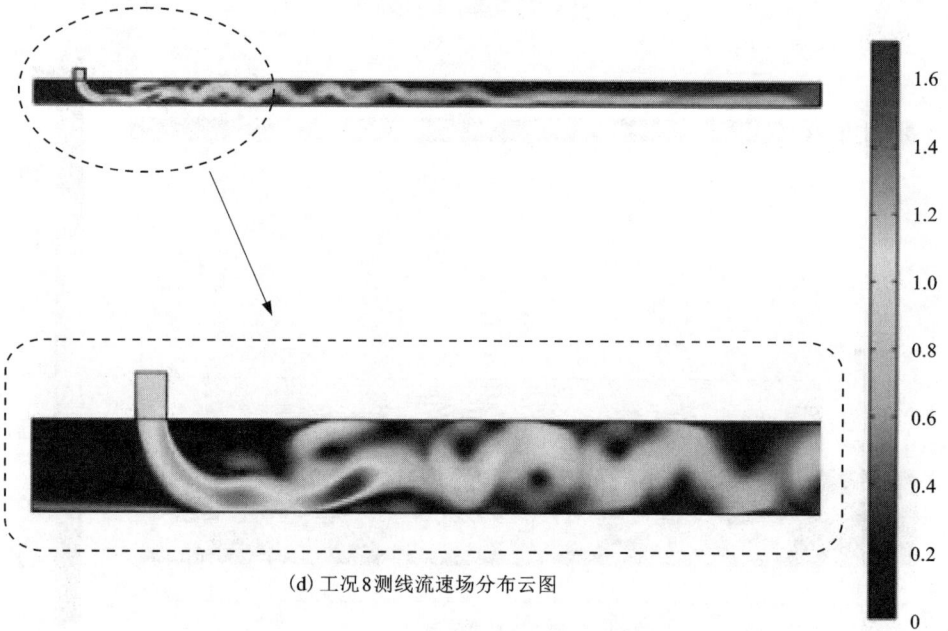

(d) 工况8测线流速场分布云图

图4-35 不同管道直径工况下压力变化情况

　　从图 4-35(b)、(d)可以看出,注浆管附近流速最大,管道内流速由注浆孔向右端逐渐减小。通过对比图 4-35 中(a)、(c)速度数据可知,随着管道直径的增大,管道内流速逐渐增大,这是由于管道直径的增大,水流量随之增大,EPEM 更易被水冲散,使得流速增大。

4.6 典型案例应用研究

>>>

4.6.1 工程简介

某工程区间岩土工程勘察报告显示，沿线工程区地层碳酸盐岩占比大，岩溶属强发育，岩性以灰岩、白云质灰岩为主，成分均一，岩溶发育，地表随处可见溶沟、溶槽及岩溶漏斗、落水洞、溶蚀洼地等。岩溶漏斗、落水洞呈串珠状分布，岩溶洼地范围宽广，岩溶发育方向与构造走向基本一致，多沿不同岩性接触带、分层界面和构造带方向发育，碳酸盐岩分布区渠道沿线溶沟、溶芽呈犬牙交错，岩溶塌陷较普遍，地形崎岖。一般为浅部岩溶，发育深度为20~30 m。钻孔内多以溶洞形式出现，溶洞洞径一般为0.5~3 m，部分大的可在5~13 m。地表的溶蚀沟槽位于陡坡地段的多无充填，较为平缓的沟槽内有黏土充填，浅部溶洞经钻孔揭露多充填砂砾石及黏性土等，深部岩溶多无充填或充填泥和水。地表调查和钻孔揭露显示，溶蚀沟槽及构造部位的溶洞大多处于半充填至全充填状态，受地表及地下水影响，岩溶仍处在持续发育阶段。工程区沿线地下水类型主要为基岩裂隙水与岩溶水，水温为22~25 ℃，地下水位埋深较浅，为7~22 m，隧道所经地段地下水位一般高于洞顶，仅在进出口附近低于隧洞底板。隧洞所过地段大部分为中等至弱透水带，局部地段受岩溶、构造、节理裂隙及风化等影响，为强透水带。

根据现场地勘报告分析，该区间主要为碳酸盐岩地质，岩溶发育较为强烈，且溶洞均为半充填至全充填状态，充填物均为泥和水。多处已完成开挖支护的洞段的边墙、顶拱以及底板多次发生突涌水现象，大量地下水淹没隧洞（图4-36），造成了长时间工期延误。

图 4-36　现场突涌水情况

4.6.2　注浆方案设计与实施

1. 设计方案与施工参数确定

1) 钻孔布设

根据现场地勘报告分析，拟定对区段内边墙进行帷幕注浆，孔位布置成梅花形，设计钻孔孔径为 φ50 mm，孔深 5.0 m，孔距 1.5 m，环距 1.5 m，共 10 环，施工顺序：先施工 Ⅰ 序孔后施工 Ⅱ 序孔。帷幕注浆孔布置如图 4-37 所示。

2) 注浆材料与工艺选取

注浆材料选用 EPEM，配合比为醇酯比 0.9∶1，水泥掺量 50%，催化剂掺量 1%。

注浆工艺采用"孔口卡塞、孔内纯压式注浆"双浆液注浆工艺。具体流程：钻孔—清孔—安装止浆塞—制备 EPEM 浆液—Ⅰ序孔注浆—Ⅱ序孔注浆—同一循环注浆结束—下一循环注浆—全孔注浆结束—封孔。

3) 注浆结束标准

为了保证 EPEM 注浆封堵效果，需要合理的设计注浆结束标准。通过现场涌水量计算最终得出按 0.5 MPa 为最终注浆压力且单孔注浆时间达到 20 min 为注浆结束标准。此外，注浆施工时当发生压力急剧上升或注浆管剧烈抖动时，要立即停止注浆，迅速打开回浆阀门，以免堵管、爆管。

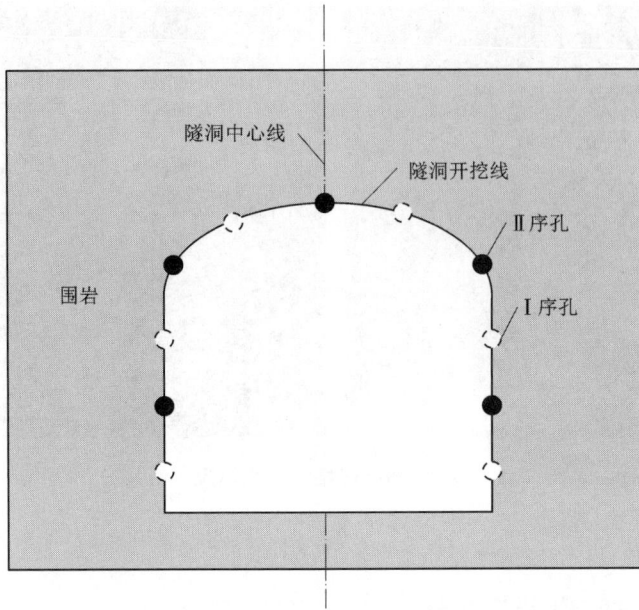

(a) 隧洞断面示意图

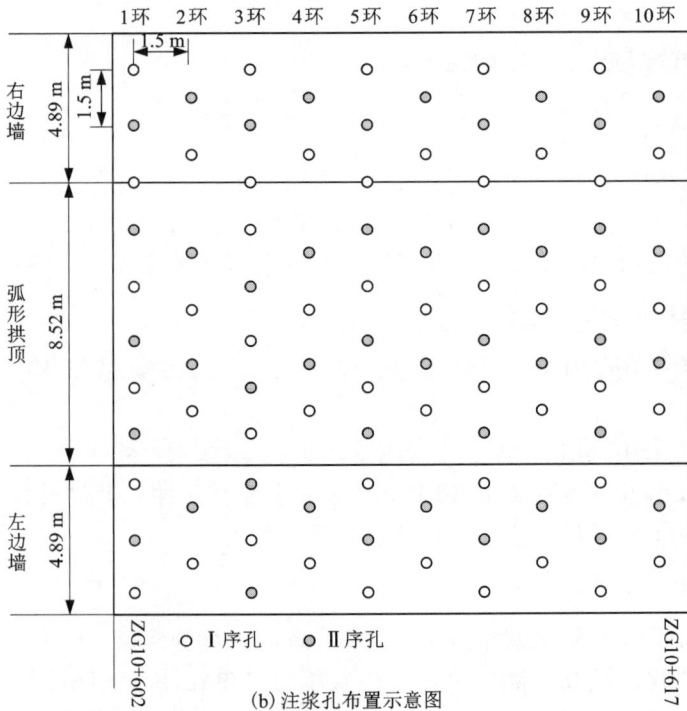

(b) 注浆孔布置示意图

图 4-37 现场帷幕注浆孔布置图

2. EPEM 施工流程

1）钻孔

采用 100B 型潜孔钻钻孔，钻孔完成后使用大流量水对孔内进行冲洗，清除孔内岩粉、渣屑，满足孔底沉渣不大于 20 cm，妥善保护好孔口，以防孔内进入异物导致堵孔。此外，钻孔和注浆顺序由外向内，同一圈孔间隔施工，钻进过程中若遇孔壁坍塌、卡钻等情况，应停止钻进，进行扫孔后再行钻进。

2）安装止浆塞

由于隧洞边墙后存在富水溶洞，大量地下水的涌出导致注浆作业难以进行，所以本次施工采用机械式止浆塞进行辅助注浆作业。现场安装止浆塞如图 4-38 所示。

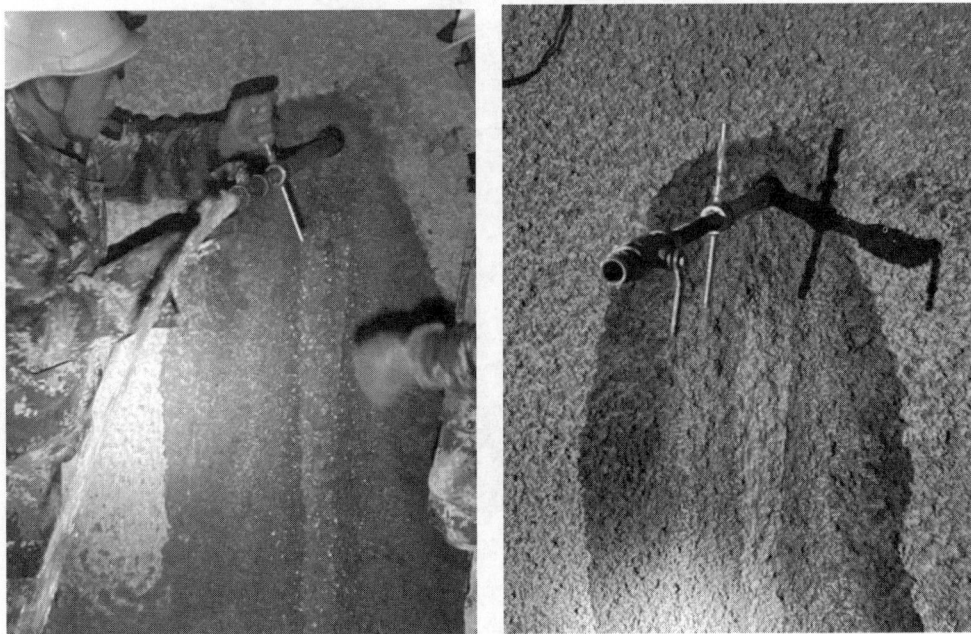

图 4-38　现场安装止浆塞

3）EPEM 制备

本次施工采用 EPEM 对隧洞边墙涌水进行注浆封堵。由于边墙涌水量较大，浆液遇水反应时间和胶凝时间在满足泵送要求下尽可能缩短。经过现场试验调配，同时考虑到地层条件复杂性，浆液配比确定为醇酯比 0.9∶1、水泥掺量70%、催化剂掺量 3%。EPEM 为双组分浆液，分为 A、B 组分，现场浆液制备步骤如下：

①制备 A 组份浆液。A 组份浆液为异氰酸酯，呈棕色透明液体，如图 4-39所示。

图 4-39　制备 A 组分浆液

②制备 B 组分浆液。B 组分浆液由聚醚多元醇、水泥、催化剂 3 种材料组成。首先将聚醚多元醇与水泥加入高速搅拌机中充分搅拌 10 min，再向搅拌机内加入催化剂充分搅拌 5 min，制备成 B 组分浆液。现场制备 B 组分浆液如图 4-40所示。

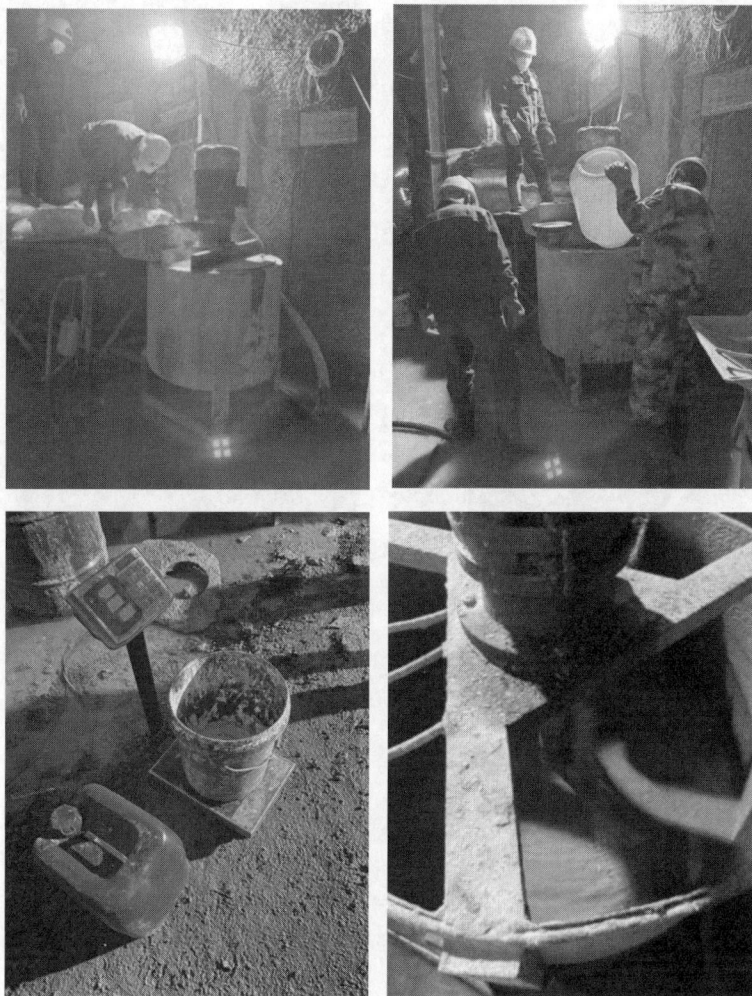

图 4-40　制备 B 组分浆液

4）EPEM 注入

本次施工采用孔口卡塞、孔内纯压式注浆法进行注浆作业，注浆顺序为先对外围的 Ⅰ 序注浆孔进行注浆，再对内侧的 Ⅱ 序孔位进行注浆。注浆结束后等待孔口浆液干缩后的空余部分用水泥砂浆球封填密实并抹平。现场注浆施工如图 4-41 所示。

图 4-41　现场注浆作业

4.6.3　注浆效果评价

1）注浆量

现场施工依据科学可行的设计方案，结合工程实际条件选取了 EPEM 浆液，并根据现场涌水点情况及时调整了注浆材料配合比，单孔进浆量为 177.5 L，成功封堵了边墙涌水，使得隧洞涌水注浆治理工程取得了良好的施工效果，创造了可观的经济效益。现场 EPEM 浆液注浆记录见表 4-15。

表 4-15　现场注浆记录表

浆液类型	时间	注浆压力/MPa	累计进浆量/L
EPEM	09：23：09	0.60	41.2
	09：28：09	0.61	84.7
	09：33：09	0.62	128.9
	09：38：09	0.60	176.5
	09：43：09	0.61	177.5

2) 涌水点断流

在隧道涌水点注浆治理过程中,区段内涌水情况明显改善,注浆完成后,区段内涌水点断流。通过对注浆孔观察分析,注浆孔表面干燥,孔内无漏水、渗水现象出现,注浆封堵效果较好(图4-34)。结果表明,EPEM 浆液成功治理了隧道边墙涌水,保证了隧洞开挖和支护的施工安全。

图 4-42 注浆封堵效果

第 5 章

植被生态敏感区注浆加固机理与关键技术

5.1　引言　>>>

随着我国城市建设的飞速发展，城市轨道交通网络日益发达，越来越多的城市轨道交通线路将不可避免地穿越林区绿地、生态公园等植被生态敏感地带。隧道等地下工程的建设通常会造成岩土体空间结构失稳、地下水环境变化、地层酸碱失衡等扰动效应，进而会对植被生态环境产生不可弥补的破坏。地铁车站作为轨道交通线路中的功能枢纽，往往具有较大的土工作业范围，因此，工程中多采用明挖法进行施工建设。然而，明挖法施工一方面会阻碍城市地面的正常交通、生活，另一方面会彻底破坏区域内的既有植被环境，只能采用移栽等方式对上覆植被进行补救，给工程成本及社会效益带来了不利影响。近年来，随着地下工程施工技术的不断提高，暗挖法已成为地铁车站施工一种较为成熟的技术方法，这使得地铁车站穿越植被生态敏感区成为可能。但暗挖地铁车站通常具有埋深浅、开挖断面大、开挖工序多等特点，必然会对上覆地表环境带来显著影响；同时，大断面暗挖隧道在浅埋多工序的施工条件下存在一定的稳定性风险，这也是大量工程技术人员一直关注的技术难题。注浆是隧道等地下工程中最常用的加固处理技术之一，也是保护地表结构最有效的技术之一。然而，常用的注浆材料通常会改变土壤和地下水的 pH 和化学成分，不仅会影响地质条件，还会对植被根系造成危害。随着人们对环境保护的日益关注，地下工程对绿色、生态注浆材料的需求日益增长。

在工程实践中，用于隧道等地下工程的开挖预注浆材料有很多，包括水泥浆液、水泥砂浆、水玻璃-水泥浆液、化学浆液等。众所周知，水泥浆具有扩散不可控、碱性强、稳定性差的特点，不宜在植被生态敏感区进行大规模注浆。与水泥浆相比，水玻璃-水泥浆虽然具有稳定性好、扩散可控等优点，但由于经济成本较高、污染环境，故在植被生态敏感区很少使用。由于采用上述传统注浆材料的注浆方案会对生态环境产生意想不到的影响，因此，研发新的绿色注浆材料，对于保证隧道等地下工程施工安全、降低施工对周边生态环境的不利影响十分重要，这也是目前植被生态敏感区地下工程施工中亟须解决的难题。

5.2 植被生态敏感区绿色注浆材料研发 >>>

5.2.1 正交试验设计及试验流程

根据上覆植被保护和地下工程施工等要求可知，植被生态敏感区内采用的地下工程注浆材料应具备以下特点，如绿色环保、析水率小、扩散范围可控、抗渗性能好、可灌性好、强度高、经济性好等。因此，在查阅大量文献及工程调研的基础上，配制一种由普通硅酸盐水泥（42.5#）、水、速凝剂 A 以及稳定剂 B 组成的可控绿色注浆材料。

各组分的具体要求如下：水泥细度通过 80 μm 方孔筛的筛余量不大于 5%，性能满足《通用硅酸盐水泥》（GB 175—2007）标准的有关要求；速凝剂 A 为粉末状材料，无毒，未潮湿；稳定剂 B 为粉末状材料，工业级。各材料成分外观形态、如图 5-1 所示。

图 5-1 可控绿色注浆材料各成分外观形态

根据经验及前期预试验进行正交试验设计,分别采用 4 个水平。采用的水灰比为 1∶1、1.5∶1、2∶1、2.5∶1;速凝剂 A 掺量(占水泥比例)为 0.5%、0.7%、1%、1.5%;稳定剂 B 掺量(占水泥比例)为 0.2%、0.4%、0.6%、0.8%。正交试验各组配比见表 5-1。

表 5-1　正交试验配比

组名	水灰比	速凝剂/%	稳定剂/%
T1	1∶1	0.5	0.2
T2	1∶1	0.7	0.4
T3	1∶1	1.0	0.6
T4	1∶1	1.5	0.8
T5	1.5∶1	0.5	0.4
T6	1.5∶1	0.7	0.2
T7	1.5∶1	1.0	0.8
T8	1.5∶1	1.5	0.6
T9	2∶1	0.5	0.6
T10	2∶1	0.7	0.8
T11	2∶1	1.0	0.2
T12	2∶1	1.5	0.4
T13	2.5∶1	0.5	0.8
T14	2.5∶1	0.7	0.6
T15	2.5∶1	1.0	0.4
T16	2.5∶1	1.5	0.2

具体试验流程如下。第一步:按配合比要求称量水泥和水,并混合搅拌 3 min,制成水泥浆;第二步:按配合比要求称量速凝剂 A 和稳定剂 B,并将二者混合成外加剂;第三步:将外加剂与水泥浆混合,搅拌约 3 min,对浆液各性能进行测试。

5.2.2 绿色注浆材料性能测试

1. 浆液流动度测试

使用水泥净浆流动度模测试浆液流动度，测试过程如图 5-2 所示，测试结果见表 5-2。

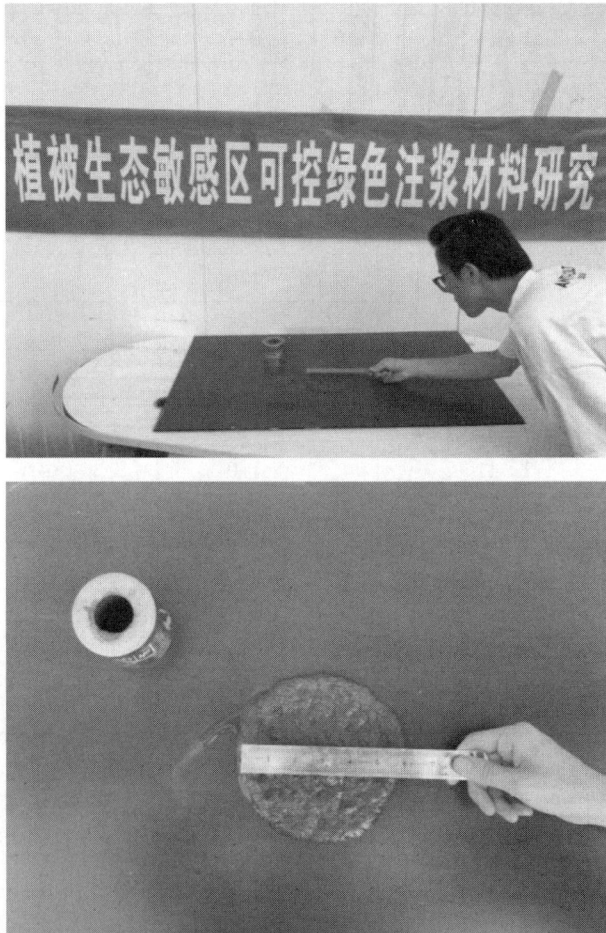

图 5-2 流动度测试过程

表 5-2　流动度测试结果

组名	T1	T2	T3	T4	T5	T6	T7	T8
流动度/mm	159	102.5	69.5	62	242.5	240	142.5	84
组名	T9	T10	T11	T12	T13	T14	T15	T16
流动度/mm	285	200	242.5	172.5	275	267.5	107.5	157.5

2. 浆液析水率测试

析水率采用圆柱量筒法测定,测试过程如图 5-3 所示,测试结果见表 5-3。

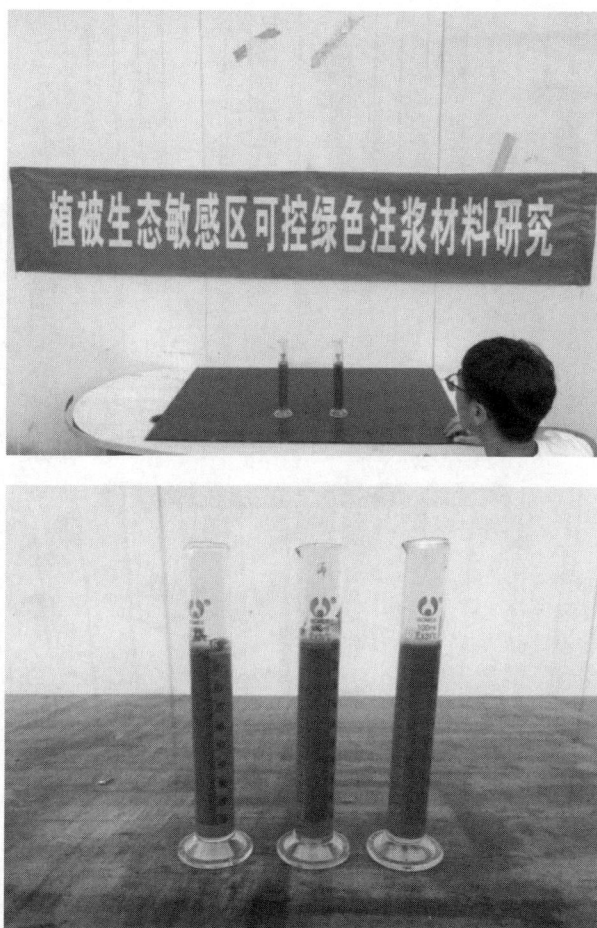

图 5-3　析水率测试

表 5-3　浆液析水率

组名	T1	T2	T3	T4	T5	T6	T7	T8
析水率/%	10	10	1	0.5	25	21	10	1.5
组名	T9	T10	T11	T12	T13	T14	T15	T16
析水率/%	36	26	11	1.5	55	50	12	2

3. 浆液凝结时间测试

采用倒杯法来测定浆液初凝时间，维卡仪测定浆液终凝时间，测试过程如图 5-4 所示，测试结果见表 5-4。

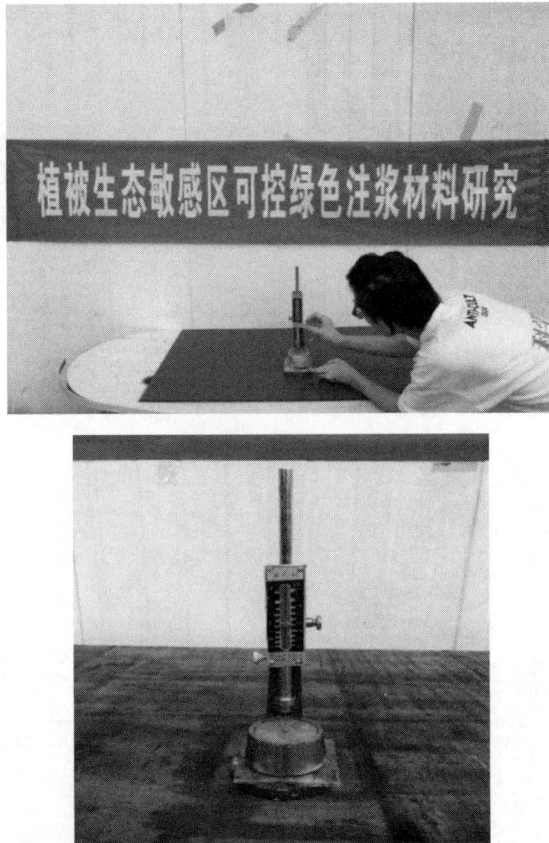

图 5-4　终凝时间测试

表 5-4　凝结时间测试结果

组名	T1	T2	T3	T4	T5	T6	T7	T8
初凝/min	38	30	6	2	63	65	40	8
终凝/min	251	242	214	85	350	475	390	223
组名	T9	T10	T11	T12	T13	T14	T15	T16
初凝/min	45	37	32	14	67	82	51	5
终凝/min	175	193	205	218	315	336	348	365

4. 浆液力学性能测试

对浆液结石体进行 3 d 及 7 d 无侧限抗压强度测试，试样养护及测试如图 5-5 所示，抗压强度测试结果见表 5-5。

图 5-5　试样养及测试

表 5-5　试样无侧限抗压强度(3 d/7 d)

组名	3 d 抗压强度/MPa	7 d 抗压强度/MPa
T1	2.95	4.55
T2	2.07	2.42

续表5-5

组名	3 d 抗压强度/MPa	7 d 抗压强度/MPa
T3	1.18	1.67
T4	2.16	2.69
T5	1.51	2.05
T6	1.11	1.73
T7	0.84	1.21
T8	0.65	0.84
T9	0.85	1.19
T10	0.52	0.75
T11	0.22	0.35
T12	0.27	0.37
T13	0.63	1.12
T14	0.45	0.77
T15	0.13	0.15
T16	0.16	0.18

5.2.3　绿色注浆材料试验结果分析

1.浆液流动度测试结果分析

对水灰比、速凝剂掺量、稳定剂掺量的正交试验结果进行流动度的极差分析,结果见表5-6。

表5-6　浆液流动度极差分析

编号\因素	A 水灰比	B 速凝剂/%	C 稳定剂/%	流动度/mm
1	1:1	0.5	0.2	159

续表5-6

编号	因素 A 水灰比	B 速凝剂/%	C 稳定剂/%	流动度/mm
2	1∶1	0.7	0.4	102.5
3	1∶1	1.0	0.6	69.5
4	1∶1	1.5	0.8	62
5	1.5∶1	0.5	0.4	242.5
6	1.5∶1	0.7	0.2	240
7	1.5∶1	1.0	0.8	142.5
8	1.5∶1	1.5	0.6	84
9	2∶1	0.5	0.6	285
10	2∶1	0.7	0.8	200
11	2∶1	1.0	0.2	242.5
12	2∶1	1.5	0.4	172.5
13	2.5∶1	0.5	0.8	275
14	2.5∶1	0.7	0.6	267.5
15	2.5∶1	1.0	0.4	107.5
16	2.5∶1	1.5	0.2	157.5
k_1	98.25	240.375	199.75	
k_2	177.25	202.5	156.25	
k_3	225	140.5	176.5	
k_4	201.875	119	169.875	
极差	126.75	121.375	43.5	
最优配比	A_2	B_2	C_2	

　　由表5-6可知，水灰比、速凝剂掺量、稳定剂掺量的极差分别为126.75、121.375、43.5，通过极差大小分析，可得出该试验3个影响因素中水灰比对浆液流动度的影响最大，其主次关系为水灰比>速凝剂掺量>稳定剂掺量，因此在试验

中, 应该着重控制水灰比这个因素, 同时也应给予速凝剂掺量一定的重视。为减少浆液扩散对暗挖区间上覆植被根系的影响, 流动度应选取控制区间内的较小值。因此, 根据正交试验结果可以得到流动度的最优配比为 $A_2B_2C_2$。

2. 浆液析水率测试结果分析

对水灰比、速凝剂掺量、稳定剂掺量的正交试验结果进行析水率的极差分析, 结果见表 5-7。

表 5-7 浆液析水率极差分析

因素 编号	A 水灰比	B 速凝剂/%	C 稳定剂/%	析水率/%
1	1:1	0.5	0.2	10
2	1:1	0.7	0.4	10
3	1:1	1.0	0.6	1
4	1:1	1.5	0.8	0.5
5	1.5:1	0.5	0.4	25
6	1.5:1	0.7	0.2	21
7	1.5:1	1.0	0.8	10
8	1.5:1	1.5	0.6	1.5
9	2:1	0.5	0.6	36
10	2:1	0.7	0.8	26
11	2:1	1.0	0.2	11
12	2:1	1.5	0.4	1.5
13	2.5:1	0.5	0.8	55
14	2.5:1	0.7	0.6	50
15	2.5:1	1.0	0.4	12
16	2.5:1	1.5	0.2	12
k_1	5.375	31.500	11.000	

续表5-7

因素 编号	A 水灰比	B 速凝剂/%	C 稳定剂/%	析水率/%
k_2	14.375	26.750	12.125	
k_3	18.625	8.500	22.125	
k_4	29.750	1.375	22.875	
极差	24.375	30.125	11.875	
最优配比	A_1	B_4	C_1	

由表5-7可知,水灰比、速凝剂掺量、稳定剂掺量的极差分别为24.375、30.125、11.875,通过极差大小分析,可得出该试验3个影响因素中速凝剂掺量对浆液析水率的影响最大,其主次关系为速凝剂掺量>水灰比>稳定剂掺量,因此在试验中,应该着重控制速凝剂掺量这个因素,同时也应给予水灰比一定的重视。在注浆过程中,析水率越小,浆液就越稳定,施工时就更易对其进行控制;同时,低析水率可以保证较少的滤液进入地下水环境,从而减少对上覆植被生长环境的影响。因此,通过本次正交试验,可以得到析水率的最优配比为 $A_1B_4C_1$。

3. 浆液凝结时间测试结果分析

对水灰比、速凝剂掺量以及稳定剂掺量的正交试验结果进行初凝时间极差分析,结果见表5-8。

表5-8　浆液凝结时间极差分析

因素 编号	A 水灰比	B 速凝剂/%	C 稳定剂/%	初凝时间/min
1	1:1	0.5	0.2	38
2	1:1	0.7	0.4	30
3	1:1	1.0	0.6	6
4	1:1	1.5	0.8	2
5	1.5:1	0.5	0.4	63
6	1.5:1	0.7	0.2	65

续表5-8

因素 编号	A 水灰比	B 速凝剂/%	C 稳定剂/%	初凝时间/min
7	1.5 : 1	1.0	0.8	40
8	1.5 : 1	1.5	0.6	8
9	2 : 1	0.5	0.6	45
10	2 : 1	0.7	0.8	37
11	2 : 1	1.0	0.2	32
12	2 : 1	1.5	0.4	14
13	2.5 : 1	0.5	0.8	67
14	2.5 : 1	0.7	0.6	82
15	2.5 : 1	1.0	0.4	51
16	2.5 : 1	1.5	0.2	5
k_1	19.00	53.25	35.00	
k_2	44.00	53.50	39.50	
k_3	32.00	32.25	35.25	
k_4	51.25	7.25	36.50	
极差	32.25	46.25	4.50	
最优配比	A_3	B_3	C_1	

由表5-8可知,水灰比、速凝剂掺量、稳定剂掺量的极差分别为32.25、46.25、4.50,通过极差大小分析,可得出该试验4个影响因素中速凝剂掺量对浆液初凝时间的影响最大,其主次关系为速凝剂掺量>水灰比>稳定剂掺量。因此在试验中,应该着重控制速凝剂掺量这个因素,同时也应该给予水灰比一定的重视。在注浆过程中,为了达到良好的灌注效果,一般要求浆液初凝时间应在大于30 min的基础下尽可能小。因此,通过本次正交试验可以得到初凝时间的最优配比为$A_3B_3C_1$。

4. 浆液力学性能测试结果分析

对水灰比、速凝剂掺量以及稳定剂掺量的正交试验结果进行浆液结石体无侧限抗压强度的极差分析，结果见表 5-9。

表 5-9　浆液 3 d 抗压强度极差分析

编号 \ 因素	A 水灰比	B 速凝剂/%	C 稳定剂/%	抗压强度/MPa
1	1 : 1	0.5	0.2	2.95
2	1 : 1	0.7	0.4	2.07
3	1 : 1	1.0	0.6	1.18
4	1 : 1	1.5	0.8	2.16
5	1.5 : 1	0.5	0.4	1.51
6	1.5 : 1	0.7	0.2	1.11
7	1.5 : 1	1.0	0.8	0.84
8	1.5 : 1	1.5	0.6	0.65
9	2 : 1	0.5	0.6	0.85
10	2 : 1	0.7	0.8	0.52
11	2 : 1	1.0	0.2	0.22
12	2 : 1	1.5	0.4	0.27
13	2.5 : 1	0.5	0.8	0.63
14	2.5 : 1	0.7	0.6	0.45
15	2.5 : 1	1.0	0.4	0.13
16	2.5 : 1	1.5	0.2	0.16
k_1	2.090	1.485	1.110	
k_2	1.028	1.037	0.995	
k_3	0.456	0.593	0.783	
k_4	0.342	0.810	1.038	

续表5-9

编号 \ 因素	A 水灰比	B 速凝剂/%	C 稳定剂/%	抗压强度/MPa
极差	1.748	0.892	0.327	
最优配比	A_1	B_1	C_1	

　　由表5-9可知，水灰比、速凝剂掺量、稳定剂掺量的极差分别为1.748、0.892、0.327，通过极差大小分析，可得出该试验4个影响因素中水灰比对浆液结合体抗压强度的影响最大，其主次关系为水灰比>速凝剂掺量>稳定剂掺量。因此在试验中，应该着重控制水灰比这个因素，同时也应该给予速凝剂掺量一定的重视。在施工过程中，管棚的支护效果随结石体强度的增加而加强，通过本次正交试验可以得到结石体抗压强度的最优配比为 $A_1B_1C_1$。

5.3　绿色注浆材料对植被生长全过程响应　>>>

为研究绿色注浆材料对植被生长全过程的影响,以白三叶和黑麦草作为试验材料开展盆栽试验,以加入的绿色注浆材料的质量为控制变量,分别在白三叶的分蘖期、开花期、成熟期及黑麦草的分蘖期、孕穗期、开花期这几个生长阶段对白三叶和黑麦草进行取样,并进行相关指标的检测。在试验的前期准备时,将绿色注浆材料注入试验桶内,并在其上覆盖试验用土。试验主要研究绿色注浆材料对白三叶及黑麦草的生理生化指标、根系生长及土壤理化性质的影响。试验的研究内容如下:

①在黑麦草种子萌发期,对黑麦草种子的发芽数进行统计,研究黑麦草种子萌发期绿色注浆材料对黑麦草种子发芽势及发芽率的影响。

②研究在白三叶的分蘖期、开花期、成熟期及黑麦草的分蘖期、孕穗期、开花期的时候,绿色注浆材料对白三叶和黑麦草农艺性状如根系活力、根系特征的影响。在每个时期,对白三叶和黑麦草进行破坏试验,检测白三叶和黑麦草根系的总根长、总根表面积、总根体积、平均根数、根尖数等指标,研究绿色注浆材料对白三叶和黑麦草根系生长的影响。使用紫外分光光度计检测白三叶和黑麦草叶片叶绿素含量,研究绿色注浆材料对白三叶和黑麦草叶绿素含量的影响。

③分别在试验之前和白三叶的成熟期及黑麦草的开花期取试验土样,风干后磨土过筛,根据相关的试验方法对土壤基本理化性质进行检测,研究在绿色注浆材料作用下,土壤有机质、全氮量、全钾量、全磷量、碱解氮含量、速效磷含量、速效钾含量、土壤 pH 的变化情况。

5.3.1　试验设计与方法

1. 供试材料

试验土壤其全氮量、全磷量、全钾量分别为 0.381 g/kg、0.469 g/kg、2.732 g/kg,碱解氮含量、速效磷含量、速效钾含量分别为 28.371 mg/kg、151.483 mg/kg、339.394 mg/kg,有机质含量为 19.799 g/kg, pH 为 6.89,田间持

水率(FC)为 0.326 g/g。

供试白三叶品种为优质白三叶品种"歌德",供试黑麦品种为优质特高宽叶型黑麦草(以下简称黑麦草)。培养过程如图 5-6 所示。

图 5-6　植株培养过程示意图

2.试验设计与方法

在播种的前一天下午进行试验的育苗工作,将种子用冷水浸湿,置于放有纸巾的培养皿中,第二天上午在试验现场制备绿色注浆材料,在注入桶中后,用电子秤称量 10 kg 的试验土壤装填入桶内,然后在每桶中播种 100 粒种子,播完种后在种子的上层覆盖一层薄薄的土壤,用喷雾器将土壤表层喷湿,通过土培的方式来进行发芽,发芽期间每天进行观测,保持土壤表面湿润。进入苗期后,依据天气情况每 1~3 天观测一次，每处理组随机选取 3 桶，通过称重法测定桶中土壤水分含量，当桶中土壤水分含量低于田间持水量的 70% 时，开始对该处理组灌水使其接近田间持水量。

　　试验对象分为白三叶和黑麦草两种植物，针对白三叶根据加入的绿色注浆材料质量的不同，设置了 5 个处理组和 1 个空白对照组，分别注入 0.1 kg 绿色注浆材料（B1），注入 0.3 kg 绿色注浆材料（B2），注入 0.5 kg 绿色注浆材料（B3），注入 0.7 kg 绿色注浆材料（B4），注入 0.9 kg 绿色注浆材料（B5），不注入绿色注浆材料（CK）。针对黑麦草根据加入的绿色注浆材料质量的不同，设置了 5 个处理组和 1 个空白对照组，处理与白三叶相同，分别为 Y1、Y2、Y3、Y4、Y5、CK。其中每个组设置了 9 个重复试验，分别选取白三叶的分蘖期、开花期、成熟期及黑麦草的分蘖期、孕穗期、开花期依次在各处理中随机选取 3 盆进行取样破坏试验。对于植物部分，从土壤中取出并用水洗净装袋后放入存有干冰的泡沫盒内，带回实验室用于测定植物的叶绿素、根系活力等一系列指标。同时依据五点法取土样用作常规指标的检测，常温条件下风干。试验设计见表 5-10、表 5-11。

表 5-10　白三叶试验设计

试验组	分蘖期	开花期	成熟期
B1	已注浆 0.1 kg	已注浆 0.1 kg	已注浆 0.1 kg
B2	已注浆 0.3 kg	已注浆 0.3 kg	已注浆 0.3 kg
B3	已注浆 0.5 kg	已注浆 0.5 kg	已注浆 0.5 kg
B4	已注浆 0.7 kg	已注浆 0.7 kg	已注浆 0.7 kg
B5	已注浆 0.9 kg	已注浆 0.9 kg	已注浆 0.9 kg
CK	未注浆	未注浆	未注浆

表 5-11　黑麦草试验设计

试验组	分蘖期	孕穗期	开花期
Y1	已注浆 0.1 kg	已注浆 0.1 kg	已注浆 0.1 kg
Y2	已注浆 0.3 kg	已注浆 0.3 kg	已注浆 0.3 kg
Y3	已注浆 0.5 kg	已注浆 0.5 kg	已注浆 0.5 kg
Y4	已注浆 0.7 kg	已注浆 0.7 kg	已注浆 0.7 kg

续表5-11

试验组	分蘖期	孕穗期	开花期
Y5	已注浆 0.9 kg	已注浆 0.9 kg	已注浆 0.9 kg
CK	未注浆	未注浆	未注浆

3. 测定项目及方法

1)黑麦草种子发芽势、发芽率及相对发芽率测定

每隔24 h记录种子发芽数(以胚根或胚芽突破种皮长于种子长度为发芽标准),10 d后结束发芽试验记录。

2)叶绿素含量测定

用分光光度计法测定白三叶和黑麦草叶片的叶绿素含量。

3)根系特征指标

根系指标包括总根长、总根表面积、根平均直径、根体积、根尖数、耐性指数及根系活力。

4)根系活力测定

白三叶和黑麦草的根系活力测定采用TTC还原法。

5)土壤理化性质测定

使用重铬酸钾容量法-外加热法测量土壤有机质,使用半微量开氏法测量土壤全氮量,使用碱解扩散法测量土壤碱解氮含量,使用高氯酸-浓硫酸法测量土壤全磷量,使用0.5 mol/L碳酸氢钠法测量土壤速效磷含量,使用氢氧化钠熔融-火焰光度法测量土壤全钾量,使用醋酸铵浸提-火焰光度法测量土壤速效钾含量,使用pH计-电位法测量土壤pH。

4. 数据处理方法

采用SPSS22.0及MicrosoftExcel2016软件对试验数据进行统计分析。其中,采用SPSS22.0软件进行方差分析LSD检验,数值采用3次重复的平均值。

5.3.2 绿色注浆材料对植物种子发芽率影响

发芽势的高低能说明种子萌发处于最早期时对环境的敏感性大小,是反映种

子活力大小的重要指标。发芽率是反映种子品质优劣的重要指标，能够显示种子胚的活性。黑麦草种子发芽测试结果见表 5-12。

表 5-12　绿色注浆材料对黑麦草种子发芽的影响

试验组	发芽势/%	发芽率/%	相对发芽率/%
Y1 处理	3.00±1.00a	93.00±3.61a	99.17
Y2 处理	3.33±1.15a	95.00±3.00a	101.66
Y3 处理	4.00±3.61a	95.33±1.15a	101.78
Y4 处理	1.67±0.58a	95.67±1.53a	102.02
Y5 处理	3.00±1.00a	95.33±1.15a	101.78
CK 处理	2.67±0.58a	93.67±4.73a	100.00

注：同列不同字母表示处理间在 0.05 水平有显著差异（$P<0.05$）。

从表 5-12 可以看出，黑麦草各个处理组和对照组的发芽势普遍偏低，主要是因为播种时平均气温过低，在一定的低温胁迫下，延长了黑麦草种子的发芽时间，并且各个处理组之间与对照组的发芽势并无显著差异。黑麦草各个处理及对照组的发芽率均有 90% 以上，且无显著性差异，这说明在绿色注浆材料作用下，并没有对黑麦草种子的发芽率产生影响，甚至在绿色注浆材料作用下，Y2、Y3、Y4、Y5 处理组发芽率相比对照组略微有一些提高。黑麦草相对发芽率变化的趋势与发芽率的变化趋势基本一致。由此可见，绿色注浆材料对黑麦草种子发芽的影响较小。

5.3.3　绿色注浆材料对植物根系生长影响

根系的生长发育情况能有效的反映植物地下部分的生长情况。本试验在白三叶生长的分蘖期、开花期、成熟期和黑麦草生长的分蘖期、孕穗期、开花期对植株进行破坏试验，将白三叶和黑麦草的根系取出并彻底洗净后，利用 EPSON express 11000 xL 扫描仪进行扫描，并用根系分析软件 WinRhizo 对其根系生长主要指标（总根长、总根表面积、根平均直径、根体积及根尖数）进行测定。绿色注浆材料对不同生育阶段白三叶及黑麦草根系特征指标的影响见表 5-13、表 5-14。

表5-13 绿色注浆材料对不同生育阶段白三叶根系生长特征指标的影响

生育期	试验组	总根长/cm	总根表面积/cm²	根平均直径/mm	总根体积/cm³	根尖数/个	耐性指数/%
分蘖期	B1	216.43±91.99ab	56.81±31.61c	0.79±0.19bc	1.21±0.80b	1035±584c	73.22
	B2	210.91±104.74ab	123.17±67.12ab	2.64±2.59ab	11.00±14.41ab	1652±237bc	71.36
	B3	235.86±33.54ab	67.46±1.83c	0.91±0.16bc	1.57±0.25b	1044±208c	79.80
	B4	179.10±23.31b	168.66±12.96a	3.09±0.63a	13.93±3.63a	2176±676ab	60.59
	B5	313.55±47.92a	77.25±14.04bc	0.81±0.24bc	1.61±0.76b	2704±277a	106.08
	CK	295.57±26.83a	51.46±1.54c	0.56±0.06c	0.72±0.09b	1064±106c	100.00
开花期	B1	275.62±84.91ab	117.71±64.67a	1.51±0.79a	5.10±4.02a	1323±598a	70.67
	B2	301.06±91.16ab	147.31±44.50a	1.80±0.47a	6.84±3.49a	1861±768a	77.19
	B3	177.85±79.55b	148.92±33.96a	3.57±2.93a	15.07±15.22a	1755±305a	45.60
	B4	201.79±7.73b	136.53±31.99a	2.26±0.33a	8.69±3.05a	2033±398a	51.74
	B5	203.64±130.19b	106.16±45.68a	2.03±0.67a	5.31±3.08a	2085±857a	52.21
	CK	390.02±119.13a	177.46±43.70a	1.97±1.02a	9.24±7.53a	2066±638a	100.00
成熟期	B1	268.45±59.22ab	108.57±20.50b	1.50±0.36ab	3.92±0.90a	1085±298b	82.50
	B2	426.15±77.44a	174.54±59.92a	1.31±0.18b	5.88±2.74a	2121±829a	130.96
	B3	276.68±140.89ab	128.85±44.79ab	1.66±0.29ab	5.30±0.77a	1470±763ab	85.03
	B4	240.83±111.75b	131.95±10.20ab	2.17±0.66a	7.20±2.66a	1351±146ab	74.01
	B5	327.79±139.27ab	134.06±29.33ab	1.63±0.76ab	5.48±3.25a	1857±577ab	100.73
	CK	325.40±34.10ab	127.07±2.79ab	1.33±0.21b	4.22±0.45a	1275±50ab	100.00

注：同列不同字母表示处理间在0.05水平有显著差异（$P<0.05$）。

表 5-14　绿色注浆材料对不同生育阶段黑麦草根系生长特征指标的影响

生育期	试验组	总根长/cm	总根表面积/cm²	根平均直径/mm	总根体积/cm³	根尖数/个	耐性指数/%
分蘖期	Y1	137.06±29.34a	34.87±7.17a	0.82±0.10a	0.78±0.07a	1037±222a	89.14
	Y2	126.86±36.89a	24.67±7.89ab	0.63±0.15b	0.42±0.23b	722±190ab	82.51
	Y3	96.95±22.81a	13.45±2.32b	0.45±0.05c	0.15±0.02c	531±158b	63.05
	Y4	137.70±50.16a	17.46±8.53b	0.39±0.05c	0.18±0.11c	814±244ab	89.56
	Y5	113.85±26.80a	15.48±4.32b	0.43±0.03c	0.17±0.06c	690±168ab	74.04
	CK	153.76±48.48a	23.67±9.51ab	0.49±0.04bc	0.29±0.14bc	1047±348a	100.00
孕穗期	Y1	238.70±12.96ab	54.28±3.53ab	0.73±0.01ab	1.00±0.07ab	2300±339a	93.30
	Y2	214.34±72.13ac	49.69±11.13ab	0.81±0.34ab	1.04±0.52ab	1503±121c	83.78
	Y3	217.17±34.45ac	38.48±3.85b	0.57±0.07b	0.55±0.08b	1027±30b	84.89
	Y4	168.97±5.19bc	56.88±18.07ab	1.07±0.33a	1.62±0.92a	1004±201b	66.05
	Y5	159.13±41.61bc	41.60±13.42b	0.82±0.05ab	0.87±0.33ab	993±318b	62.20
	CK	255.83±41.14a	66.30±8.82a	0.83±0.09ab	1.38±0.24a	2056±361a	100.00
开花期	Y1	195.00±55.41a	109.14±7.32a	2.09±0.72b	6.29±2.86b	1353±43c	84.79
	Y2	238.17±47.53a	102.26±11.32a	1.38±0.24b	3.63±0.72b	1945±419bc	103.57
	Y3	200.20±22.36a	109.66±4.60a	1.82±0.22b	5.11±1.61b	1729±123bc	87.05
	Y4	161.57±44.24a	137.54±58.25a	3.38±0.86a	13.53±7.98a	2573±1330abc	70.26
	Y5	220.33±27.19a	126.19±17.19a	1.93±0.20b	6.86±2.06b	3256±742a	95.81
	CK	229.97±94.09a	108.28±42.60a	1.58±0.63b	4.52±2.41b	2623±668ab	100.00

注：同列不同字母表示处理间在 0.05 水平有显著差异($P<0.05$)

由表5-13、表5-14可知，与对照组（CK）相比，绿色注浆材料会分别在白三叶的分蘖期、开花期和黑麦草的分蘖期、孕穗期对白三叶和黑麦草的各个根系特征指标产生一定的影响，但在进入白三叶的成熟期及黑麦草的开花期时，绿色注浆材料的影响慢慢减弱，处理组和对照组之间的差异性不再显著。表明绿色注浆材料作用下，在植物的根系刚刚生长至处理层（即绿色注浆材料和土壤的交接层）时，这两种植物的根系尚未发育完全，绿色注浆材料对白三叶和黑麦草的根系生长有一定的抑制作用，如处理组的总根长及总根表面积在前两个生育阶段相比对照组都要略低一些；但是在白三叶的成熟期和黑麦草的开花期，绿色注浆材料对这两种植物的抑制作用逐渐减弱，这说明这两种植物在生长的过程中也在逐渐地适应这样的一个环境。

白三叶在分蘖期，B1、B2、B3、B4处理较CK处理组的总根长分别减少了26.8%、28.6%、20.2%、39.4%，B5处理组较CK处理组总根长增加了6.1%；在开花期，B1、B2、B3、B4、B5处理较CK处理的总根长分别减少了6.7%、16.2%、15.1%、33.9%、37.8%。

在成熟期观察比较白三叶各处理特征指标情况，发现总根长B2>B5>CK>B3>B1>B4，且B1、B3、B4处理较CK处理组的总根长分别减少了17.5%、15.0%、26.0%，B2、B5处理组较CK处理组总根长增加了31.0%、0.7%；总根表面积B2>B5>B4>B3>CK>B1，且B2、B3、B4、B5处理较CK处理的总根表面积分别增加了37.4%、1.4%、3.8%、5.5%，B1处理较CK处理总根表面积减少了14.6%；根平均直径表现为B4>B3>B5>B1>CK>B2，且B1、B3、B4、B5处理较CK处理的根平均直径分别增加了12.8%、24.8%、63.2%、22.6%，B2处理较CK处理根平均直径降低了1.5%；总根体积表现为B4>B2>B5>B3>CK>B1，且B2、B3、B4、B5处理较CK处理的总根体积分别增加了39.3%、25.6%、70.6%、29.9%，B1处理较CK处理总根体积降低了7.1%；根尖数表现为B2>B5>B3>B4>CK>B1，且B2、B3、B4、B5处理较CK处理的根尖数分别增加了66.4%、15.3%、6.0%、45.7%，B1处理较CK处理根尖数降低了14.90%。

黑麦草在分蘖期，Y1、Y2、Y3、Y4、Y5处理较CK处理组的总根长分别减少了10.9%、17.5%、36.9%、10.4%、26.0%；在孕穗期，Y1、Y2、Y3、Y4、Y5处理较CK处理组的总根长分别减少了6.7%、16.2%、15.1%、33.9%、37.8%。

在开花期观察比较黑麦草各处理特征指标情况，发现总根长Y2>CK>Y5>Y3>Y1>Y4，且Y1、Y3、Y4、Y5处理较CK处理组的总根长分别减少了15.2%、12.9%、29.7%、4.2%，Y2处理组较CK处理组总根长增加了3.6%；总根表面积Y4>Y5>Y3>Y1>CK>Y2，且Y1、Y3、Y4、Y5处理较CK处理的总根表面积分别

增加了 0.8%、1.3%、27.0%、16.5%，Y2 处理较 CK 处理总根表面积降低了
5.6%；根平均直径表现为 Y4>Y1>Y5>Y3>CK>Y2，且 Y1、Y3、Y4、Y5 处理较
CK 处理的根平均直径分别增加了 32.3%、15.2%、113.9%、22.2%，Y2 处理较
CK 处理根平均直径降低了 12.7%；总根体积表现为 Y4>Y5>Y1>Y3>CK>Y2，且
Y1、Y3、Y4、Y5 处理较 CK 处理的总根体积分别增加了 39.2%、13.1%、199.
3%、51.8%，Y2 处理较 CK 处理总根体积降低了 19.7%；根尖数表现为 Y5>CK>
Y4>Y2>Y3>Y1，且 Y1、Y2、Y3、Y4 处理较 CK 处理的根尖数分别降低了 48.4%、
25.8%、34.1%、1.9%，Y5 处理较 CK 处理根尖数增加了 24.1%。

5.3.4　绿色注浆材料对植被叶绿素含量影响

植物总叶绿素含量与光合作用速率的强弱和其营养吸收的转化等方面息息相
关，因此叶片的总叶绿素含量是能够准确反映叶片正常生长和植物生长的重要指
标之一。同时叶绿素也是光合作用这一过程的重要组成部分，光合作用通常是指
绿色植物在吸收光能以后将水和二氧化碳转化成富能有机物并释放氧气的过程。
总叶绿素的含量能够从侧面反映植物进行光合作用的能力的大小，在一定的限度
内，叶绿素含量越高，则说明其光合作用越强，能够制造的有机物就越多。

1）白三叶不同生育阶段总叶绿素含量

绿色注浆材料对白三叶不同生育阶段总叶绿素含量的影响见表 5-15。

表 5-15　绿色注浆材料对白三叶不同生育阶段总叶绿素含量的影响

试验组	分蘖期/(mg·g^{-1})	开花期/(mg·g^{-1})	成熟期/(mg·g^{-1})
B1	1.13±0.04ab	1.13±0.23a	0.84±0.06c
B2	1.06±0.04bc	1.15±0.22a	1.03±0.25bc
B3	1.15±0.01ab	1.32±0.28a	0.85±0.17c
B4	0.99±0.08c	1.20±0.30a	0.88±0.09c
B5	1.21±0.06a	1.41±0.15a	1.24±0.14ab
CK	1.20±0.06a	1.38±0.18a	1.33±0.20a

注：同列不同字母表示处理间在 0.05 水平有显著差异（$P<0.05$）。

由表 5-15 可知，在白三叶生长发育过程中，各处理组的总叶绿素的含量变

化呈现出单峰型增长趋势，在开花期达到峰值。在分蘖期，除了 B5 处理组，其余各处理组在绿色注浆材料作用下总叶绿素含量均小于 CK 组，总叶绿素含量表现为 B5>CK>B3>B1>B2>B4，B5 处理组（1.21 mg/g）较 CK 处理组（1.20 mg/g）提高了 0.8%，且 CK 组和 B2、B4 处理组均产生了显著性差异。在开花期，总叶绿素含量表现为 B5>CK>B3>B4>B2>B1，各个处理组和对照组间并未产生显著性差异，B5 处理（1.41 mg/g）较 CK（1.38 mg/g）提高了 2.2%。比较成熟期各处理总叶绿素含量，发现总叶绿素含量表现为 CK>B5>B2>B4>B3>B1 处理，总叶绿素含量最高为 CK 处理（1.33 mg/g），B1、B2、B3、B4、B5 处理较 CK 处理组总叶绿素含量分别降低了 36.8%、22.6%、36.1%、33.8%、6.8%。因此，认为处理组绿色注浆材料在白三叶开花期可促进白三叶叶片总叶绿素含量的增加，有利于白三叶光合作用的进行。

2）黑麦草不同生育阶段总叶绿素含量

绿色注浆材料对黑麦草不同生育阶段总叶绿素含量的影响见表 5-16。

表 5-16　绿色注浆材料对黑麦草不同生育阶段总叶绿素含量的影响

试验组	分蘖期/（mg·g^{-1}）	孕穗期/（mg·g^{-1}）	开花期/（mg·g^{-1}）
Y1	0.94±0.05bc	0.60±0.07a	0.85±0.09b
Y2	0.73±0.03d	0.67±0.01a	0.84±0.07b
Y3	0.99±0.06b	0.77±0.06a	0.95±0.16ab
Y4	0.94±0.06bc	0.69±0.07a	0.86±0.16b
Y5	1.13±0.01a	0.73±0.26a	1.16±0.16a
CK	0.89±0.04c	0.62±0.07a	1.15±0.09a

注：同列不同字母表示处理间在 0.05 水平有显著差异（$P<0.05$）。

由表 5-16 可知，在黑麦草生长发育过程中，各处理组总叶绿素的含量变化呈现出单峰型降低趋势，在孕穗期达到最低峰值。在分蘖期，除了 Y2 处理组，其余各处理组在绿色注浆材料作用下总叶绿素含量均大于 CK 组，总叶绿素含量表现为 Y5>Y3>Y4>Y1>CK>Y2，Y2 处理（0.73 mg/g）较 CK 组（0.89 mg/g）降低了 18.0%，且 CK 组和 Y2、Y3、Y5 处理组均产生了显著性差异。在孕穗期，总叶绿素含量表现为 Y3>Y5>Y4>Y2>CK>Y1，各个处理组和对照组间并未产生显著性差异，Y1 处理（0.60 mg/g）较 CK 组（0.62 mg/g）降低了 3.2%。比较开花期各处理总叶绿素含量，发现总叶绿素含量表现为 Y5>CK>Y3>Y4>Y1>Y2，总叶绿素含量最高为 Y5 处理（1.33 mg/g），Y1、Y2、Y3、Y4 处理较 CK 组总叶绿素含量分别降低了 26.1%、27.0%、17.4%、25.2%，Y5 处理较 CK 组总叶绿素含量提高了 0.9%。因此，认为绿色注浆材料在黑麦草孕穗期会对黑麦草叶片总叶绿素含量的增加有一定的抑制作用，不利于黑麦草光合作用的进行。

5.3.5　绿色注浆材料对土壤理化性质影响

土壤的理化性质是指土壤的物理和化学性质，主要包括了土壤的容重、相对密度、透气性、酸碱性、各种元素的含量等等一系列的指标。土壤有机质既是植物营养元素的主要来源，也是土壤保肥供肥的基础物质，是衡量土壤肥力水平的重要指标之一。土壤全氮量通常用于衡量土壤氮素的基础肥力。土壤中磷可以分为无机磷和有机磷两大类，土壤全磷量是指土壤中各种形态磷素的总和。土壤中钾主要呈无机态存在，土壤全钾量是指土壤中各种形态钾素的总和。土壤速效磷是土壤所有磷素中对植物最重要的，可以被植物直接吸收利用的磷，因此，它是评价土壤供磷能力的重要指标。土壤碱解氮也叫有效氮，能反映近期内土壤氮素供应情况。土壤速效钾是衡量土壤钾素供应能力的现实指标，它标志着目前乃至近期内可供植物吸收利用的钾的含量。

本试验分别在试验用土装桶之前和取完所有植物样本之后取土样，对这两批土样的有机质含量、全氮、全钾、全磷等八个常规指标进行检测。尚未进行试验的初始土壤基本理化性质详见表 5-17，白三叶成熟期土壤基本理化性质详见表 5-18，黑麦草开花期基本理化性质详见表 5-19。

表 5-17　土壤基本理化性质

	有机质 /(g·kg⁻¹)	全氮 /(g·kg⁻¹)	全磷 /(g·kg⁻¹)	全钾 /(g·kg⁻¹)	速效磷 /(mg·kg⁻¹)	速效钾 /(mg·kg⁻¹)	碱解氮 /(mg·kg⁻¹)	pH
初始土壤	19.799	0.381	0.469	2.732	151.483	339.394	28.371	6.89

在白三叶的成熟期对土壤的基本理化性质进行了检测，在成熟期观察比较种植白三叶的各处理土壤理化性质指标情况，发现有机质表现为 CK>B3>B1>B2>B4>B5，且 B1、B2、B3、B4、B5 处理较 CK 处理的有机质分别减少了 3.3%、3.8%、2.3%、4.2%、5.9%；全氮量表现为 CK>B1>B3>B2>B4>B5，且 B1、B2、

B3、B4、B5 处理较 CK 处理的全氮量分别降低了 3.3%、6.8%、6.1%、10.2%、10.8%；全磷量表现为 B4>B1>B2>B3>B5>CK，且 B1、B2、B3、B4、B5 处理较 CK 处理的全磷量分别增加了 13.2%、5.6%、5.5%、17.5%、2.7%；全钾量表现为 B5>B4>B2>B3>B1>CK，且 B1、B2、B3、B4、B5 处理较 CK 处理的全钾量分别增加了 5.3%、9.9%、7.9%、10.4%、17.1%；速效磷含量表现为 B4>B5>B1>B3>B2>CK，且 B1、B2、B3、B4、B5 处理较 CK 处理的速效磷含量分别增加了 54.1%、38.7%、50.6%、77.7%、65.5%；速效钾含量表现为 B5>B4>B3>B2>B1>CK，且 B1、B2、B3、B4、B5 处理较 CK 处理的速效钾含量分别增加了 85.5%、96.8%、141.6%、222.7%、255.1%；碱解氮含量表现为 CK>B3>B5>B1>B2>B4，且 B1、B2、B3、B4、B5 处理较 CK 处理的碱解氮含量分别降低了 7.4%、11.7%、3.5%、13.0%、6.5%；pH 表现为 B5>B4>B2>B3>B1>CK，且 B1、B2、B3、B4、B5 处理较 CK 处理的 pH 分别增加了 8.5%、14.8%、8.9%、15.9%、19.6%。

在黑麦草的开花期对土壤的基本理化性质进行了检测，在开花期观察比较种植黑麦草的各处理土壤理化性质指标情况，发现有机质表现为 CK>Y1>Y3>Y2>Y4>Y5，且 Y1、Y2、Y3、Y4、Y5 处理较 CK 的有机质分别减少了 3.8%、7.3%、5.9%、11.2%、11.7%；全氮量表现为 Y1>Y5>CK>Y2>Y3>Y4，且 Y2、Y3、Y4 处理较 CK 处理的全氮量分别降低了 0.2%、2.2%、4.2%，Y1、Y5 处理较 CK 处理的全氮量分别增加了 2.0%、1.1%；全磷量表现为 Y1>CK>Y4>Y2>Y3>Y5，且 Y2、Y3、Y4、Y5 处理较 CK 处理的全磷量分别降低了 6.4%、12.0%、0.3%、27.0%，Y1 处理较 CK 处理的全磷量增加了 0.2%；全钾量表现为 Y5>Y3>CK>Y4>Y1>Y2，且 Y1、Y2、Y4 处理较 CK 处理的全钾量分别降低了 17.6%、18.0%、0.1%，Y3、Y5 处理较 CK 处理的全钾量分别增加了 0.3%、10.8%；速效磷含量表现为 Y3>Y4>Y2>CK>Y1>Y5，且 Y2、Y3、Y4 处理较 CK 处理的速效磷含量分别增加了 22.1%、89.8%、86.0%，Y1、Y5 处理较 CK 处理的速效磷含量分别降低了 2.6%、31.8%；速效钾含量表现为 Y3>Y4>Y5>Y2>Y1>CK，且 Y1、Y2、Y3、Y4、Y5 处理较 CK 处理的速效磷钾含量分别增加了 1.3%、37.0%、232.2%、204.0%、88.1%；碱解氮含量表现为 CK>Y1>Y2>Y5>Y3>Y4，且 Y1、Y2、Y3、Y4、Y5 处理较 CK 处理的碱解氮含量分别降低了 12.6%、14.7%、27.9%、28.4%、17.5%；pH 表现为 Y3>Y4>Y5>Y1>Y2>CK，且 Y1、Y2、Y3、Y4、Y5 处理较 CK 处理的 pH 分别增加了 7.5%、3.4%、15.6%、12.9%、8.3%。

表 5-18　绿色注浆材料对土壤基本理化性质的影响（白三叶）

试验组	有机质 /(g·kg⁻¹)	全氮 /(g·kg⁻¹)	全磷 /(g·kg⁻¹)	全钾 /(g·kg⁻¹)	速效磷 /(mg·kg⁻¹)	速效钾 /(mg·kg⁻¹)	碱解氮 /(mg·kg⁻¹)	pH
B1	18.116± 0.673ab	0.485± 0.014ab	0.940± 0.164a	10.053± 0.850bc	84.035± 5.067a	218.042± 23.250b	67.300± 4.595a	7.323± 0.076b
B2	18.030± 0.641ab	0.468± 0.016bc	0.878± 0.040a	10.485± 0.275ab	75.618± 8.790ab	231.364± 19.010b	64.147± 4.016a	7.747± 0.224a
B3	18.308± 0.577ab	0.471± 0.026bc	0.876± 0.068a	10.300± 0.254abc	82.077± 10.113ab	284.019± 78.157b	70.143± 2.940a	7.353± 0.368b
B4	17.961± 0.373ab	0.451± 0.011c	0.976± 0.074a	10.540± 0.313ab	96.867± 9.112a	379.372± 39.452a	63.205± 2.198a	7.820± 0.132a
B5	17.645± 0.266b	0.448± 0.012c	0.853± 0.110a	11.172± 0.663a	90.242± 33.857a	417.389± 2.357a	67.944± 13.492a	8.070± 0.040a
CK	18.747± 0.350a	0.502± 0.015a	0.831± 0.018a	9.544± 0.392c	54.517± 5.619b	117.544± 28.347c	72.671± 0.912a	6.750± 0.171c

注：同列不同字母表示处理间在 0.05 水平有显著差异（$P<0.05$）。

表 5-19 绿色注浆材料对土壤基本理化性质的影响（黑麦草）

试验组	有机质 /(g·kg⁻¹)	全氮 /(g·kg⁻¹)	全磷 /(g·kg⁻¹)	全钾 /(g·kg⁻¹)	速效磷 /(mg·kg⁻¹)	速效钾 /(mg·kg⁻¹)	碱解氮 /(mg·kg⁻¹)	pH
Y1	18.998± 2.806a	0.339± 0.005a	0.960± 0.209a	11.463± 1.225a	65.218± 20.356bc	152.267± 50.846c	76.717± 2.312b	7.440± 0.056bcd
Y2	18.322± 0.370a	0.332± 0.008a	0.898± 0.055a	11.401± 2.368a	81.780± 8.525b	205.929± 85.363c	74.900± 0.882b	7.157± 0.297cd
Y3	18.601± 0.560a	0.325± 0.009a	0.844± 0.042a	13.946± 1.785a	127.124± 27.986a	499.233± 69.602a	63.274± 1.352c	8.007± 0.138a
Y4	17.550± 0.285a	0.318± 0.012a	0.956± 0.068a	13.889± 2.200a	124.557± 25.861a	456.806± 218.953ab	62.844± 9.768c	7.817± 0.652ab
Y5	17.442± 0.179a	0.336± 0.014a	0.700± 0.032b	15.414± 5.015a	45.672± 10.037c	282.622± 127.750bc	72.450± 6.119bc	7.500± 0.171abc
CK	19.757± 3.722a	0.332± 0.044a	0.959± 0.083a	13.906± 3.417a	66.976± 20.594bc	150.269± 47.563c	87.801± 6.475a	6.923± 0.095d

注：同列不同字母表示处理间在 0.05 水平有显著差异（$P<0.05$）。

5.4　典型案例应用研究　>>>

5.4.1　工程概况

　　某车站全长 163.2 m，起点里程 DK32+594.800，终点里程 DK32+758.000，该站设置在某公园林地里。现场设计暗挖段长为 90.5 m，开挖宽度为 25.4 m。截面尺寸为：25.42 m(宽)×19.78 m(高)，开挖面积约为 418 m²，属于超大断面隧道开挖，最浅处覆土约 9 m，隧道开挖范围处于强、中风化泥质粉岩层。其中，DK32+666.850~DK32+758.000 段植被较多，为尽可能避免在施工期间对植被生长造成影响，减少植被移植数量，在该里程段采用暗挖法进行施工，且注浆加固过程需避免对植被生长造成影响。车站平面布置关系如图 5-7 所示。

　　工程场区在地貌上属于湘中丘陵与洞庭湖冲积平原过渡地带和湘浏盆地，丘涧交错。车站范围地形地貌主要以林地为主。车站场地范围地势南高北低，地面标高为 44.09~54.14 m，地形开阔，主要为坡地，南北高差达 4 m，暗挖隧道穿越地层主要是中风化泥质粉砂岩。暗挖隧道穿越地层从上至下可分为 5 个工程地质层：粉质黏土、卵石、粉质黏土、强风化泥质粉砂岩以及中风化泥质粉砂岩。

　　本工程所处场地主要由湘江Ⅱ级阶地组成，场地范围内无常年性地表水系，地表水较不发育，主要含水层为阶地冲洪积卵砾石层、砂层，地下水类型以孔隙潜水为主，水量较大，略具承压性，属中等至强透水性地层；基岩裂隙水为辅，为承压水，含水量一般，局部水量较大，总体上基岩属弱透水层。地下水类型主要为上层滞水、第四系松散层孔隙水及基岩裂隙水。

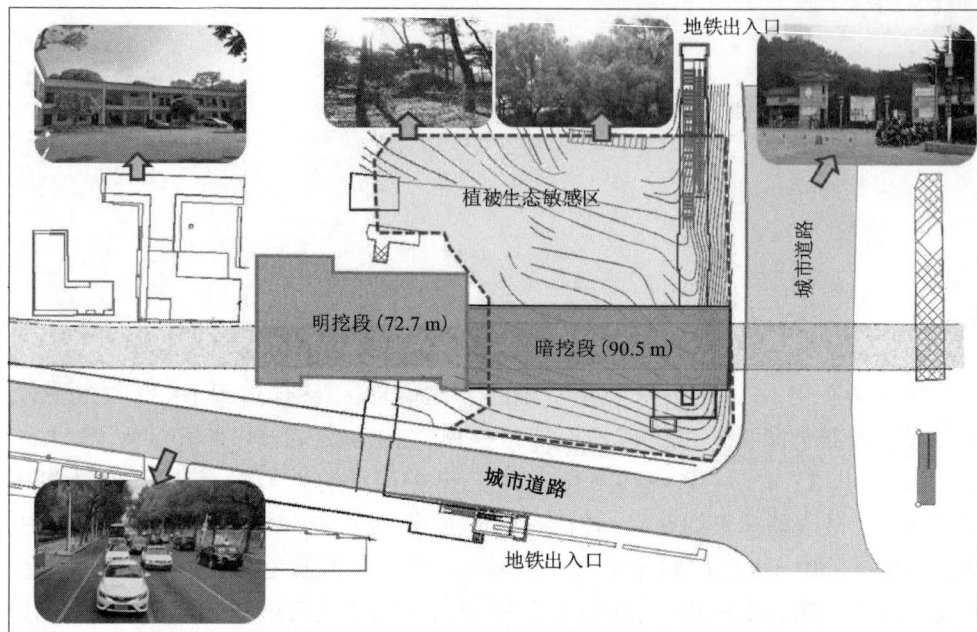

图 5-7　车站平面布置图

5.4.2　开挖支护和地层加固方案

1.开挖工法

针对此施工条件，暗挖段对双侧壁导坑法进行了相应的调整，分六导洞进行开挖，其中左右导洞上下部及中导洞上部均为三台阶法施工，中导洞下部为台阶法施工。

2.地层加固与支护方案

根据设计资料，主体暗挖段为复合式衬砌，采用超前大管棚+超前小导管配合边墙系统锚杆，双层初期支护采用喷射混凝土、型钢拱架、钢筋网，二次衬砌采用模筑混凝土。注浆材料为5.2节所述绿色注浆材料。

5.4.3　施工效果评价

1. 施工监测方案

为了实时了解隧道开挖支护过程中隧道变形及结构受力情况，并了解隧道开挖对植被生长状态以及所需地下水的影响，对以下项目进行监控量测：隧道拱顶沉降及洞身收敛、地表沉降、暗挖车站上覆林地状况、地下水位、植被生长状态判断。

2. 施工效果评价

1）拱顶沉降及净空收敛

选取 DK32+666.85、DK32+676.85、DK32+686.85 共 3 个典型断面进行 1 号导洞拱顶沉降、周边收敛监测数据分析，结果表明：隧道开挖初期，拱顶沉降位于−1.5~1.5 mm；隧道开挖初期，洞身收敛值呈现波动状态，主要在 2~3 mm 波动，两个台阶洞身收敛值基本位于 3.5~5 mm。

2）地表沉降

选取 DK32+666.85、DK32+676.85、DK32+686.85 三个典型断面中间点进行地表沉降监测数据分析，结果表明：DK32+666.85 断面地表沉降小于 3 mm，DK32+676.85 断面地表沉降最大值为 14 mm，DK32+686.85 断面地表沉降最大值为 22 mm。

3）地下水位

地下水位高程在开挖过程中呈现出"平缓下降—急剧下降—缓慢上升"的变化特征，DSW1 水位监测点初始水位高程为 42.78 m，最低水位为 39.72 m，水位下降 3.06 m；DSW2 水位监测点初始水位高程为 43.98 m，最低水位为 41.02 m，水位下降 2.96 m。

4）植被生长状态

图 5-8 展示了施工现场树木植被的生长状况。施工现场开挖过程中，应对植物生长状态进行外观判断。开挖初期，虽然是在冬季，上覆林地部分树木出现自然落叶现象，但在开挖一段时间后，随着季节更替，此部分树木枝叶重新生长，并未出现非正常生长及死亡现象，且上覆林地经调查统计也未出现一例树木死亡

情况，证明在采取一定植物保护措施和控制措施后，车站的施工对上覆植物的影响较小，植被生长状态良好。

图 5-8　植物生长状态图像采集

参考文献

［1］ 中国城市轨道交通协会.中国城市轨道交通 2017 年度统计和分析报告［R］.北京：中国城市轨道交通协会，2018：1-32.

［2］ 俞锦标.中国喀斯特发育规律典型研究［M］.北京：科学技术出版社，1990.

［3］ 张凤祥，朱合华，傅德明.盾构隧道［M］.北京：人民交通出版社，2004.

［4］ CHENG W C, CUI Q L, SHEN S L, et al. Fractal prediction of grouting volume for treating karst caverns along shield tunneling alignment［J］. Applied Sciences, 2017, 7(7): 652.

［5］ ZHAO J, GONG Q M, EISENSTEN Z. Tunnelling through a frequently changing and mixed ground：A case history in Singapore［J］. Tunnelling and Underground Space Technology, 2007, 22(4): 388-400.

［6］ 高东波，周凯.岩溶富水隧道可控注浆施工技术研究［J］.现代隧道技术，2012，49(6)：172-175.

［7］ 薛晓辉，张军.公路隧道富水黄土地层可控注浆加固技术研究［J］.西南大学学报，2016，38(6)：180-187.

［8］ 谌文武，张起勇，刘宏伟.SH 固土剂在遗址土中的渗透注浆扩散规律［J］.岩土力学，2019，40(2)：429.

［9］ 黄均龙，张冠军，田永泽.可控性压密注浆工法的研究与应用［J］.西部探矿工程，2005，8(26)：26-27，30.

［10］ YUAN Y, SHEN S L, WANG Z F, et al. Automatic pressure-control equipment for horizontal jet-grouting［J］. Automation in Construction, 2016, 9(69): 11-20.

［11］ 乔卫国，乌格梁尼采，彼尔绅.可控浆液压力和浓度注浆器研究［J］.矿冶工程，2003(3)：1-3.

［12］ MEDLEY E W. The engineering characterization of melanges and similar block-in-matrix rocks （bimrocks）[D].USA：University of California，Berkeley，1994.

[13] 油新华.土石混合体的随机结构模型及其应用研究[D].北京：北京交通大学，2001.

[14] 涂国祥.西南河谷典型古冰水堆积体工程特性及稳定性研究[D].成都：成都理工大学，2010.

[15] 廖秋林，李晓，董艳辉，等.川藏公路林芝-八宿段地质灾害特征及形成机制初探[J].地质力学学报，2004(1)：33-39.

[16] 邹陈.新建拉林铁路主要工程地质问题探讨[J].铁道工程学报，2016，33(4)：26-30.

[17] ZUMSTEG R，LANGMAACK L.Mechanized Tunneling in Soft Soils：Choice of Excavation Mode and Application of Soil-Conditioning Additives in Glacial Deposits[J].Engineering，2017，3(6)：863-870.

[18] FELLETTI F，BERETTA G P.Expectation of boulder frequency when tunneling in glacial till：A statistical approach based on transition probability[J].Engineering Geology，2009，108(1-2)：43-53.

[19] MCCABE B A，ORR T L，REILLY C C，et al.Settlement trough parameters for tunnels in Irish glacial tills[J].Tunnelling and underground space technology，2012，27(1)：1-12.

[20] 武文秀.青藏高原东南缘隧道浅埋段第四纪堆积物地质特征及稳定性分析[D].成都：成都理工大学，2014.

[21] 严健，何川，李栋林，等.冰水堆积体隧道施工过程变形与受力分析[J].铁道标准设计，2017，61(1)：65-71.

[22] 中国中铁二院工程集团有限责任公司.新建铁路川藏线拉萨至林芝段藏噶隧道施工图[R].成都：中国中铁二院工程集团有限责任公司，2015.

[23] 吴道祥，蓝天鹏，刘秋燕，等.土的结构研究现状与展望[J].合肥工业大学学报(自然科学版)，2009，32(12)：118-124.

[24] 谢强，姜崇喜，凌建明.岩石细观力学试验与分析[M].成都：西南交通大学出版社，1997.

[25] 施斌.黏性土微观结构研究回顾与展望[J].工程地质学报，1996(1)：39-44.

[26] 徐文杰，许强.岩土材料细观结构定量化表述方法研究：以土石混合体为例[J].岩石力学与工程学报，2012，31(3)：499-506.

[27] MEDLEY E，LINDQUIST E S.The engineering significance of the scale-independence of some Franciscan melanges in California，USA[C]//The 35th US Symposium on Rock Mechanics(USRMS).1995：907-914.

[28] 周秉根.黄山第四纪泥砾沉积物分形结构特征与沉积环境分析[J].地理科学，1999，19(1)，92-94.

[29] 陈强，聂德新，王维早，等.结义复合堆积体组成特征及其成因分析[J].水利水运工程学

报，2006(2)：35-40.

[30] 叶斌，冯文凯，石豫，等.某水电站左岸近坝堆积体发育特征及稳定性评价[J].水土保持研究，2007，14(1)：278-280.

[31] 李广平，常中华.马河崩塌堆积体结构特征与稳定性评价[J].工程地质学报，2011，19(4)：588-593.

[32] LI X, LIAO Q L, HE J M. In-situ tests and a stochastic structural model of rock and soil aggregate in the three gorges reservoir area, China[J]. International Journal of Rock Mechanics and Mining Sciences, 2004, 41(3)：702-707.

[33] 徐文杰，胡瑞林.虎跳峡龙蟠右岸土石混合体粒度分形特征研究[J].工程地质学报，2006(4)：496-501.

[34] COLI N, BERRY P, BOLDINI D, et al. The contribution of geostatistics to the characterisation of some bimrock properties[J]. Engineering Geology, 2012, 137：53-63.

[35] LEBOURG T, RISS J, PIRARD E. Influence of morphological characteristics of heterogeneous moraine formations on their mechanical behaviour using image and statistical analysis[J]. Engineering Geology, 2004, 73(1-2)：37-50.

[36] 徐文杰，胡瑞林，岳中琦，等.土石混合体细观结构及力学特性数值模拟研究[J].岩石力学与工程学报，2007，26(2)：300-311.

[37] 石崇，白金州，于士彦，等.基于复数傅里叶分析的岩土颗粒细观特征识别与随机重构方法[J].岩土力学，2016，37(10)：2780-2786.

[38] 彭双麒，许强，郑光，等.白格滑坡-碎屑流堆积体颗粒识别与分析[J].水利水电技术，2020，51(2)：144-154.

[39] SASS O, KRAUTBLATTER M. Debris flow dominated and rockfall dominated talus slopes：Genetic models derived from GPR measurements[J]. Geomorphology, 2007, 86(1-2)：176-192.

[40] 张亚南，冯春，李世海.采用波动方法探测土石混合体结构特性的可行性研究[J].岩石力学与工程学报，2011，30(9)：1855-1863.

[41] LANARO F, TOLPPANEN P. 3D characterization of coarse aggregates[J]. Engineering Geology, 2002, 65(1)：17-30.

[42] 赵晓彦，万宇豪，张肖兵.汶马高速公路千枚岩堆积体岩块定向性试验研究[J].岩土力学，2020，41(1)：175-184.

[43] 金磊，曾亚武，张森.块石含量及形状对胶结土石混合体力学性能影响的大型三轴试验[J].岩土力学，2017，38(1)：141-149.

[44] 张佩，杜修力，金浏，等.块石长轴倾角对土石混合体宏观力学性能的影响研究[J].工程力学，2018，35(9)：64-72.

[45] 高玮, 胡瑞林. 基质胶结对土石混合体强度变形特性影响[J]. 吉林大学学报(地球科学版), 2015, 45(4): 1164-1172.

[46] VALLEJO L E. Interpretation of the limits in shear strength in binary granular mixtures[J]. Canadian Geotechnical Journal, 2001, 38(5): 1097-1104.

[47] YUE Z Q, CHEN S, THAM L G. Finite element modeling of geomaterials using digital image processing[J]. Computers and Geotechnics, 2003, 30(5): 375-397.

[48] 廖秋林, 李晓, 朱万成, 等. 基于数码图像土石混合体结构建模及其力学结构效应的数值分析[J]. 岩石力学与工程学报, 2010, 29(1): 155-162.

[49] 丁秀丽, 李耀旭, 王新. 基于数字图像的土石混合体力学性质的颗粒流模拟[J]. 岩石力学与工程学报, 2010, 29(3): 477-484.

[50] 徐安权, 徐卫亚, 石崇, 等. 基于数字图像的大型堆积体细观力学特性及力学参数研究[J]. 岩土工程学报, 2012, 34(1): 58-64.

[51] 石崇, 王盛年, 刘琳, 等. 基于灰度方差统计的冰水堆积体细观建模与力学特性研究[J]. 岩石力学与工程学报, 2012, 31(S1): 2997-3005.

[52] 徐文杰, 王识. 基于真实块石形态的土石混合体细观力学三维数值直剪试验研究[J]. 岩石力学与工程学报, 2016, 35(10): 2152-2160.

[53] 朱正国, 朱永全, 吴广明, 等. 泥石流堆积体隧道基底加固方法及稳定性分析[J]. 岩土工程学报, 2013, 35(S2): 617-621.

[54] 肖建章, 戴福初, 闵弘, 等. 松散堆积体围岩隧道施工方案对比分析[J]. 沈阳工业大学学报, 2014, 36(1): 106-113.

[55] 史东志, 王建光, 乌呢日. 自进式锚杆在松散堆积体隧道施工中的应用[J]. 铁道勘察, 2014, 40(3): 79-81.

[56] 陈水和. 松散堆积体塌方带穿越施工技术研究[J]. 西部探矿工程, 2014, 26(8): 194-198.

[57] 郑宗溪, 王岩, 刘大刚, 等. 拉林铁路隧道富水冰碛层力学特性研究[J]. 铁道建筑, 2019, 59(11): 63-66.

[58] 叶建军. 边坡生物治理回顾与展望[D]. 宜昌: 三峡大学, 2003.

[59] 程洪, 张新全. 草本植物根系网固土原理的力学试验探究[J]. 水土保持通报, 2002, 22(5): 20-23.

[60] 王可钧, 李悼芬. 植物固坡的力学简析[J]. 岩石力学与工程学报, 1998, 17(6): 687-691.

[61] 张俊, 赵振宏, 王冬, 等. 鄂尔多斯高原地下水浅埋区植被与地下水埋深关系[J]. 干旱区资源与环境, 2013, 27(4): 141-145.

[62] NEWMAN B D, WILCOX B P, ARCHER S R, et al. Ecohydrology of water-limited environments: A scientific vision[J]. Water Resource Research, 2006, 42(6): W06302.

［63］ VINCENZI V, GARGINI A, GOLDSCHEIDER N. Using tracer tests and hydrological observations to evaluate effects of tunnel drainage on groundwater and surface waters in the Northern Apennines[J]. Hydrogeology Journal, 2009, 17(1): 135-150.

［64］ 刘丹, 杨立中, 于苏俊. 华蓥山隧道排水的生态环境问题及效应[J]. 西南交通大学学报, 2001(03): 308-313.

［65］ 程盼. 基于生态平衡的隧道地下水渗控方法及限排水标准研究[D]. 长沙: 中南大学, 2014.

［66］ 刘红位. 慈母山隧道建设对地下水及植被的影响[D]. 重庆: 重庆大学, 2013.

［67］ 姚红志, 张晓旭, 顾博渊, 等. 生态敏感区特长公路隧道建设对地下水环境扰动评价研究[J]. 环境工程, 2015, 33(S1): 755-760.

［68］ 王芳其, 郑炜, 徐华, 等. 岩溶山区隧道地下水漏失对植物生长的影响分析及对策[J]. 隧道建设(中英文), 2018, 38(6): 915-923.

［69］ 毛正君. 脆弱生态区隧道群施工期地下水运移特征及环境效应研究[D]. 西安: 长安大学, 2013.

［70］ 聂振龙, 张光辉, 李金河. 采矿塌陷作用对地表生态环境的影响: 以神木大柳塔矿区为研究区[J]. 勘察科学技术, 1998(4): 15-20.

［71］ 丁玉龙. 煤矿开采沉陷对四合木的影响与保护对策研究[D]. 徐州: 中国矿业大学, 2013.

［72］ 范钢伟. 浅埋煤层开采与脆弱生态保护相互响应机理与工程实践[D]. 徐州: 中国矿业大学, 2011.

［73］ 潘东江, 张农, 赵一鸣, 等. 西部矿区植被根系采动损伤特征及细观力学机制[J]. 煤炭学报, 2017, 42(2): 373-380.

［74］ TRIPATHI N, SINGH R S, SINGH J S. Impact of post-mining subsidence on nitrogen transformation in southern tropical dry deciduous forest, India[J]. Environmental Research, 2009, 109(3): 260-266.

［75］ BIAN Z, LEI S, INYANG H I, et al. Integrated method of RS and GPR for monitoring the changes in the soil moisture and groundwater environment due to underground coal mining[J]. Environmental Geology, 2009, 57(1): 131-142.

［76］ JING Z, WANG J, ZHU Y, et al. Effects of land subsidence resulted from coal mining on soil nutrient distributions in a loess area of China[J]. Journal of Cleaner Production, 2018, 177: 350-361.

［77］ 刘哲荣, 燕玲, 贺晓, 等. 采煤沉陷干扰下土壤理化性质的演变: 以大柳塔矿采区为例[J]. 干旱区资源与环境, 2014, 28(11): 133-138.

［78］ 张丽娟, 王海邻, 胡斌, 等. 煤矿塌陷区土壤酶活性与养分分布及相关研究—以焦作韩王庄矿塌陷区为例[J]. 环境科学与管理, 2007(1): 126-129.

［79］ 徐占军, 冯俊芳, 张媛, 等.工作面开采沉陷对农田土壤和植被碳库扰动预评价［J］.煤炭学报, 2018(9)：2605-2617.

［80］ 杨长健.雪峰山隧道隧址区地下水土壤环境影响评价研究［D］.长沙：中南大学, 2007.

［81］ 吴梦军, 方林, 贺欣悦, 等.西南岩溶地区公路隧道生态环境影响评价［J］.环境科学与技术, 2018, 41(S1)：325-330.